陈科美 / 著
陈伯海 / 选编

CHEN KEMEI
JIAOYU
WENCUN

陈科美 教育文存

上海社会科学院出版社
SHANGHAI ACADEMY OF SOCIAL SCIENCES PRESS

前　言

这本集子里收录的各篇文字，多是先父早年发表的有关教育学研究的文章。先父毕生热爱教育事业，弱冠之年在家乡修毕大学预科课程后，即抱着"教育救国"的理念远渡重洋，负笈美国求学六载，读完大学并取得硕士学位后，又跟从著名哲学家杜威和哥伦比亚大学教育系主任克伯屈攻读博士，1926年回国。开初先父曾奔走京沪两地，1927年夏定居上海，便一直在沪上各高校讲授教育学课程，至1987年他以九十岁高龄退休后，仍思考、研究不辍。

讲授之余，他还发表了不少论述教育的文章和著作。1932年由开明书店发行的《新教育学纲要》一书，是国内较早系统探论教育原理的专著，于2006年被选入"二十世纪中国教育名著丛编"，由福建教育出版社重版。他撰写的专题性教育论文和演讲报告等也有近百篇之多，集中发表于20世纪20至40年代间。新中国成立后，他曾受命主持编译联合国教科文组织有关教育方面的资料，还领衔主编《上海近代教育史》一书，但动笔撰写和发表的文章不多，主要为60年代初及改革开放后倡导美育的若干篇章，其中最具代表性的已由其及门弟子马林辑录在两人合编的《美育研究论集》(暨南大学出版社1995年版)中。故本书定下的收录范围即以其早年文存为限，这样也便于完整地把握其形成期的教育思想，进以窥见老一辈知识分子心声之所在。

讨论教育学，必先涉及教育观问题，这在书中收录的众多篇章里均有反映。应该承认，先父早年的教育观是直接承自杜威的。杜威谓"教育即生活"(亦可称"生活即教育")，乃针对一般人仅以学校教育为教育而发。在他看来，学校教育仅构成生活的预备阶段，真正的教育还需要到实际生活中去进行(包括学校教育紧密联系生活实际)，这才能让人的才智得到切实有效的发展，从而保证其持续生长的可行性。先父在其早年著作中将教育的性能解释为人对世界的"连续适应"，即承自杜威之说。与此同时，他又感觉杜威将"教育"与"生活"等同的说法似嫌失之宽泛，因人在生活中的生长过程另有其自然生物承传的一面，不纯属心灵培育问题，且适应生活亦不限于消极地迎合，更自有积极改造的作用，故而他给教育下的界定是"意识的连续适应"或"自觉的连续适应"，显示出他想在杜威教育哲学的基础上更向前探索的意向。以我之见，杜威的"生活教育"观与马克思主义者的"实践出真知"说，是有其相通一面的，区别在于马克思立足于人的社会本位，重视的是人以其社会实践活动来认知世界和改造世界，而杜威则局限于人的个体生存，其教育旨归也越不出让个人更好地适应其所处境遇，故常被称为"实用主义"（据说杜威本人并不喜欢这一称呼）。父亲晚年很想写一本"社会主义教育哲学导论"的著述，惜为精力所限，未能付诸实施。

在他早年的论文中，还有一个特殊的亮点，便是联系中国的实际，期望通过提倡教育来改造中国社会，包括民族心理、社会习俗、家庭关系、政治生态乃至青少年生活与学习培养等方方面面，尤致力于面对抗战救亡与兴国大业来探讨教育自身的改造出新。这些都已轶出杜威教育哲学范围之外，是他本人"教育救国"理念的直接反映，体现出他那一代知识分子为民族解放与民主建国而坚持不懈的拳拳之心。以今日的眼光看来，其中难免迂阔而不切实际之处，但仍不能掩没老一辈知识分子身处深重忧患境遇下的报国热忱，也是我们后辈人群从事知识文化工作时所当着意继承和大力发扬的精神品质。至于从"教育救国"理念出发所展开的对中华民族传统与社会习俗制度所作的种种分析与评议，虽非精当不移，抑或有可资借鉴之处，值得静心一读并予认真思考。

老父弃世已二十余载，遗稿生前即已散佚，登录的报章杂志也难以觅见。此处收辑的材料为我女儿从美国斯坦福大学和柏克莱大学图书馆下载所得，难免有印刷错误及字迹模糊之处。我勉力从近百篇材料中选取28篇，认真校读一过，按题材内容与文章性质编为5辑。对于原文文字及标点使用存在与现今通用规范相违之处，为体现文献价值及时代特色，反映现代汉语的流变，均未作改动，只是改正明显的排印错误。书后附录上海师范大学高教研究室郁中秀教授所写传略一篇，以大致展示父亲一生的生活道路和思想经历，用为念想。末了，自应感谢上海社会科学院出版社为本书的问世提供了合适的窗口，更要向陈如江先生多次鼎力相助深表谢忱！

陈伯海

2021年6月题于沪上

目　　录

前言 ……………………………………………………………… 1

第一辑　教育原理

教育新诠 ………………………………………………………… 3
适应论 …………………………………………………………… 15
觉的教育 ………………………………………………………… 25
教育学为哲学乎抑为科学乎 …………………………………… 29
教育哲学 ………………………………………………………… 35

第二辑　教育与中国社会之改造

中国民族与教育 ………………………………………………… 45
中国民族根本观念改造论 ……………………………………… 57
中国生活与教育 ………………………………………………… 73
中国家庭教育上之根本问题 …………………………………… 80
现代教育思潮与中国教育改造 ………………………………… 86
中国教育宗旨及实施方针之商榷 ……………………………… 97
中国大学教育的根本使命与改造途径 ………………………… 102

第三辑　教育与抗战兴国

救亡教育的根本方针 …………………………………………… 111
救亡教育与中华民族性 ………………………………………… 122

中国民族的复兴与民主教育 …………………………………………… 131
民主化的教育 …………………………………………………………… 135
教育与宣传正名 ………………………………………………………… 141
中国青年心理上应有的修养 …………………………………………… 147
现代学生应有之思想态度与方法 ……………………………………… 154

第四辑　西方教育及其思想

英美教育家心目中之美英教育 ………………………………………… 165
我心目中之美国教育 …………………………………………………… 170
西洋近代教育学术上之论战 …………………………………………… 179
杜威教育哲学批评之批评 ……………………………………………… 189
自由教育之意义 ………………………………………………………… 200
奥斯本的创造教育 ……………………………………………………… 207
介绍克伯屈教授 ………………………………………………………… 212

第五辑　散文杂感

放暑假后到民间去 ……………………………………………………… 219
铁蹄踏过的家乡 ………………………………………………………… 225

附录
爱心献教育　桃李遍神州
　　——教育理论家陈科美传 ………………………………………… 228

第一辑　教育原理

教 育 新 诠

一、导言——生活与生活之预备

古今中外诠释教育之意义者夥矣,然人愈释而义愈繁,义愈繁而理愈蔽,亦若教育之不可释与不宜释者。实则生活变迁,教育随之而改其内容与范围,欲坚执一义,以概括古今,既属不可,亦非所宜;然教育非绝对不可释与不宜释,要在能认清教育之根本性质与全部关系,而不囿于一时代之实际状况。

以近代教育之实际状况而论,则通常所诠释之教育意义颇有是处。今日通常所谓教育,皆指形式的教育而言。意即学校教育,其说如次:

> 教育者乃于一定场所,集合未成年者,于其身心施以特殊之训练,而发展其本能,以预备生活上之需要。

此种解释乃根据形式教育之起源及发展立言:盖形式教育起于生活之变迁,即人类生活由单纯趋于复杂,生活上所需要之能力亦由粗简而趋于精繁;粗简之生活能力可于团体生活中随意养成(即未成年者模仿或参加已成年者之活动是),精繁之生活能力则非有特殊方法、材料及组织以训练之与预备之不可:于是学校教育起焉。迄于今日,学校教育之范围虽日益扩大,然仍不能脱离"特殊训练"与"预备"之意义,但此意义一方面虽能标出近代教育之实际性质,而另一方面则正所以指明学校教育之制限与困难。学校教育之制限者何?即教育之范围过狭,不能执以解释教育之全部。学校教育之困难者何?即形式教育与非形式教育之间显然划一鸿沟,亦即学校生活与社会生活之间判然不相融洽。于是,教育与生活分裂,而发生种种之困难矣。

杜威有鉴及此,乃倡教育即生活之说,以图打破此理论上之限制与征服此

实际上之困难。其说详见各书,毋庸多赘,兹括其要如次:

> 教育之义即供给条件,以保证生长。所谓条件者何？即生长之可能性,或称之为未熟性;未熟性可分为依赖性与可塑性,有依赖性与可塑性,然后有学习之可能,然后有习惯之形成,然后有生长;故分析言之,未熟性为生长之条件,而教育则供给此条件;概略言之,教育即生长。生长者,生活之特征,无生长,不成其为生活;故生长即生活。教育即生长,生长即生活,故教育即生活。①

此种解释系生物学与社会学,以说明教育与生活二者之关系为不可分离:无论其为儿童生活或成年生活,社会生活或学校生活,皆为生活,亦即皆为教育,不可有轻重之分;无论其为形式教育或非形式教育,皆须与生活打成一片,亦即"为生活而教育"与"由生活而教育"是也。

此说在理论上确能打破学校教育之限制,以解释教育全部,然能否征服学校教育实际上之困难,尚属问题。盖教育之由无形式而变为有形式,乃源于生活之复杂,不能从团体生活中随意获得生活之能力。换言之,"由生活而教育"为复杂之文明于社会所不可能之事,简单之初民社会始可行之也。故杜威"教育即生活"之说可以打破学校教育理论上之限制,而不能征服其实际上之困难;亦就学校教育能合于教育之实际状况,而不能解释教育之全部意义。

以上二说为今日最流行之学说,而其冲突亦极显明,一则从教育之实际状况认教育为生活之预备,一则从教育之理想认教育即生活;认教育为生活之预备者不免有割裂生活(现在生活与将来生活,学校生活与社会生活)之弊,认教育即生活者有离开事实之嫌。仅将生活割裂,而无轻重之分,则其弊不甚;然视现在儿童之学校生活为将来成年之社会生活之准备,因认将来生活为重,而现在生活为轻,则其弊不可胜言矣。略与事实离开,而不至成为幻想,则其嫌亦暂;然若为事实上之绝不可能,则其嫌亦不容忽视矣。兹为去弊驱嫌,拟另立一说,以资商榷,此篇仅发其端耳。

---

① Dewey J., Democracy and Education Ch, IV.

二、新诠——意识之连续适应

"教育即生活"与"教育为生活之预备"二说虽相冲突；然有根本相同之点，即皆认教育之目的为生活。此点之认识于教育意义之说明极关重要；盖教育之诠释必从教育之根本性质与全部关系着手，而教育之根本性质与全部关系又须从生活中求之；教育虽不必与生活完全一致，但离开生活，确无教育之可言：故欲诠释教育，务须了解生活之性质及生活与教育之关系，兹分别论之。

（一）**生活之性质**。依杜威之说，生活乃一影响于环境之自新历程，[①] 亦即继续不断之生长历程，而生活之所以能自新与继续不断者，则以其有未熟性——依赖性与可塑性。此于生活性质之说明颇简而扼要，然其病亦即在此；盖生活之能力既不如是之单纯，而其性质亦不如是之消极。较杜威之说为完全者又有龙恩解释。彼根据生物学，谓整个生活乃自动而常求统一者，详言之，即谓生活之目的为个性，而个性之特征为分歧中之统一与自动之创造。[②] 此说认识生活中所含之积极性质与能力——分歧中之统一与自动之创造，不仅可以解释生活之所以继续，亦且明示生活之所以发展与进化：盖生活一方面有自由之活动，然后有充分之创造，有充分之创造，然后有社会之进化；另一方面有分歧之性，使自动之创造成为多方面之发展，不至因环境某部分之阻碍而中止，而此多方面之发展又互相联络而统一，使自动之创造由低级生活而进入高级生活。故有自动之创造与分歧中之统一，然后生活不仅可以继续，而且可以进化。

龙恩之说虽较杜威之说为完全，然亦有其缺陷。其缺陷为何？一则生活之性能仍非若是之简单，二则生活之目的确非个性。关于后一缺陷之理由极为明显：盖生活之形成，乃由于先天个性之遗传与后天环境之影响。如认个性为生活之目的，是不啻视个性为能独自存在与发展于环境之外，以形成生活或包办生活，是遗忘环境之影响，而对于生活仅有片面之认识。关于前一缺陷，其理由非数语所能尽；兹可得而言者，则生物学所明示吾人之生活实非如是之简单，而他种科学如生理学、心理学、社会学等均有更繁复之说明，当于下详论之。

[①] Dewey J., Democracy and Education Ch, p.2.
[②] Nunn, T, P., Education: Its Dota and Tirst Principles, Ch, I.

与个性说相反者尚有适应环境说。此说在教育方面倡之最早若为何希亚①,近之光大其说者则有贾普门②、克拉帕③等。何希亚应用进化论于教育之说明,谓生活乃适应环境之历程,谓生活之条件为自然与人为环境之适应。其说之缺陷在偏于环境,认环境之适应为生活之条件,而忽略个性。后贾普门等修正其说,谓适应之义非专指对环境而言,亦指改造环境以适应个人。其言曰:

> 凡以适应为生活历程之充分认识必包含二方面:一方面改变有机体以适合外部环境,一方面改变环境以推进生活之目的。④

最后修正之适应说既不遗忘环境,亦未忽略个性,似生活性质已得一精确之说明矣,惟进而究其内容,既属空洞,而适应说之固定性质仍不能避免。内容空洞者即于生活之性能未与详细说明,仅谓自然赋人以二种反应方法,使适应其生活情形;第一种反应表现于固定机构之发展,以适应环境中之特殊刺激,如循环、消化、分泌、生殖系统是;第二种反应乃带普遍性质,而不能直接适应特殊情形,如学习是。换言之,自然赋人以二种适应:一为生物的适应,一为教育的适应。⑤此处所指明者为适应之二种形式,并未述及适应之根本性质与能力。因亦未说明生活之性质与能力,此其缺点一。再适应学说发生之初,即不免固定之病;以为适应即适合,一度适合即可永远不变。故杜威曾于教育百科全书中批评之。⑥贾普门等后亦修正之,其言曰:

> 适应之情境绝不能完全获得;因适应乃一继续不断之历程,乃起于:(1)环境之复杂;(2)环境之变迁;(3)有机体内部之变迁。⑦

意即谓环境与有机体既均变迁,则适应亦非可一成不变。意虽如此,而言殊简晦,不能使人明变迁与适应之密切关系,因亦不能使人深觉适应决不固定之

---

① O'shea, M, V., Educaiton as amusement.
② Chapmon, J.C. and Counts, G.S., Principles of Education.
③ Klopper, P., Contemporary Education.
④ Chapman and Counts, p.4.
⑤ Ibid., 90 4—5.
⑥ Monroe, 7., Encyclopedia of Education, (adjustment).
⑦ Chapman and Counts, p.11.

真理。

以上三种对于生活之解释均有其共同与特殊之缺陷:其共同之缺陷为生活内容说明之简陋;其特殊之缺陷则生长说偏于消极,个性说遗忘环境,适应说忽略个性或未能避免固定。欲补此三说之缺陷,请作进一步之研究。

欲说明生活,吾人不能不求之于各种科学。即如生物学与生理学指示吾人,凡一切生物具有五种性能,人类亦然。此五种性能为(1)创造力;(2)保存力;(3)分歧性;(4)合一性;(5)灵觉性。此为一切生活生存之元素,为人生一切活动之基础,兹分述之于下。

(1) 创造力。一切生物均有创造新物体与增加新力量之能力。此能力为生长之原动力,无此,则生物之生长即无从开始。今欲证明此能力之存在,可以一单细胞之霉菌,置于含有糖、盐、养气之溶液中,顷刻间即变成千万之霉菌。此无他理,即彼一霉菌将其环境(溶液)中之物质吸收,化为与彼相同之霉菌。此种力量不仅简单之霉菌有之,即复杂之人种亦然,即如吾人平日食料亦无非糖、盐、养气等物,而吾人身体各部器官与千万细胞均由此构成。正如生物学者李立所说:

> 凡有机体与细胞皆具有是种力量,即将由环境中选择而适宜之物质,化为其自身有特殊组织与化合性自动作用之活物。①

简言之,即一切生物均能将与己不同之物,化为相同之物,以扩充其生命,此种能力在生物学上无相当名称,故名之曰创造力。诚以此种能力所得之结果,为宇宙中一大创造也。

(2) 保存力。创造力为生物生长之原动力,原动力之功用在发动,而不在继续;故创造力仅使生长历程开始,而不能使之继续不断。于是,生物又有第二种能力,以保存其所创造之新物体与新力量,而得继续向前创造,不致旋造旋灭,而无结果:此可名之曰保存力。保存力之表现可于两种生理现象上窥之:一为植物年轮之保留;二为动物油质之储蓄。观植物中之乔木,其细胞组成车轮形,每年一轮,谓之年轮。其旧年轮中之细胞死后仍保存之,以派生新细胞,组成新年轮,如此积累不已,可长成千年大树,而其年岁即可由其横切面上之年轮而断

---

① Lillie, R.E., Protoplasm Action and Nervous Action, p.12.

定之。此事实所显示者即植物有保存力,能保存既经创造之细胞,为向前创造之基础。动物储蓄油质,其功用正同:盖动物将所剩余之养料作为油质,藏置身体各部,以备取给不足或消耗过度时之需要,否则环境变动无定,而能力之供给有限,生命遂有中断之虞。

(3) 分歧性。创造力与保存力递相为用,生物遂得继续向前生长,但此种生长历程单纯而不能适变,脆弱而难持久:其发展成直线形,仅超向于一方面,一遇环境阻挠,即无法向前,遂至全部生命中断。于是,生物又具有分歧性,使生长历程成为多方面者,虽一方面之生长被阻挠,而他方面尚可继续,不致全部受其影响。此种特性之表现,最显明者为有机体组织之由简而繁与其作用之由合而分:前一种现象生物学上谓之分化,后一种现象谓之分工,性质虽略有不同,而其使有机体分途向各方面生长,以适应各种不同之情境则一:此一粒之栎子所以发为覆地之橡树,微小之精虫所以成为万物之灵也。

(4) 合一性。分歧性即使生物向多方生长,但多方面之分化与分工,若不互相联络,则生物必将分裂而解体,更无生长之可言,于是,又有合一性,以补此缺陷。合一性之表现为生理上之相关作用,凡下等生物内部之动作皆相关联(此无论单细胞之原形质抑多细胞生物之细胞,莫不皆然),与高等动物各部器官之活动均互相一致者是,故生物学者采尔德云:

> 无论从何观点,以观察事实,吾人终须归到此一结论:即合一性与秩序乃有机的个体生活上之表征,亦即一种根本的规定能力之表现。此种能力即使个体之所以成为个体。①

由是可知合一性之重要,在保持生物之整个生长,亦惟整个之生长始能继续不断。

(5) 灵觉性。以上四种性能皆备,犹不能得完满之生长:盖各种性能之表现,如无一定秩序与系统,则必致互相冲突,而归于紊乱。何时创造,何时保存,何处需要分化,何处需要联络,均须随时随地感觉而支配之。再生物之生存不全凭个体内部性能之表现,又惟环境之是赖,故环境之变迁,无在不影响个体之生活;故个体对于环境之变动,亦应随时随地感觉,然后方知所应付。有此二种

---

① Child, C.M., Mdioieluably and Ogauinu, p.12.

需要,生物又具有灵敏之感觉性(或简称"灵觉性"),能感到其内部各种性能之表现及其环境之变迁,而知所以适应之。灵觉性之表现,对外之最显明者为受刺性,即个体能感受环境之刺激,借知环境中之变迁与影响而知所应付;对内则有传导性,即个体内部之动作互相传达与互相感受;如此一部分原形质感到彼一部分原形质之移动,此一细胞感到彼一细胞之变迁,此一器官感到彼一器官之动作,或此一性能感到彼一性能之表现。故灵觉性之作用,一方面使生物内部各种性能与各部分有一定之秩序与谐和之表现互相适应,作整个之发展;一方面使生物对于环境之变迁随时随地感到,而加以适宜之反应,务利用环境,以助其生长,而不为之障碍。简言之,即内求个体各部之适应,外求环境之适应,然后方能获得完满而继续不断之生长。

以上五种性能为一切生物生存之元素,为人类一切活动之基础,此为生物学等所明示吾人者。又此五种性能之共同目标在求个体对内与对外之适应,以获得继续不断之生长。人类生活较其他生物繁复,然其一切能力与习惯均由此五种性能所发展,兹再说明之于后。

心理学与社会学指示吾人,人类有无数之先天趋势,曰本能;又有无数之更复杂能力,曰心灵能力。此二类能力有视之为人类先天所固有者,亦有视之为后天所获得者。实则介乎先天与后天之间,乃以上五种性能求适应时,由偶然之趋势,发展为固定而特殊之趋势(本能)与软活而普遍之趋势(心能)。故此二类能力又可随五种性能各区为五种:(1)创造本能与心能,如好奇本能与想象心能;(2)保存本能与心能,如搜集本能与记忆心能;(3)分歧本能与心能,如斗争本能与区别心能;(4)合一本能与心能,如群居本能与统觉心能;(5)灵觉本能与心能,如直觉(本能的与心灵的)。他如生殖本能、建设本能、游戏本能、推理心能等则由数种性能混合而发展者也。

不仅各种本能与心能,即兴趣与习惯亦由五种性能所发展,盖五种性能发展为本能与心能之后,更受环境之刺激,构成各种更复杂之活动,以增加采应之力量。环境之刺激初则引起活动之趋势,曰兴趣,继则构成活动之定型,曰习惯。兴趣与习惯又均可分为本能的与心能的二类。本能的兴趣与习惯乃由环境刺激本能而起,心能的兴趣与习惯则由环境刺激心能而生也。此二类兴趣与习惯可以包括人类一切繁复活动之趋势与形式,如技能、智识、嗜好、态度等。故无论人类之生活如何繁复,无不由五种基本性能所发展;而生活之所以繁复,与五种性能之所以具备与发展,均在求个体对内与对外之适应也。

总上各种研究之所得,吾人对于生活之性质不难下一较为明确之解释。吾人知一切生物具有五种性能,五种性能综合表现而求得适应,适应之结果为继续不断之生活。换言之,生活之可能在适应,适应之可能在五种性能之表现,故五种性能为生活基本之元素,适应为生活之根本条件。故吾人可谓,生活历程即个体具备之五种性能表现于一环境中之适应历程,约言之,生活历程即适应历程。

此处须特别注意者一事,即适应非求永远适合而不变,乃继续适应而至于无穷,故大生物学家黑格尔之言曰:

> 根据事实,此理甚明,即无一生物为完全者;纵令能完全适应环境于一时,然必不能持久:盖环境为永远变迁者,故生物之适应亦非永远继续不可。①

环境不仅为永远变迁者,亦且为危险万状者:生物置身其中,险象环生,危机四伏,无时无地不须警备。能应付此危险者即得生存,否则偶一不慎,即有生命之虞。此于人类亦然,故杜威之言曰:

> 人类自知彼等生存于一不定之世界中,其存在,敢言类于赌博。世界乃一危险之局,实为不可靠,不安定,非常不安定。其危险无定,无常,其发生之时期不可计算。②

环境之变迁与危险形成生物适应之需要,继续不断之改变内部以适应环境:于是"适者生存"之原则遂成为天经地义矣。

达尔文"适者生存"之原则重在生物之改变内部,以适应环境,实则生物具有其性能,以求生命向各方面发展;利用环境,以求自身之扩充。此无论如何简单或繁复之生物,莫不皆然。单细胞生物之安米巴亦能浮游水上,寻觅其需要之食物,可用者存之,不可用者弃之。至于最复杂之人类:寒则为衣,饥则为食;筑宫室,以避风雨;造器皿,以济手足;凿山腾空,以利交通;役汽使电,以便日

---

① Haeckel, E., The Riddle of the Universe, p.266.
② Dewey, J., Experience and Nature, p.41.

用。无非在利用环境与改造环境,以适应其生命之要求,而此要求又实无限制,故此适应亦随之永远继续。

要而言之,适应历程乃连续不断者;其所以如此,则一方面由于环境之危险无常,另一方面则由于生活之要求无限。环境无常,则对外之适应不能定;生活无限,则对内之适应不能止也。

故生活历程乃连续适应之历程。此历程之起点为创造,其终点为生活,生活之目的在求更富丽之生活。

(二)**教育与生活之关系**。"教育即生活",不仅在事实上为不可能,即在理论上亦欠明晰:盖生活之范围(外延)与教育之范围(外延)究竟是否相同?如二者相同,则显然为不可能;如二者不同,则教育实为生活之一部分。教育为生活之一部分,如杜威所谓"为社会生活继续之手段",而非包含全部生活;则教育当然不能与生活完全打成一片,无论"为生活而教育"也可,"由生活而教育"亦可,然仍非"教育即生活"或"生活即教育"。或谓教育包含全部生活,则生殖与营养等生理方面之生活亦将谓之为教育乎?则吾人殊难承认也。

"教育为生活之预备",是认教育之目的为生活,而教育本身不必为生活或生活之一部分,即如巴必得所谓"儿童生活为成年生活之准备,为次要之生活"[1],亦否认教育为生活之主要部分,不过生活之准备而已。因此,教育与生活之关系即不判然为二,亦系教育附属于生活,并生活之一部分亦难确定也。

"教育仅为一种经济之方法,助本来不适之个人,使于一生之短促时期中,应付此繁复无已之世界。"[2]简言之,"教育乃助个人适应世界之经济方法"。又谓"自然赋人以二种反应方法,使适应其生活情形:一为生物的适应,一为教育的适应"。[3]由后之说,适应乃一生活历程,教育乃适应之一种,是教育为生活历程之一部分;由前之说,教育乃适应之方法,不必为适应之本身,亦不必为生活之一部分。此解释之前后不相合,亦见认识之欠明晰也。

以上三说,有谓教育完全与生活一致者,有谓教育为生活之一部分者,亦有谓教育为另一历程,不必附属于生活者。谓教育完全与生活一致,则教育不仅包含人类之全部生活,甚且总括一切生物之生活。果如是,则教育之名辞与事实均无存在之必要:盖"教育"即"生活",既有"生活",何用"教育"为?否则教育

---

[1] Bobbitt F., Curriculum making, Ch. Ⅰ.
[2] Chapman and Counts p.11.
[3] Ibid, 90 4—5.

必有其与生活不同之点,而自成一事态也。谓教育为另一历程,仅附属于生活,则教育显然为一种工具,以达到其他目的。教育既成为工具,则人人皆可得而利用之:帝国主义者固可利用之为侵略他人之工具,共产主义者亦可利用之为阶级斗争之工具;好人固可利用之,坏人更可利用之。果如是,则教育不仅与生活分裂,且与人道背驰,教育不仅蔑视受教者个人之人格,即全体人类之未来幸福亦被断送于现在教育者之手矣。此无怪乎康德,主张超越现状,破除私见,尊重人格之人道教育;[1]亦无怪乎新人文主义者马丁,始终否认教育即宣传也。[2]故教育与生活之关系既不能认为完全一致,亦难谓为此附于彼,仍以教育为生活之一部分,较为精当。盖教育为生活之一部分,则不至于"无所不包,而其实一无所包";亦不致"与生活分裂"或"与人道背驰"。更具体言之,教育为生活之一部分,生活历程为连续适应之历程;故教育历程为连续适应历程之一部分也。

连续适应历程可别为两种方式:一为体质的或生物的,一为心灵的或社会的。体质的连续适应使生物之个体继续存在,心灵的连续适应则使人类之社会继续发展;体质的连续适应偏于本能的,不易受意识作用之支配,心灵的连续适应偏于心能的,易为意识作用所指挥。

种族遗传乃体质的连续适应历程之表现:盖传种之作用在个体之全部改变,以适应新环境;转以改造环境,以适应新个体。环境之变迁无穷,个体之生长有限,以有限应无穷,乃为一不可能之事,遂不得不产生新个体,为全部之改组。而新个体产生之后,一方面适应新环境,一方面改造新环境,以适应自身之要求:如此代代相传,继续不已,个体亦由有限而变为无穷矣。惟此连续适应之历程为本能的或冲动的,不易受意识作用之支配。例如人类之生育,乃受生殖本能之支配,育女生男,一任冲动(精虫之瞎撞),而不能如吾人之意旨(随心所欲)。此种适应历程为生物界之普遍现象,由组织极单纯之生物(如安米巴)至组织极复杂之动物(如人类),其传种之方式容有不同(或为分裂,或为非性的繁殖,或为性的生育),而其性质则无稍差异,即皆受本能之支配,而不受意识之指挥是也。

心灵的连续适应则不然。例如社会遗传,由旧有之社会分子,将其适应之观念、成训、风俗、习惯等,传于新生之社会分子使继续适应。此种适应则为心

---

[1] Buchner, E. F., Kauts' Educational Theory, p.116.
[2] Martin, D.E., The Meaning of Liberal Education, p.48.

能的,易受意识作用之支配。例如饮食,中国人用箸,西洋人用刀叉,印度人用手指,其习惯容有不同,然皆由于成年之故意的传授于其儿童,使能适应其环境与需要则一也。不仅习惯,他如风俗、成训、观念等社会制度莫不皆然。由是,整个之社会生活得以继续发展以至于无穷。

所谓"故意的传授"即有意的指导活动(成年指导儿童),使采一定之方式进行(用箸、用刀叉,或用手指)。如就被传授或学习而言,则活动者(儿童)自觉其活动(用箸、用刀叉,或用手指)与其活动之结果(得食),甚至能预料其活动之结果(用箸则得食)及能指导自己之活动(必习得用箸)。故无论为传授或学习,均有意识作用渗透其间,此意识作用为"觉",为"预料",或为"指导",皆无非心能之表现,以求社会之适应耳。

(三) **教育之意义**。社会遗传由传授与学习而得继续与发展,亦即由教育而得继续与发展,故教育乃连续适应历程之第二种,即意识之连续适应。兹更详论之。

欲详论教育之所以为意识的连续适应,须先确定意识之意义。盖意识一辞,心理学上之意义至为暧昧,遂不免心理学者之怀疑与否认,实则意识之存在乃无法否认之事实,吾人可以全部生物及人类进化史证明之也。关于此层,容当另文详论,兹姑作简明之陈述,以确定意识之意义,且以完成教育之解释也。

兹有一新生之婴孩,仅经过二百二十日之生活,于社会之种种尚属渺茫,而于火可燃烧之事实亦未尝经历。某日身近一方燃之蜡烛,目击熊熊可爱之火光,即伸手加以扪弄。初不知烛火之可以灼手,乃一经接触,手便痛楚,于是此婴孩始"觉"火之可以灼手,并"知"灼手之结果为痛,而此"觉"与"知"即简单之意识作用。①此婴孩经过一度手灼之后,若使睹同样之烛火,必不复加扪弄,因彼现能"预料"烛火灼手之结果,而"制裁"其手之活动,不使同样之痛苦发生;此"预料"与"制裁"即较复杂之意识作用。至于成年人之活动,有目的,有计划,则其中之意识作用更为复杂矣。但无论为简单或复杂之意识作用,要无非活动者自觉其活动(伸手弄火)而知其活动之结果(火灼手痛),甚至能预料其活动之结果(弄火必灼手)而制裁其活动之进行(见火不复弄)。简言之,即活动者对于其内部情境(手痛)与外部情境(火灼)之把捉也。

此处吾人所极宜注意者一事,即此婴孩由第一度之"觉"与"知"进展至第二

---

① Psychology of 1925,p.136.

度之"预料"与"制裁",是盖"觉"与"知"实为"预料"与"制裁"之基础。有"觉"与"知",然后有"预料"与"制裁",然后有"目的"与"计划"。详言之,有"觉"与"知",然后有"预料"之知识与"制裁"之能力,然后有定"目的"与"计划"之智慧,于是个人之活动乃由盲目的而进于理智的,个人活动之方式乃由笼统的(全部个体对于刺激之反应)而进于各别的(对于各刺激之分别反应),而个人各种之习惯如技能、知识、嗜好、态度等均由此个别之反应而形成矣。此即普通之所谓学习,亦即吾人之所谓教育。

普通之所谓学习,无非欲获得个人先天禀赋中所缺乏之事物如习惯(包括技能等)、成训等,以求适应。而此事物获得之方法即在根据过去活动之"觉"与"知",以"预料"与制裁未来活动之进行。简言之,学习即运用意识,以获得社会遗传,而求社会生活之适应,亦即意识之连续适应。学习如是,传授亦如是。换言之,教育历程亦如是。

故教育历程乃有意识地利用环境之供给,以刺激遗传之能力,使形成习惯以继续并发展社会生活。简言之,教育历程即意识之连续适应历程。

三、结　　论

生活历程为连续适应之历程,教育历程为生活历程之一部分,教育历程为意识之连续适应历程,乃此篇之根本认识。根据此认识,则教育之目的亦为求更富丽之生活;欲求更富丽之生活,必充分运用意识之作用,完全支配此一部分之适应历程。全部之生活历程或适应历程确非意识所能支配,故教育实有其相当之限度,非可强倡"教育万能"之说,以乱教育之本真。然教育又确为生活历程之一部分,而其功用之表现又全在意识作用,故意识必能影响于全部之生活历程,不可主"宿命论",以沮人智之努力。

(刊见 1930 年《民众教育季刊》第 2 卷第 1 号)

适 应 论

一、序　言

　　Adaptation一字,在西洋文字中,早已通用,其意义亦颇显明,但译成我国文字,则殊难恰当,兹姑以"适应"二字当之。适者,适合也;应者,顺应也。字义简单,原不足说明一种理论,而况百余年来,西洋科学的发展已使此种理论普遍到一切的研究:生物学固毋庸说,经过达尔文毕生的研究,"适者生存"的原理已成为不易的铁则,即社会学、哲学等亦均受此理论的影响,而改变其观点。近今且有社会学者,将此理论发挥,而成为一种独立的社会哲学。其内容的繁复与含义的广博可想而知,至其重要,更可不言而喻。因适与不适乃一切生物生存的根本条件。适则存,不适则亡;物如此,人亦如此;个人如此,种族亦如此。我国民族际此环境剧变与千钧一发的时期,更有求适与求存的急迫需要。

　　为窥适应论的全豹,须有三方面的说明:第一,对于名辞,须作一适当的诠释,以获得一正确的概念,而先立一了解的基础;第二,对于理论的发展,作一扼要的叙述,以明了其变迁;第三,对于哲学的内容,加以简明的分析,以把握其全部。

二、适应之意义

　　"适应"一名辞有两种解释:第一种解释视适应为一种状态,即个体间、物种间、社会团体或制度间宜于生存与生长的关系;第二种解释视适应为历程,即一单元与其环境继续着良好关系的历程。简言之,适应是一种宜于生存的关系或一种良好关系的历程。此种关系或历程,如欲具体说明,须再作进一步的分析,从生物的演进与环境的性质两方面进行。

环境的性质可分两类，一为物质的或体质的环境，一为精神的或社会的环境。生物的演进是由被动的而自动的，适应即可依生物演进与环境性质分为四种，即被动的物质适应、被动的精神适应、自动的物质适应与自动的精神适应。被动的物质适应乃无目的地改变个体、物种等，以适合环境，如生物进化中之构造、机能等的改变；被动的精神适应乃无目的地改变社会团体或制度，以适合环境，如心灵进化中之语言、风俗、法律等的改变。自动的物质适应乃有目的地改变任何有机体，以适合环境，或改变环境，以适合有机体，如工业的发展；自动的精神适应乃有目的地改变形似有机体，以适合环境，或改变环境，以适合形似有机体，如个人对于精神环境的适应。

从以上的分析可知适应的具体说明，须根据生物与环境两方面，但无论适应为自动的或被动的，为物质的或精神的，其为一种宜于生存的关系或一种良好关系的历程，则颇显明。不过此处所说仅"适应"概念的诠释，而非适应论的阐发，欲阐发适应论，必于社会哲学的历史中求之。

三、适应论之发展

阐发适应论最早者当推社会学鼻祖孔德，其社会哲学中对于适应概念的各方面均已涉及，其认识之早与眼光之锐诚可惊人！关于被动的物质适应，孔德早已见到，故彼于一八五三年前即指出物质环境对于有机体与社会的影响。其言曰：

> 地球每日的自转与每年的运行均影响于个人与社会，环境中的热度、潮湿与电气以及空气中的化合物、水分、泥土等皆然。

关于被动的精神适应，彼指出种族对于个人的影响，如其所云：

> 社会学说所要求者即个人教育须为种族教育之迅速而正确的蓝本。

关于自动的物质适应，其所见如下：

此事极为明显,即人之影响自然,全赖其对于物质现象的法则有所了解,至生物现象则为次要。

关于自动的精神适应,彼认人类的智能与努力亦可多少改变自然的法则与协助道德的法则,故其言曰:

心灵之社会的作用依其自有的方法,不断的奋斗,以改变物力的法则,使逐渐屈服于宇宙谐和中之道德的法则;而此种道德的法则,如无深远的眼光与浓厚的情绪,难免一切公私的实际活动之反抗。①

总而言之,孔德之意以为物质环境可以影响人生,而人生亦可影响物质环境。以为社会环境可以限制个人,而个人亦可控制社会,此种远见或不为当时之人所深觉。其后科学日益发达,真理日渐发现,孔德的适应观随其社会哲学而不朽矣。

孔德的适应观虽颇涵盖,然尚简略,仅发适应论之端,其后生物学、心理学、社会学等的发达使适应论日益发展,由简略而进于精密,由偏重而进于完整,兹举数例,以见一斑。

适应论的发展,在被动的方面,较早而速,其原因为生物学的发达与生物进化的证实。因当时一班学者所努力的,是如何依环境对于有机体及社会团体的影响,以说明进化的原因。据生物学者的研究,环境对于有机体的影响循照三种不同的途径:(一)由色素与气候的直接影响,发生物理的、化学的或机能的变迁;(二)由地域的变迁而生食料的增减,间接影响于生长与机能的变异;(三)由物竞天择的情形。他们的根本问题是环境能否由血液或中枢神经,以影响遗传。若然,则此种影响如何?其结果如何发生?

例如蓝马克的进化四律,即谓运用可以影响遗传。其大意谓,生命有一种能力与需要,由此而有新器官与新运动的发展,而新器官的发展常与其运用成正比例。又每一个体,其生命途程中所获得的或其组织上所更变的一切均被保留,并可传递于其新生个体。②

---

① Comte, Augeste. Positive Philosophy, Ⅱ p.925.
② Packard, A.S. Lamark, p.346.

达尔文的研究，除证明蓝马克的说明外，更提出"适者生存"与"自然选择"的原则：大意谓，在生物竞争激烈时，最适应于环境者始能生存，而所谓最适应者，即能随环境情形而生有用的变异；此有用的变异且可遗传，无用的变异则归淘汰。①

新达尔文主义者将达尔文等的学说应用到社会或精神方面来，于是，社会的或精神的适应亦渐发展，而将人类的进化归之于社会或精神的适应。

例如戈尔登、皮尔生，即将自然选择应用于社会，谓社会的进步大半由于自然的选择：他们的证明甚多，如人口死亡率百分之六七十是由于选择，前一代低能者的百分之十二生产后一代人民的百分之五十，与劣等民族通婚是优秀民族的致命伤，最适于选择的品质是健康与体力等，而尤其重要的是团体内部的合作为团体间竞争的要素。根据此类研究，他们极力提倡优生学，主张婚姻、养育、公民训练等均须依照优生学。根据此类研究，他们极力主张：优生的训练是为公民谋幸福，适应的教育是为社会谋发展。②

又如桑卜耳，将进化的原则应用于人文地理的研究，以说明物质环境对于社会的影响：大意谓，地理对于人类的影响有四大类：第一为直接与间接的体质上之影响，直接的影响如身长的变异、色素的变迁、水土的服合，间接的影响如由生活的不同而生肢体的变迁；第二为直接与间接的心灵上之影响，直接的影响如性情、文字、宗教等的不同，间接的影响如由生活的不同而生语言上的特点；第三为经济的与社会的影响，如某一社团由物产、交易等受物质环境的影响；第四为人民移动上的影响，如山、川、湖、海之影响于人民的移殖与接触等。他如偏僻闭塞的乡村决不能产生天才，而富饶逸豫与交通便利的都市方诞降贤豪，此所谓地灵人杰，殊非偶然。③

以上所述，均关于物质环境对于有机体与社会团体的影响，以及由此影响所生的被动的物质适应与精神适应，嗣后心理学的发达使适应论改变发展的方向，由被动的适应而趋于自动的适应，将人类的心灵能力提出作为适应的重要因素，认社会的心灵为社会组织的基础与社会进步的动力。

---

① Darwin, Charles, Pescent of Man, p.149.
② Galton, Francis. Inquiries into Human Faculties, p.22, 24.
　Pearson, Karl. Laboratory Lecture Series, no. Ⅱ p.22, 28.
　Pearson, Ellenc. National Life, p.14, 44.
③ Semple, Ellenc. Hnfluences of Geographic Environment, p.34, 41.

例如达德，即谓社会生活的基础为暗示与模仿，意谓个人的观念与动作暗示给另外一人，由此人加以模仿，而此观念与动作遂被传递，然后一传十、十传百，而共同的观念与动作于以形成。惟暗示与模仿非一成不变者，每因各人欲望与信仰的不同而有冲突与变异，于是，而有发明与进步。个人间虽有冲突与变异，然以社会的需要与力量，仍保有合作。此种冲突与合作最后产生一种谐和或适应，即一组织中各分子的适应或各分子对于环境的适应。①

又如吉丁斯，认社会结合的基础为类似，为血属的类似与脑之组织的类似，意谓人类因有此类似，故不同的个人始对于同一的刺激起同一的反应。由此相同反应的发展，而有相同的习惯、相同的心灵活动、各种手段与目的适应。此种类似，如为人所觉知，即成为同类的意识或同心，其表现为同情、爱情等。此种同心为社会团结与幸福的基础，能决定社会组织的性质。如此种同心为形式的，重在习俗的接受与规律的服从，则具此同心的社会为强制的；如此种同心为理性的，重在批评与舆论，则具此同心的社会为自由的。②

自动的适应论至瓦德而益显著，因彼认自然的进步之所以转变为意志的进步，完全由于智能的发展成正比例。彼谓人类的意志表现在人类的事业，而人类的事业，在物质方面，是改变环境，在精神方面，是社会同化；而其总和则为物质文明与精神文明；故人类真实的事业是永久的，其要素是心灵的，其结果是发明——方法、原则、制度等的发明，故个人真实的永生是事业的永生。③

十九世纪中叶，适应论的发展已由偏重而趋于完整，由被动的与自动的而趋于全部的；于是适应论发展成熟，而独树一帜，不再附属于进化论中矣。为证明此说，请举二例于后。

美国社会学家卡伏提出适应主义，为其社会哲学的中心，而其适应主义对于适应论的各方面均能包括无遗。彼谓宇宙历程的目的是丰富的生活，而此丰富的生活且有良好的品质；但生活的良好品质须凭借与生物进化中重要历程相同的历程，始能获得，亦即生活的非常丰富、变异、生存竞争、自然选择等，凡可引导种族进于适应生活情形的历程。分析言之，例如生存竞争，人类实与生物相同。无论为国际市场的竞争或社团中财富、地位、权势等的竞争，均与生物界

---

① Tarde, Gabriel. Social Laws. p.38, 41, 100.
② Giddings, Franklin. Elements of Sociology. p.55, 56, 59, 152, 153.
③ Ward, Lester Frank. Pure Sociology. p.15, 18, 22, 31, 25.
　Dealey and Ward. TextBook. p.267, 268.

无殊,因人类欲望的扩充与人口的增加是无限度的,而物质的供给常感缺乏的。于是,人与自然及人与人间的冲突或不适应是不免的,而武力的、政治的、经济的竞争遂逐步发生矣。既有人与自然间的冲突与不适应,乃有人与自然间的竞争与适应,于是,人类或改良生产方法,以增加产品的供给,是为自动的物质适应;或使生活简单,以减少欲求,是为被动的物质适应。既有人与人间的冲突与不适应,乃有人与人间的竞争与适应,于是,社会上有道德的发展与教育的实施,以增进团体的力量与社会的效率,是为被动的社会适应。至于浪费的经济竞争与有益的经济合作必须政府加以禁止或奖励,种族品质的改良、人类能力的节省与宇宙历程的适合必须加以制裁,是为自动的社会适应。此四种适应不仅理论上如此,实际上亦如此。例如第一次欧洲大战,其原因为德英二国的经济竞争,其结果是二国生产的突增、团体力量的发挥、社会制裁的加强,而最后的结果是二国内部的适应与外部的不适应。如国际不能谋得相当的适应,则竞争必愈演愈烈,其最后结果为强存弱亡、优胜劣败,悉合于"适者生存"的原则,不容丝毫假借也。[1]

卡伏的适应论是以生产为基调,认生存竞争的最后阶段为经济竞争,生存竞争的原因是生产缺乏,一切价值的衡量是生产力,故适应的重心是经济,各种适应根本上不过是经济的适应而已。

与卡伏观点不同,而亦提出适应论为社会哲学的中心者有罗费考。彼不以生产为适应论的基调,而以理智为适应论的基调。彼谓宇宙进化中有二种孪生的现象,即竞争与联合是,亦即生物与无生物间、人类与动物间、团体与个体间、细胞间、思想间、实业间,以及无在不有的竞争与联合,而此二种现象均依适应的定律进行。且宇宙是在永远变迁的状态中,故绝对的适应是不可能的;故竞争与联合也常显然存在的。生物的竞争亦有二类,即吸收与排斥是,亦即胜利者对于被征服者的合用成分之吸收与达到个体重要目的的障碍之排除。人类的适应则取四种形式,即被动的物质环境之适应、被动的社会环境之适应、自动的物质环境之适应与自动的社会环境之适应。科学是被动的物质环境之适应,因各种科学所构成之完全的宇宙观必使人类对于宇宙环境的适应成为绝对的。模仿是被动的社会环境的适应,因一有机体所发生的动作为另一有机体所临

---

[1] Carver, Thomas N. Essays in Social Justice, p.38, 40, 43, 50, 52, 53. Carver, Thomas N. Religion Worth Having, p.55. Principles of Rural Economics, p.35, 4, 132, 185.

摹,可成为共同的与适应社会的动作。生产是自动的物质环境之适应,因人类由生产改变环境,以适应其自身需要;仁爱为自动的社会环境之适应,因人之爱人无非欲人之如己,亦己立立人与己达达人之意。无论生存竞争或人类适应,其基调为理智,因在生存竞争上,凡有最正确的宇宙观者,必操胜利的左券。而所谓进步者无非凭借智识与智慧,将较迟缓的适应历程变为较敏捷的适应历程,将非理性的或被动的适应历程变为理性的或自动的适应历程而已。故一国家或一社会优胜的品质是文化的成分,而不是强暴的武力,因只有高尚的文化、优美的艺术、热忱的科学研究与深邃的哲理探讨,始能引起邻人的兴趣与同情;也只有一民族的文化,始能引起其他民族的羡慕与模仿,始能同化或吸收其他民族。[1]

四、适应论之哲学

适应论的发展所明示的有二点:一即适应的历程由被动的而自动的,一即适应的观念由简略的而详密的;而最后的结果是一种新的社会哲学的产生,亦即所谓适应的社会哲学或社会的人格主义。

一九一五年白利斯脱于《社会的适应》一书中综合过去各家学说的精华,而成立其社会的人格主义,并谓适应论已发展为一种社会进步的理论,几可取进化论而代之,其学说大要撮述于后。

(一) 社会的人格主义之意义。所谓社会的人格主义,概括言之,在视宇宙进化的极峰为各个人格,而非社会团体,因为只有人格有超越宇宙历程的力量,而团体的活动全在个人的发动。但各个人格实为社会的产物,而其目亦在社会,故人格实为社会的,而非个人的。

(二) 社会的人格主义之要点。此种主义,若分析言之,有以下各要点:

1. 个人有无上的价值。个人为宇宙进化的最高表现,因为个人创造的活动表现在自动的物质适应与自动的精神适应二方面:自动的物质适应使彼征服自然,以供给自身的需要;自动的精神适应供彼由模仿的变异、革新与暗示以反映

---

[1] Novicow, Jacques. Les Luttes entre Les Societ'es Humanais et Leurs Phases Successives. p.5, 30, 21, 38, 40, 120.

社会，影响人群以满足自己，形成理想以适应人群，由示范与劝导以折服同伴，使接受所倡导的理想，与他人合作以强制因循与反叛分子，使适应社会。故个人的价值是无上的。

2. 个人有自我发展与社会效率的目的。个人须有自我发展的目的，一则因为人格有其内在的价值，应予发展；一则因为个人与社会的被动及自动适应均须以自我发展为基础，否则均不可能。个人须有社会效率的目的，因为仅仅自我发展不足造成个人的幸福与社会的力量，必须使个人将其所能尽量发展，以适合社会生活的需要，以增强社会的组织，而谋社会的生存与社会理想的广被。

3. 社会负各个人格品性上的责任。任何团体的分子大部分为社会的产物，故社会确能获得其所需用的分子。因此，社会的责任心应当感觉到对于个人品性上的责任。

4. 每一社会单元须以"作人模范"为共同理想。意即谓每一社会单元须完成一种有组织的生活，此种生活的结果极为良好，能使各个分子与全体人类获得最大的福利；并且此种生活，由理性的模仿，广播到其他社会单元方面去。

5. 广被的社会目的应达到更大的单元。第二点中所举的广被目的不应限于国家团体，如皮耳生、卡伏以及若干德国学者所云，而须随合作事业与自重情绪的扩充，逐渐广被于全体人类。

(三) 社会的人格主义之应用。如将此种主义应用于实际情形，以解决社会问题时，又须注重以下各种因素：

1. 须以物品的生产为生活、生长与文化发展的基础。

2. 须免除各种浪费，如土地、劳力与天然资料等。

3. 须注意有效率的消费，如根据生产、剩余能力与社会福利的说明。

4. 须实施"社会效率"的教育，如：

A. 承认家庭为社会的单位与教育的单位；

B. 务使各人有最合于工业制度的知识、技能与训练；

C. 务使各人有社会适应与合作的知识与训练；

D. 发展人格与个性，使有自制、自治与对于个人及社会有福利的活动途径之先见；

E. 获得宗教的识见与经验，使人与上帝联合，以造成更大的力量与社会的单元；

F. 以适应的教育理想与"作人模范"的社会理想综合以上各点，而强化之。

5. 须执行社会制裁,如:

A. 有效率的种族品质的获得与人口的统制;

B. 反叛分子与因循分子的处置;

C. 不经济的与妨害社会福利的竞争之防止;

D. 有益于社会的合作事业之鼓励;

E. 公平的财产分配之施行。

白利斯脱的社会的人格主义大要如此。其哲学非以生产为基调,亦非以理智为基调,而即以适应为基调,亦即物质的适应与精神的适应并重,个人的福利与社会的福利并举。因无物质的适应,决无精神的适应;无个人的福利,亦决无社会的福利,反之皆然。故其言曰:

个人生活的成功必在物质的与精神的环境之适应;而最令人妒羡之人必为对于同伴及全体人类福利有最大影响者,而个人亦受其赐。①

五、结　　语

适应论的发展与完成既如上述,此理念的意义亦自明了;惟吾人尚须注意者,即此理论非一空泛的学理,而与实际生活无关者。从其发展及完成上,吾人可知适应历程在宇宙历程中及在人生历程上的关系:如宇宙的演进至人类而极,人类的演进至现今而甚,而此演进的可能即在适应。又宇宙及人类的演进是继续不断与永远无穷的,故适应亦是继续不断与永远无穷了,故人类的适应亦仍在继续,以至于无穷。但所谓继续与无穷,系就整个宇宙与全体人类而言,至于宇宙或人类的一部分,则每以不适应,而归于淘汰,故"适者生存"的原则是天经地义,无可逃避。任何物种或民族欲求继续生存,必先谋所以适应之道。

现今世界是民族竞争激烈的时代,武力的、政治的、经济的竞争均同当进行,惨酷的淘汰随在可见。此种情势所予吾人的警告有二:(一)世界各民族皆在讲求适应之道,如军备的扩充、政权的集中、金融的稳定、生产的增加、教育的统制、生育的控制等,以祈获得民族竞争最后的胜利;(二)如吾人再不讲求适应

---

① Bristol, Lucius Moody. Social Adaptation, Ch. XVII.

之道,而仍安于贫乏、文弱、愚昧、自私、逸乐,则必受民族竞争的淘汰。此种警告已渐为国人所觉,这不能不感谢东邻所予我们的刺激——十分强烈与继续不断的刺激。但警告的觉察不是适应的方法,只是适应需要的感觉,故我国民族的生存亟待适应方法的讲求与实行,所谓自动的物质适应与精神适应是我们救急的良药,是我们求生存的大道。

民族的适应与生存需要整个民族的努力,故我们必须全体民族总动员,但不要忘记白利斯脱所说,团体的活动需要个人的发动,故我们必须各个人格大振奋,凭着民族的总动员与个人的大振奋,循着适应的大道迈进,然后中华民族可以继续的、无穷的与宇宙长存。

(刊见 1929 年复旦大学《教育学报》创刊号)

觉 的 教 育

——在暑期学校的讲演

今天晚上所要讨论的题目,是"觉的教育"。这个题目里面,包含了三个问题:

第一个问题,就是教育究竟是什么。我们知道在现在这个时代,生活是很复杂,生活的方法也是非常地复杂。因此,各种学说发展,教育学说亦然。对于教育的解释,这个人有这样说法,那个人有那样说法。今天提出一点意见来,不一定就能够帮助解决问题,甚至于增加烦恼或麻烦。因为现在我们除从前所知道的,又加上一种意见,其结果是混乱,不是解决。但这没有办法,研究就是麻烦,研究一个问题,就是自找麻烦,可是由麻烦里我们可以得到快乐。

第二个问题,就是觉的教育,这个"觉"字作何解释。这有一种比较不同的说法,并非普通之所谓觉。譬如天气很热,我们要扇扇子,这也是觉。我的意见,对于这觉字究竟作什么解释,也要讨论。

第三个问题,就是我们为什么要研究觉的教育。觉的教育有什么必要?现在我且分开来讨论。

一、教育究竟是什么?

教育问题离不了人生问题。要研究教育,必须了解人生。可是人生问题是极其复杂,就是谈一晚也谈不完。现在且下一个极简单的假定:"人生是一种联续的适应。"在一方面人必须要适应本身的要求,因满足本身要求,是天性如此,不可违反。人生欲望打消,一切皆归寂灭,既无所谓人生,更无所谓教育。如说这话不对,我们就应当承认生命有要求,求内部欲望的适应,还要满足它。在他方面,人生要适合环境,环境一变,我们也变。"适者生存"(Survival of the fittest),不仅仅要消极的适合,还要积极的改造,例如我们没有翅膀,不能够飞,我们造飞艇便能飞;不会游水,学游水。一方面适应要求,一方面适应环境。适应的程序并不是一时一刻、一分一秒的时间就可以,要继续不断,所以人生以及一切生命是联续的适应,不断的适应。人,就是这么一个东西。教育是什么? 就是这种联续适应的一种。适应有两种,一种是不觉的(Unconscious),一种是觉的(Conscious),前者没有意识,不能够去驾驭,不能够去支配。不能够去控制。譬如生孩子,生男生女,无法改变,想生男孩的无法生男,想生女孩的,无法生女。胡适诗有云:"我不要儿子,儿子自己来了。……"所以要不生不能够,要生也不能够,根本就不受意识来支配。此种例子甚多,生殖不过代表盲目的活动之一。生殖是联续的适应。人生不过百年,死后如何继续,就要行使性的生殖才能传种,能使生命继续不断。另外还有意识的或觉的适应,就是教育。教育是精神上的生活,理想、观念、思想,一代一代的有意识地遗传下去;虽不能说绝对的,至少可以说其支配力很大。家庭与社会种种,都可以影响后来的人。家庭里面有音乐环境,其小孩子必成为一个音乐家。意识可以支配环境。觉的适应,比不觉的适应的力量来得大。教育是觉的联续的适应。

二、究竟什么是觉?

心理学上有所谓"知觉",有所谓"感觉",种种的觉。我所讲的觉是什么? 是一切的生命对于内部和外部情境的把握,这是觉。我且先举一个例子:最简单的觉是感觉到一种活动的存在。一两岁的小孩没有经验到火可以烧手,不晓得火可以烧得痛手,看见桌子上蜡烛的火光很好看,伸手去触动它,烧痛了手立即缩回,这是警觉。烧手,发生危险,好像是一种警告,当于英文字的 aware;忽然觉得内部情境的变化,觉到外部的火的危险,觉到内部和外部火的关系,这是最简单的觉,脑内意识作用不十分浓厚,不十分明显,这是大部属于身体的比较混乱的觉。较复杂的觉是意识作用。如成人的活动,假使没有目的和结果,就是没有意识;如有目的与方法,做事很审慎,是有意识的,觉到将来的结果及现在内外的情境,他自己内部发生反应,可做就做,不可做也不勉强,依能力而定。至于意识作用到很高程度,例如史家以历史的眼光预料几百年后的世界大局,能预言世界上最近的变迁。《圣经》上所说的先知,虽然有人说是寓于神秘,但在科学上讲也是有的,先知能够比人看得远些。总而言之,最简单的觉是身体的作用,最复杂的觉是全部精神作用,预先了解的作用,能够使环境内外适应,不动则已,一动就有一定的目的、方法和步骤,并且得到一定的结果。虽然不能够十分如其想象,大致却不差。在政治家发展国家,民族的领导者的发展民族,都是最有计划、最聪明、最有"觉"。专就人讲,觉的发展不是从人始,乃是从全部生命进化而来。觉的重要,从全部人类文化历史上看,更可以知。

三、教育为什么是要觉的?何以觉是教育所必需?

简单地说,因觉是进化的表现,是适应的要素。第一,从生物进化史上看,我们研究生物进化的历史,找出其最重要点来。生物各时期的进化,从阿米巴(Amoeba)单细胞动物说起,它的全部生命只是很小一个细胞,如菜上的油珠,到处蠕动,触着其身旁的东西,便将全部细胞包围,可以吃的,则以全部来消化它;不可吃的,或有危害其生命的,便赶快逃走。在生物实验室里,把阿米巴置于镜上,以碘水一点滴在镜上,阿米巴游到碘水旁,感觉有毒,便赶快退走。因此可知阿米巴也感觉到环境对于它本身的好坏。这种觉是要用全部身体的觉,这是最危险的。假如有毒,则毁损其全生命。再进化一点的,则有巴拉米新(Paramecium)。与阿米巴不同,它的身体周围有触须,拿触须去触知环境有无危害。它这觉的工具比阿米巴好得多了。再进步,有长的触须则可以触得很远,可以随时改变其行动的方向,例如蟋蟀具有高一步的觉。再进一步,有视觉的眼及脑筋,"秀才不出门,能知天下事"。眼睛只可看见有限的距离,二十丈三十丈以至四十丈远,我们用脑筋去想,便可以知道更远。例如我们看报,上海或欧洲有什么危险,用不着以身体去触,老早就知道。觉的工具,觉的方法,觉的能力,都进化。高等动物的脑筋很为复杂,能够觉到很远。山羊和野马,一听到远处有危险的声音,立即远避,其听觉是很锐敏。生物愈进化,觉的方法也愈进化。故觉是生物的表现,惟其进化,才能够适应。单细胞生物的适应能力很低,高等生物的适应能力很高。所以适应是由于觉。偏于外部觉,也由内部的需要。动物与人有种种显明的分别,人类进化从人类全部进化史讲,进化的阶段,可以完全从觉的方面去解释。野蛮人的行为是冲动的,一切活动都是不知不觉,所谓不觉而行。今天走路,足绊在石头上,一跤跌倒,他便以为这是神的作用有以致之。明天头为树枝刺了，又以为是神的主使。他们把自然界一切事都当作神秘不可思议，不了解环境与自己。等到文化进步一点，才能行而后知，行而后觉；能由回想了解过去的活动，这是第二阶段。再进，觉而后行，知而后行，可以预先知道事物性质如何，环境能否许可，能力够不够，与自己的想象是否相合。将来世界更进化，一切可以预定去做；做出来了，十有八九都能与预料相合。所以，人类的进化，就是觉的表现。适应人类社会，也要觉。就个人而论，一个人的生理与精神如何，能力如何，如何调养发展，这是内部的觉。又，一个人的境遇，分为经济的和社会的，看它们能否允我发展。这是外部的觉。一方面适应内部的要求，一方面适应外部的变迁，这便是很深的觉。我们看到全部生物进化、人类文化进化，就是能适应，能觉。能觉，才能适应。觉，是人生必需的。教育是什么？是求如何去适应的，如何去适应环境与内部的要求的。所以觉是教育必需的。以教育史来看，全部人类进化史，当野蛮的时代，教育的方法是模仿的方法，是不知不觉的方法，教者不以为自己是在教，学者也不以为自己是在学。例如打猎，小孩照样跟着去打，没有感觉到要怎样去学习，大人也没有感觉怎样去教。后来生活复杂，教育也进步了，先生觉得要教，然而用什么去教，要如何教，仍不明白。再进一步，如何去教，用何种材料去教都觉得了，但学者还不知其为学。学生仿佛进了牛栏，用死板的方法、勉强的方法去学，因此学生以学为苦事。由此再进一步，就是学者也觉得是学，新方法中有一种设计教学法，使儿童觉得学的目的，每日功课由教师带着学生们去共同讨论，定好了学习方法，由先生提示其目的，引起其兴趣。我敢武断地说，将来的教育是趋于觉的教育，使学者发展其全部的觉。不管对于设计教学法是如何，其方法是使学生去觉，是至理不移，使儿童觉其活动的目的，不管简单或复杂，要使儿童觉得其活动对他们自己的意义，不是我们的意义。

教育是觉的联续的适应。觉的教育的目的是自觉与觉人。在凡从事教育者务须自觉其教授的目的与使命，选择最好教材，应用最良方法，使被教者感觉兴味，自觉其学习目的：这是我最后的结语。

（刊见 1930 年《安徽教育》第 1 卷第 17 期）

教育学为哲学乎抑为科学乎

今日教育事业之发达为亘古所无，而教育之研究遂亦应事业之需要，极未有之盛；教育心理学固有长足之进步，即教育社会学、教育哲学等亦均露其岐嶷之头角，以各树一帜。然教育研究之发达教育之幸也，而为教育学之不幸，此何以言之？盖教育研究愈向各方发展，则教育学之内容愈割裂，内容割裂，则含义愈暧昧莫辨；而此一科在学术及教育上之价值，遂不免受无谓之贬损矣。

原教育之有学甚早，徒以其非建筑于科学之基础上，遂如空中楼阁，终归消灭。后教育学根据心理学、伦理学、社会学及哲学等，以为论断，似可以确定不摇矣；然系以其为他科学之结合与杂凑，而非根据教育事实之研究，仍不得称为独立之学科。此种教育学须根据教育事实立论之旨，在教育科学未发达前尚不甚显，及教育科学发达后，则丝毫不容假借。盖任何学科莫不有其独立之资格，所谓独立之资格者不外乎一研究之特殊对象与目的耳。各教育科学发达后，皆有其特殊之对象与目的；惟教育学则仍以心理学等之对象为对象，以伦理学等之目的为目的，而无其独立之资格。于是，一班研究教育者，对于根据他科学立论之教育学加以否认，而倡以教育事实为对象，以研究教育事实为目的之教育学。然天下事每易矫枉过正，即学术之探讨亦在所不免。教育学须根据教育事实固是，然必如实验教育学者所主张，教育学必为科学的，则未免所见不周也。

教育学究为何物？其范围及性质究何若？此问题在理论上迄今无确切之解释，在事实上亦发生多少之困难。即如教育课程中教育学之功用及位置究如何？教育学与教育概论等之区别如何？兹为理论之商榷及实际困难之解除计，姑草是篇，就正于同好。

一、教育学之产生及发展

欲知教育学果为何物,非可专凭主见,以为臆说,须从客观事实求之。客观事实之最显著者莫如历史之迹象,故请先述教育学之产生及发展。

教育学之胚胎远在两三千年前,此研究教育史者类能言之。即如西洋,当希腊城国(City-state)时代,已有各种教育学说,讨究训练青年之旨趣及方法。例如裴赛戈拉斯(Pythagoras)之社会主义,诡辩家之个人主义,苏格拉底等之人文主义;众说纷呶,极一时之盛。嗣后教育事业日益扩大,学说亦随之周详。降至近代,更有专门从事教育者或研究他科而同时注意教育者,发为系统之教育理论,如葛美纽斯(Comenius)之《大教授论》、康德之《教育论》、福禄倍之《人类教育》等,莫不持论详赡,条理井然。惟时科学(尤其心理学等)尚属幼稚,各作者均凭办学之经验与主观之推想,所言虽不无中肯之处,然去确凿之论断或科学之研究则甚远,可名之曰教育理论,未可称之为教育学也。海尔巴脱(Herbart)根据伦理学,以定教育之目的,根据心理学,以定教育之方法,而以哲学方法组织系统之教育学,故人多认海尔巴脱为教育学之创始者。

海尔巴脱之后,教育之发展一日千里;其弟子齐拉尔(Ziller)承师说,著《普通教育绪论》,惠都(Waitz)著《普通教育学》。他如恺尔(Kern)之《教育学纲要》、林特尼(Lindner)之《一般教育学》,皆为有科学基础之研究。而集各家之大成者则为来因(Rein),彼著《系统的教育学》等书,总括过去之研究,并将教育学确立于科学基础之上。惟海尔巴脱派之教育学仅根据伦理学与心理学,未能容纳他科学研究之结果。故社会学发达后,有根据社会学以倡社会学的教育学者,如威尔曼(Willmann)之著《教化学》、德林(Daring)之著《系统纲要》,最近且有白格尔曼(Bergemann)等之《社会学的教育学》。亦有专据心理学,以倡心理学的教育学者,如比尼克(Peneke)之《教育学及教授学》,最近如贺恩(Horne)之《心理原理教育学》等是。故教育学成立后,复因各科学之发达,分途向各方面发展矣。

十九世纪末叶,普通科学固极发达,而教育科学亦极进步,教育心理学无论矣,他如教育社会学、教育行政学等,亦旗帜鲜明,日新不已。教育心理学之发达,一方由于教育上之要求,一方则实验方法之盛行。毛孟(Meumann)等出,更将实验心理之方法推用于教育,倡实验教育学。以前之教育学多根据各种普通科学,应用其研究之结果于教育问题之解答,故不免混合与杂凑之病。实验教育学则主以实验统计及精密观察之法,解决教育及教授上诸问题,且主从教育之见地上,应用他种科学研究之结果,确立教育上之原则,使教育成为客观独立之科学,而非他科学之结合。于是,海尔巴脱等所创始之教育学,不免根本动摇矣。

要而言之,教育学之历史所昭示于吾人者,教育学之意义,因时代之变迁与研究之发展,已三次改易如下:

(一)教育学即主观而空泛之教育理论;

(二)教育学为根据普通科学或哲学而组织之研究;

(三)教育学乃应用普通科学方法,以研究教育事实及原理之科学。

此三种意义,如以今日之事实证之,当以第三种较为确切。然教育学必为科学乎?恐非各家教育学者所许也。兹为明确计,更进一步,从教育学本身之范围与性质,先解答此理论上之问题。

二、教育学之范围及性质

昔海尔巴脱派之殿将来因氏最初定教育学之范围如下图:

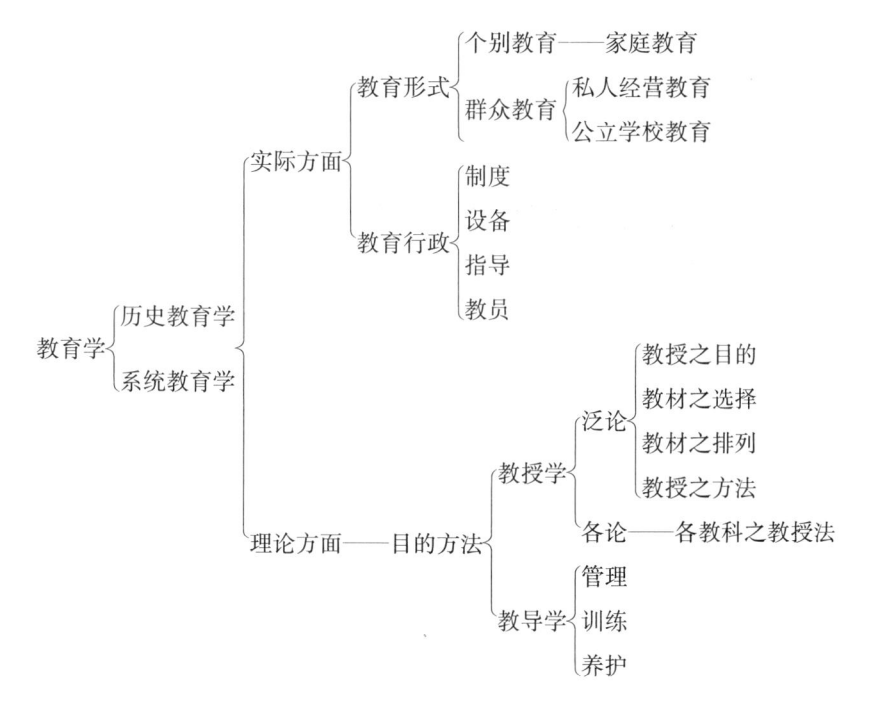

```
                              ┌ 个别教育──家庭教育
                   ┌ 教育形式 ┤          ┌ 私人经营教育
                   │          └ 群众教育 ┤
         ┌ 实际方面┤                     └ 公立学校教育
         │         │          ┌ 制度
         │         │          │ 设备
         │         └ 教育行政 ┤ 指导
教育学 ┌ 历史教育学            └ 教员
       └ 系统教育学
         │                              ┌ 教授之目的
         │                              │ 教材之选择
         │                    ┌ 泛论   ┤ 教材之排列
         │          ┌ 教授学 ┤         └ 教授之方法
         └ 理论方面─目的方法 ┤ 各论──各教科之教授法
                              │          ┌ 管理
                              └ 教导学   ┤ 训练
                                         └ 养护
```

来因氏并本海尔巴脱之意,由伦理学以定教育之目的,由心理学以定教育之方法,是教育学之性质亦明白论及矣。

继来因氏说明教育学者有那笃尔（Natorp）。彼以教育学为哲学之应用,而哲学则教育学之理论,故彼谓教育学之基础不仅限于伦理学及心理学,实包含哲学之全部。即如教育目的之规定,非专据伦理学,乃兼据伦理学与美学者。那笃尔之意颇能代表德国之教育学者,如洛荪克兰慈（Rosenkranz）等,认教育学为哲学而非科学。

最近毛孟氏分教育学为二部：一为叙述及说明教育事实之教育学,一为组织教育事实及概念之教育学：前者为科学而带普遍之性质；后者则依时代文化之状态及理想与国家社会之情形而定其态度,无普遍性。实验教育学乃指前者,而后者则不能依实验以定其规范,然于教育事实务行实验及客观之研究,以矫从来凭主观经验与本哲学,而陷于独断之弊。按毛孟之意,教育学之性质不应专为哲学的,而宜兼为科学的。至其偏重后者,则欲一矫研究教育学者从来之弊也。惟毛孟乃实验教育学派中之稳健者,他如赖爱（Lay）,则主张不仅教育之方法须由实验而规定,即教育之原理亦然；又如贾德（Judd）,竟谓教育之研究非科学的则不可。

以上各家之说明互有短长。来因之所谓教育学言之较详,然过于广泛；盖教育历史学现虽未成为一种科学,然渐能独树一帜,未可仍隶属教育学之范围内,此研究教育学者所宜公认者也。至根据伦理学心理学以定教育之目的及方法,一则所据过狭,一则陷杂凑之弊,则非教育学者所许也。那笃尔谓教育学应根据一切科学,较为允当,然认教育学为应用哲学,则根本错误,因其忘怀教育学有其特殊之事实,而非专门应用哲学之理论也。实验教育学派重在客观事实及实验方法,颇能矫空疏之弊,然谓教育学非科学的不可,则又未免所见稍狭也。毛孟提倡实验教育学,而不愿以其所提倡者囊括一切,以自陷于武断之病；乃认教育学为科学的,亦为哲学的：故其说较各家为圆满可靠,然语焉不详,且措辞暧昧,极须吾人之补充也。

三、教育学之意义

考据教育学发展之历史,比较其范围与性质上之各家说明,吾人不能不谓教育学可为科学的,亦可为哲学的。科学的教育学者狭义之教育学也,哲学的教育学者广义之教育学也,二者之义虽有广狭,然其价值则无高低也。广义的教育学应贯串教育之全体,而为概括之说明与叙述;故其性质为普遍的,亦为普泛的。不仅此也,如教育学欲尽贯串之能事,则于叙述与说明之外,尚须加以组织与批评:盖贯串必须联络,而联络又必须有一观点为其中心。然此中心观点之立,决非说明与叙述所能为力,又必须比较其他观点,而批评其得失,以为烘托;然后纲举目张,系统了然,使学者得窥全豹。故广义的教育学乃叙述、说明、组织(或综合)、批评之学科,亦即哲学的。换言之,即应用哲学方法,以治教育内容是也。

狭义的教育学则不然,正如毛孟所云,乃叙述与说明教育事实者,至于教育之一般原理及目的则非所能及。如实验教育学,其方法为分析的,而非综合的;其态度为客观的,而非主观的。或如社会学的教育学,根据一科学之结果(那笃尔之社会教育学为应用哲学,非根据一科学之结果,实为例外),以推论教育,其内容为局部的,而非整个的。要言之,狭义的教育学乃以科学之方法,治教育之内容,亦即叙述与说明教育事实之科学也。

以上专就理论方面,解释教育学之意义,以下再从实际方面解答关于教育学之困难。

四、教育学之功用

普通教育课程中多有教育学一科,否则有教育概论、教育通论或教育入门等学程代之,而此类学程又每为初习者所必修。考其用意,则无外乎与习教育者一普泛之研究,以为进修其他教育学科之基础。此种事实所明示者有二:(一)教育学与教育概论等无甚区别;(二)教育学在课程中之功用乃与学者一普泛之教育观。然则事实上教育学固无问题矣,则又不尽然,盖普泛之教育观可为科学的,亦可为哲学的。即如贾德所著之《科学的教育概论》(郑宗海译为《教育之科学的研究》)及中国少数人所主张之实验教育,则主此普泛之教育观为科学的。他如桑戴克之《教育论》及多数人所主张之教育概论,则为哲学的。主张科学之教育观者,以哲学之教育观为易趋于空疏,不能确立进修之基础;主张哲学之教育观者,则以科学之教育观为破碎,不能发生综合之效果;似各有所短长。然静心思之,哲学教育观之空疏,其病不在自身,而在不根据教育事实立论。科学教育观之破碎,则其本身之限制,盖科学重分析,不重综合也。故普泛之教育观宜为哲学的,而培养此普泛教育观之教育学亦宜为广义的,惟此广义之教育学,务戒流于空疏,方能尽其用也。

教育学之意义及功用迄无定论,兹篇根据历史事实,试为解述,冀能略减理论上之纠纷,而收实际上之效果也。

(刊见 1930 年《教育季刊》第 1 卷第 1 期)

教 育 哲 学

一、导　言

　　昔杜威欲彰其实际主义之哲学①，曾著《德国哲学与政治》一书(一九一五年出版)，说明理想与实际生活之关系，而以德国哲学之如何影响其政治为证。书中间亦涉及哲学与教育之关系，然言之不详。一九一六年著《平民主义与教育》补充之：仍以言过简(仅第二十四章略及)而意难赅，读者鲜能窥其重要；而其结论所谓哲学为教育之普通理论，教育为哲学之实验，遂亦视为空洞暧昧之假设或武断矣。

　　此点之重要可从两方面见之：一从教育与哲学之历史的关系，一从教育与哲学关系之结果。在第一方面，吾人可研究教育与哲学关系之起原及发展；在第二方面，可研究教育与哲学之结合或教育哲学之成立。此二者实二而一，可从一方下手，然为求完整与贯串故，宜合而研究之，盖说明教育与哲学之历史的关系，即所以说明教育哲学之起原，因此关系愈复杂，愈组织，遂自树一帜，成立教育哲学一科。故教育哲学之成立史，直接表明教育与哲学之关系，间接表明实际生活与理想之关系，而由此可明教育哲学之意义，及其在各学科中之地位矣。

二、教育与哲学之历史的关系

　　杜威之言曰，欧洲哲学起于教育问题之直接压迫，乃可深思之事。②即如欧洲第一批教育专家之希腊诡辩者，曾应用自然科学之方法与结果于人类关系之研究与培养。故彼辈所讨论之问题为道德能否学习(Can virtue be learned)，何

---

① 杜威本人并不承认其哲学为实际主义，此处姑随流俗名之，以求易解。
② Democracy and Education p.885.此处杜威谓以前仅有自然科学，而无哲学；有之，自诡辩家始。

谓学习（What is Learning），何谓智识（What is Knowledge），如何教授（How to Instruct）等。此类问题一方面涉及行为与实际，一方面涉及思想与理论，合之则为二者关系之讨究，而其发生则直接在人类行为之研究与养成，间接在实际生活需要之应付。

希腊诡辩家时代为希腊极盛时代，彼时雅典虽一蕞尔孤城，实为全希腊人民生活之中心，他如小亚细亚、意大利等处游客，亦多不远千里而来。冠盖往来，商贾辐辏，而游学智辩之士亦如云集，以是，昔日城国（city state）之单简社会忽变为大国之复杂社会；昔日简陋之风俗制度，狭隘之理想规模，均不足以适应此泱泱错综之新环境矣。就教育方面言之，昔日之教育目的，在培养治理及训练捍卫雅典城国之国民；现国土既拓，人民亦众，以前之教育目的不复能造就适应此种生活之人才。教育方法亦然：昔日之严格训练、模仿办法等均为青年所反对矣。当时之新青年不似昔日之青年，感觉捍卫国家之重要，甘受严格之训练；亦不似昔日青年思想与行为之简单，一味模仿，而于旧有习俗，必求其所以然，方肯择而行之。要而言之，希腊因环境之变迁，实际生活上起一种适变之需路，此需要之供给在培养人民之新行为，使能生存于此新环境。

但何者为能适应之新行为，此则非可咄嗟立定，而须长期之思想与讨论，于是，理想起焉，理论设焉。

在此时期中最初提出其适变之新理想者为诡辩家，其领袖卜罗太戈拿斯（Protagoras）之言曰，个人为一切事物之权衡（Man is the measure of all things），故适应社会，需发展个人，以个人兴趣为动机，个人成功为归宿。此意大合当时新青年求解放、思自由之心理，故其说一出，归之者众，早视为陈腐之理想与习惯，悉如摧枯拉朽，破坏靡遗。但极复杂之行为非此空虚之理想所能于短期间养成，而旧者则已破坏，于是异说纷起，行为放任，酿成青黄不接之现象。与此说相反者有裴赛戈拿斯（Pythegolas）之主张，彼以为适应社会，在保持社会之谐和，而此谐和之基础又在社会之组织，有规律与有阶级之组织，至此社会之组成则需严格之训练与绝对之服从。此说为一种社会主义，与诡辩家之个人主义立于反对地位，然以其不合当时青年心理，信之者少。其后更有齐弱芬（Xenophon），倡返于斯巴达之训练，注重军事及道德教育，然此意已为青年所吐弃，不能动其一顾矣。

当此众说纷纭，莫衷一是，而较有势力之思想又为个人主义与破坏态度，并不能取作行为之标准。于是，生活适变之需要益急，而教育理论家出焉。苏格拉底(Socrates)以探索之态度及抽绎之方法,先明众说之所指及人心之所向;然后采众说之长,参以实际生活之需要,而倡高尚之道德教育与博大之爱国主义。彼认清人类行为,不能如社会主义者之主张,纯赖外砾之权威养成之;亦不能如诡辩家之主张,纯依个人之利益发展之,而宜知行合一,明己格物,以练习之。知识即道德(Knowledge is virtue)乃其学说之根本原则。个人为一切事物之权衡,彼固承受;然由此推论至人类之第一责任在先明己则可,至人类行为以个人利益为标准则不可。此说一倡,青年多异诡辩家而从之。后柏拉图及亚里士多德承其说而光大之,成为西洋教育学说之一大源泉。

以上事实所明示吾人者有三。

(一)理想与实际生活不能无关系,理想起于实际生活之要求,转以影响实际生活;杜威所谓世无纯粹之思考(Pure ideas or pure reason)[①],于此足信。

(二)哲学与教育之关系异常密切:前者为适变之理想,后者为适变之实行;而前者且起于后者焉。

(三)哲学并非纯粹之理想,而带教育性质(或政治性质);此教育性的理想可发展为教育理论,是即哲学与教育结合之雏形,亦即教育哲学之滥觞。此点容更进而说明之。

教育理论自苏格拉底后,因时代及环境之变迁、学术之发展,时有更易,但其日趋繁复与组织则有一定。罗马及中世纪之教育理想固犹多承希腊之教育理想,增益之处殊少,加以黑暗时代之剧变,甚且有变而无增。文艺复兴时代以后,至十七世纪,社会安谧,工商业发达,人民富庶多暇,美术、科学、哲学亦随之而兴,而教育理想之发展遂亦极未有之盛!

此时教育理想之中心为实体主义(Realism),凡希腊以次之教育理想均集中于此,发扬于此。所谓人文的实体主义(Homanistic-Realism)乃远承新希腊之广泛教育(Liberal education),近承文艺复兴时代之人文教育(Humanistic education);社会主义的实体主义(Socialism-Realism)则远承旧希腊之社会教育,近承罗马之实际教育。此外尚有觉官实体主义(Sense-Realism),除包含各实体主义之共同要素外,更根据科学所研究之事实成立教育理论,此则非仅发挥光大旧有之教育理想,亦且另辟蹊径,创设崭新之教育理想,而开教育哲学之端。

觉官实体主义者从自然之研究,推出一教育上之根本信仰,即知识最初由

---

① German Philosophy and politics,p.7.

来于觉官,而教育则基于觉官之训练。盖彼等以为知识与真理之源泉为自然现象,而此现象必由觉官方能获得。不仅此也,彼等又以为教育之原则及定律亦即可从自然中发现。因此,颇思从自然之研究成立一基本之教育科学,其结果为一种粗疏空洞之教育心理学,仅从知识之理论(Theory of Knowledge)以研究儿童之天性与适应儿童之教育程序。虽然,此粗疏之教育科学后来直接引出洛克(Locke)等之训练学说及卢梭(Rousscau)等之自然学说,间接引出心理学、社会学及科学等之教育思潮,于以发生哲学的解释之需要,其关系不可谓不重要也。

洛克之训练观念(Disciplinary Conception)一大部分基于心理之解释。彼以为教育之事尽于心灵之训练,由此训练所获得之记忆、注意、观察、推理等能力可以应用于一切科目之学习。盖各种能力皆为一切学习历程所需要,故每种能力之训练即所以学习,而每项学习亦即能力之训练。与此观念相反者则有卢梭之自然观念(Xaturalistic Conception),以顺应儿童之天性——本能与兴趣——为教育,防止人为之影响与抑压天性之训练,道德训练务迟至青春时期,与社会生活相连时行之。此说引出十九世纪之新教育,并促心理学社会学及科学教育观念之形成。

从心理学方面研究教育说明教育,虽在十七世纪已有动机,然直至十九世纪末叶始有科学基础,此则纯因心理学发达之故。在十九世纪初叶,心理学之研究仍为理论的,教育所根据之心理原则仍本乎心灵活动与发展之主观经验,而非由于客观之观察与实验,不过此种科学之心理研究与其教育上之应用,已早有相当基础。观倍斯托纳齐(Pestalozzi)、黑巴特(Herbart)、福禄倍尔(Froebel)等之教育理论,莫不归宿于儿童心理或儿童天性之发展。倍斯托纳齐之儿童的谐和自然发展(the harmonious natural development of the child),黑巴特之道德的教育宗旨(Moral aim of education),福禄倍尔之儿童的自动(self-activity),皆根据心理立论,从可知也。

从他种科学方面研究教育亦始于十七世纪之觉官主义者;惟至十九世纪自然科学发达后,始言之有物。自然科学家如赫胥黎(Huxley)、斯宾塞尔(Spencer)等均主多采自然现象之事实作教材,而教法则主多用归纳法。

从社会学方面研究教育,卢梭已启其端,后之心理学的与科学的教育家更助其长,而社会学家自益踊跃从事。大社会学家如孔德(Comte)、瓦德(Ward)等均有其教育之解释,如以教育之功用为知识之传播(Dissemination of knowledge),或以教育为一种之社会制裁(one form of social control)或社会心灵之程序

(the process of social mind)——历代经验之传递等，皆从社会学以说明教育也。

以上事实所明示吾人者又有三。

（一）教育理论以时境变迁，学术发展，日趋繁复，而愈有组织；各种理论皆有其严密之说明，比较正确之科学基础。

（二）教育理论随其所根据之科学或立脚点分道扬镳，或相牴牾或仅歧异。

（三）教育理论原为应实际生活之要求，但互相牴牾或歧异之教育理论不能如此，盖理论先已分歧，实行更无标准矣。因此，各种教育理论需要另一种更精详之研究综合之，组织之，说明之，批评之，使互相联络，互相纠正，而得一比较一致之理论，以解决实际生活上之问题：此教育哲学之所以产生也。此点容于下章详论之。

三、教育哲学之生产

当卢梭倡自然说，即大与洛克之训练说牴牾，盖前说以儿童兴趣为教育之本，而后说则以训练为教育之基；前说注重儿童之自然，而后者则在儿童之努力。故从心理学上言之，二者之冲突即兴趣与努力之不相容也。彼后心理学稍发展，此冲突益显而易见：主张兴趣教育（Education of interest）者觉儿童天性本善，教育全在顺其自然，随其兴趣之所至；主张努力教育（Education of effort）者则觉儿童动辄得咎，非训练之不能抑其恶而存其善[①]。此两说各走极端，教育不免受其影响，于是黑巴特及福禄倍尔思从哲学方面调解之。

黑巴特谓心灵（Mind or soul）为一空白之整个（a blank unity），而非多数先天之能力（inborn faculties）。其惟一之能力在与环境（物质的与社会的）发生关系，而溶化由此关系所生之印象（presentations），其结果为心灵之发展。教育之能力即在决定此心灵所应接收之印象，及如何接收之方法。故儿童之惟一心灵能力，须赖教员之发展；儿童之兴趣——多方面之兴趣（Many-sideress of interests）——需要良好教法之刺激。换言之，即兴趣与训练皆为教育之要素，缺一不可也。

福禄倍尔亦谓教育方法为自动，而自动之源为兴趣或天然之努力（spontaneous effort）。所谓自动者即自我表现的历程（self-activity is the process of

---

[①] 前一说为倍斯托纳齐等所倡导，后一说则牛汉（Newham）等之主张。

self-realization),亦即自然与人性之结合(the union of nature and humanity);或内界与外界之谐和(the harmony of the inner and the outer)。所谓教法者即赞助儿童创造更加美满之谐和。由此可知,兴趣与努力或训练并无冲突也。

二人对于此问题之调解,不可谓不力,然以训练说根蒂深固,不可动摇,而兴趣说又方兴未艾,不肯迁就,遂使此抵冲突延长,直与十九世纪相终始。

在十九世纪前半期,二者之冲突虽显然转入漩涡者尚为普通智识阶级而非教育专家,及后各种教育科学(尤其教育心理)日益发达,参加此学术战争者多为研究教育之人,遂致此冲突之范围扩大,情节严重,而需要更透辟之哲学的说明。

十九世纪末叶,研究教育者多从科学入手,此风初盛于德国,流传于美国,而昔日无法调解之冲突亦随之输入,且变本加厉焉。其承黑巴特之余绪者如麦克麦雷(Frank Mcmureg),则仍着重其兴趣主义,而忽略其调和意见;在另一方面,则有黑智儿派(Hegelianism)信徒如哈立斯(Harris)等,反对兴趣,而主张训练。最后杜威著《教育中之兴趣与努力》(Interest and Effort in Education)一书,争端始息。杜威大意谓,二者就有真实意义而言,实二而一,不可割分。兴趣如教育历程之发端,努力为教育历程之结果;兴趣可以产生努力,努力亦可增加兴趣,二者互为因果,成一连续不断之活动线,而儿童之特性即由此养成。杜威以兴趣与努力之活动为整统之活动(Unified activity),为教育历程之根本,故其说实非专从心理学上立论,乃从哲学上求解答也。

以上讨论兴趣与努力之争执,仅举一例,以明教育科学发展后,教育理论自相冲突,而需要更精详之研究以调解之也。小而言之,如所举杜威《教育中之兴趣与努力》一书;大而言之,则教育哲学著作之产生是也。福禄倍尔之《人类之教育》(The Education of Man)一书固隐然一教育哲学之著作,虽以今日之教育哲学书衡之,其范围不无稍狭,然其欲根据科学之事实及应用哲学之方法,以研究教育,则甚明显:故至少可视该书为由教育理论推进至教育哲学之过程。迨洛孙克南慈(Rosenkranz)之《系统教育学》(Die Pädogogik als System)出世,教育哲学之规模已具。哈立斯译之为教育哲学,大致尚云相称也。[①] 但正式之教育哲学书仍当数何恩之《教育哲学》(Philosophy of Education);至杜威之《教育哲学入门》(别名《平民主义与教育》),则波澜更壮阔矣。

前乎洛孙克南慈之著作者,有英人推特(Tate)所著之《教育哲学》(别名《教

---

① 美国哈立斯(Harris)译为 Philosophy of Education,即教育哲学之意。

学原理与实习》)①。其名虽为教育哲学,实则教学原理与实习而已,故不能入于教育哲学著作之林也。又德国那笃尔(Natorp)曾著《哲学与教育学》(Philosophy and Padogogik),规模亦大,然语焉不详,仅可视为教育哲学方面大刀阔斧之著作,亦一开山之利器也。

后乎杜威之著作者有薛尔慈(Shields)之《教育哲学》(*Philosophy of Education*)、波德(Bode)之《教育哲学大意》(*Fundamentals of Education*)等,然皆范围稍狭,不能谓为完善之教育哲学书。虽然,彼等之欲根据科学与哲学以解决问题——实际社会问题与教育问题,则固与其他教育哲学家同一鼻孔出气也。何恩自叙其教育哲学书有云,今日之教育真理在各派教育真理之统一,由此统一可得暂时之谐和,及至教育生活上发生新冲突时,再综合之。故著书之旨虽不必能将各种相背驰之趋势与以满意之组织,然于当今教育问题之所在及其解决之方法,则甚愿贡其一得之愚也。②波德亦曰,此书之旨在从实际哲学之立脚点解释现代之教育问题;又细微问题之详究应与理论关合,否则必发生大危险,如教育将益为纷乱,不能尽改进之职。③

总而言之,教育哲学之产生,直接由于教育科学发展后,教育理论亦随之分途发展,自相冲突,而需要更精详之研究,以融贯调解之,俾能应付实际生活上之困难,而改进人生;间接则由于时境之变迁(经济、政治、人口之变迁),社会日趋繁复,生活日趋纠纷,而需要更正确之科学以应付之,需要更正确之教育科学,以研究并养成人类之行为以适应之。

四、教育哲学之意义及范围

教育哲学之含义迄今尚未确定,然不难于其产生之历史中窥见之。教育哲学之产生已如上述,其远因在实际生活上纠纷之止息,其近因在教育理论上冲突之调解,故教育哲学之意义可分言之如下:

(一)无论实际生活上纠纷之止息或教育理论上冲突之调解,其最后目的在人生之改进或人类之适应,故教育哲学之深远意义应为人类适应之研究。

(二)惟实际生活异常繁复,万象杂陈不可爬梳,非直接全盘研究不可。且

---

① Tate, T. Philosophy of Education or Principles and Practier of Teaching 1875.
② Horne, Philosophy of Education, Preface Ⅷ.
③ Bode, Fundamentals of Education, Preface Ⅴ.

此种梳爬功夫,科学已从事于此,更无须乎他种研究代劳也,故实际生活上之纠纷,大部分可由科学解决之。但科学究为分析的与片面的,可解决琐碎浅近之问题,而难解决完整深切之问题,故此种问题(如上举兴趣与努力问题)乃超于科学的,而需要深广之研究以解决之。此深广之研究者哲学也。就教育方面言之即教育哲学也。故教育哲学之近切意义应为综合、组织、说明、批评教育全部之研究,盖非此不足以尽其职责也。

第一意义应无甚争执,因凡承认哲学不能脱离人生者,盖必承认教育哲学之不能脱离人生也(即否认哲学必与人发生关系者,亦难否认教育哲学不与人生发生关系)。

第二意义或以为教育哲学乃应用哲学方法以研究教育,可称为应用哲学。此意似是,而实则尚有未当:盖教育哲学虽应用哲学之方法(指综合、组织、说明、批评等),然其内容则取自教育科学(如教育心理学、教育社会学等);教育科学亦不过应用科学方法以研究教育,其内容亦取自教育经验,故教育哲学之内容另有其来源,不必为哲学之内容。各种研究之性质要不外方法与内容二事,故其内涵应合二者而说明之,若仅根据方法以断定其含义,不易恰当也。因此,教育哲学不能谓之曰应用哲学,而可暂称之为纯正科学(哲学)与实用科学(教育)之混合学科。

五、结　　论

杜威谓哲学为教育之普通理论,教育为哲学之实验,实非空洞暧昧之假设式武断,乃有极长之历史事实作参证。而此历史事实又不仅证明哲学与教育之关系,且供出教育哲学之所以产生。而教育哲学之意义与范围亦即可以由此略明,故乐为论列之。又此科成立较晚,虽二十年来甚为发达,然以其研究之深广,迄今未臻于完善之地步,如其意义与范围尚无以明之,则从事者益为束手而此科永难十分发展,以应人生之需要也。至于此科将来之发展,则一方面在多用哲学之方法,一方面在多取教育之内容。多用哲学之方法,则研究可望更为深浚广涵;多取教育之内容,则研究不致焉于渺茫空洞。能深浚广涵而又不渺茫空洞,方能解决深切之人生问题;能解决深切人生问题之研究,未有不发达者也。

(刊见1929年《哲学评论》第1卷第3期)

第二辑　教育与中国社会之改造

中国民族与教育

一、中国民族教育的使命及途径

民族教育的思想随着民族复兴的呼声,一天一天传播开来。民族复兴的呼声渐渐成为普遍世界的声浪,民族教育的思想也随着渐渐成为弥漫世界的思潮,所以土耳其、意大利、德意志诸国的复兴均有民族教育在后面紧随着,以完成其复兴的大计。

为什么民族复兴的大计必须民族教育去完成?这似乎是用不着说明。但在中国目前思想极紊乱的时候,又似乎仍有申述的必要。第一,我们应说明民族复兴的意义;第二,我们应说明教育的作用:然后民族复兴与民族教育二者的关系自然呈露出来,而民族复兴的大计必须民族教育去完成的问题,也就自然可以解答。

民族复兴的意义,归根结底地说,确是民族特性与民族文化的维新;更具体点说,是民族固有的特性与文化的改造,以适应现在的环境与需要。因为一民族固有的特性与文化是该民族适应过去环境与需要的力量,是相当固定的;而环境与需要是变迁无定的,必须固有的力量随着更改,方能继续不断地适应的。但所谓更改,当然不是全部废弃,只是重新组织,也决非将固有的一切特性与文化完全消灭,只是将旧而不合宜的加以限制,并将新而合宜的加以发展。否则,成为无源之水、无本之木、无历史之民族,只可重返于獉狉之域,再作其开化之梦,不得谓之为民族复兴矣。

教育的作用无论如何说法,总须归结到人生能力的发展,以求生命继续不断的适应与生存。对于个人,固是如此,对于一种民族,亦复相同,所不同的,只是个人与民族的范围有小有大而已。所以个人有其个性,教育必须发展;民族亦有其民族性,教育必须维新;个人有其特殊经验,教育必须重组;民族亦有其特殊文化，教育必须改造。不过一种民族，系由若干个人融合而成，其成分既较各个人为复杂，其特性与文化自亦较各个人为繁夥，故教育如以民族为对象，则其范围自然比以个人为对象来得广大。但教育对象的范围，虽有大小之别，而教育作用则完全无异，即个人的个性及经验，与民族的特性及文化，均为人生能力，均须发展，以求个人生命或民族生命继续不断地适应与生存。

故教育的作用，若从民族立场来说，即是民族特性的维新与民族文化的改造，以求民族生命的适应与生存，亦即民族的复兴，以求民族生命的延续。故教育与民族复兴的关系，从民族的观点去看，是互相包孕的，亦即民族教育是民族复兴的一部分，而民族复兴则包含民族教育及民族政治，民族经济等。民族教育虽为民族复兴的一部分，但确是很重要的一部分。因民族政治、民族经济等，在民族复兴的计划中，是执行复兴的计划的；而民族教育则是发展民族能力，作执行的准备的。若无民族教育，则民族复兴计划的执行为无准备；若有民族复兴的大计而无准备，则民族复兴为不可能。故民族复兴的大计必须民族教育去完成，而民族复兴大计的完成就是民族教育的使命。世界各国民族教育的使命是如此，中国民族教育的使命亦不能例外。

民族教育的使命须循何种相当的途径始能完成？这是不可避免的问题，而况在中国教育思想及实际上，又已对于这一问题发生争执。在一方面，有人主张中国民族教育须循唯心的途径，改造中国民族的精神文化，甚至主张恢复中国民族固有的伦理精神；在另一方面，有人主张中国民族教育须循唯物的途径，改造中国民族的物质文化，甚至主张实施很狭义的职业教育或生产教育。关于第一途径的主张，请梁漱溟先生来说明。他说：

> 一民族真生命之所寄，寄于其根本精神，抛开了自家根本精神，便断送了自家前途。自家前途，自家新生命全在循固有精神而求进，而向上；不能离开向外以求，不能退坠降格以求。[1]

他所谓固有的根本精神是什么？就是中国伦理的态度或人间的态度。因为他分析人类生活的态度，发现有三种：(一)西洋的人与物发生关系的态度；(二)中国的人与人发生关系的态度；(三)印度的内心生活的态度。据他的意

---

[1] 梁漱溟，中国民族自救运动之最后觉悟。

见,此三种态度以第三种为最好,第二种次之,第一种又次之,而中国民族则应循第二种,以向上发展,不应与第一种计较,去"退坠降格以求"。

与唯心的主张相反的是唯物的主张,这可请刘炳藜先生为说明。他反驳梁先生说:

> 纵令梁先生所分析的人类三种态度(如前所说)是对的(这自有精深之处),但作者以为第二种态度要建筑在第一种态度之上,第三种要建筑在第一和第二种之上。只有自然物开辟了,然后人类才能充分地享受;人与人的关系的建立,假使不在自然物的基础之上,没有不见其凌空飘荡或陈腐桎梏的。数千年来中国人与人的关系就这样凌空飘荡而陈腐桎梏呵!①

以上两种途径的主张均各言之成理,然究不免一偏。唯心的主张偏于固有的伦理精神,而忽视物质的基本需要,未免忘怀民众的生存条件;唯物的主张偏于物质需要,而忽略精神的纲维及推动力量,未免忘怀社会的维持及改造条件。管子所谓"仓廪实而知礼节,衣食足而知荣辱"与孔子所谓富而后教的主张确是大多数民众所必循的途径,这就因为物质的需要实在是生存的条件,若整个生存尚且无法维系,一部分的精神生活更无从顾及。不过在整个生存中,物质生活与精神生活是不能分开的。只要有一部分物质生活,就需要一部分精神生活来共同维持生存,此所谓"盗亦有道"与"民无信不立":故精神生活的需要与物质生活的需要是同样重要,就在民不聊生的社会中,若无最起码的道德习惯,则整个社会将全部崩溃,恰像欧洲中世纪的黑暗时代。至于此民不聊生的社会想要振作或改造,也须赖少数聪明才智的先知先觉,去大声疾呼,殚心竭虑,而又能"摩顶反踵,利天下而为之"或"知其不可为而为之"。此种更高尚的牺牲精神与奋斗精神确是推动少数领袖的力量。故精神的力量是纲维社会及改造生活的条件。此两种条件——生存的条件与纲维及改造的条件,就整个社会或民族来说,不仅分不出孰轻孰重,也不易决定孰先孰后。故唯心与唯物的两种途径,只有同时并进,始无流弊,始能圆满完成民族教育的使命。关于此一主张的更详细的说明,非请参阅下节关于中国民族文化及特性的分析不可。

---

① 刘炳藜:《中国民族自救运动之发端》,《前途》第1卷第7期。

二、中国民族的文化及特性

中国民族教育既是中国民族文化及特性的维新,则中国民族文化及特性究竟是什么,不可不先有一明确的了解,再根据此一了解,决定民族教育的内容,并可证明,唯心与唯物两种途径有同时并进的必要,否则民族教育仍是空洞的幻想,不切实际的名词,而非根据事实的理想,可以实施的计划。

关于中国民族的文化论列者甚多,然每难扼要;此以中国民族复杂,文化错综,不易归纳。现在如以最能影响中国民族大部分生活的文化来代表,则可概称为人本的文化。所谓人本的文化,亦即注重人与人间的社会关系,而忽略人与物间的自然关系及人与神间的宗教关系。故中国民族文化是以人生为本位,以情感为基调,其表现于政治方面的,是人治而非法治;表现于经济方面的,是顺应自然而非征服自然;表现于学术方面的,是艺术而非科学;表现于宗教方面的,是信仰拟人的神而非超人的神。

人本的文化西洋亦有,不过中国的人本文化尚有两大特征,使其性质有别:即(一)伦理的;(二)保守的或静止的。兹分述于下。

(一) 伦理的特征 所谓伦理的,亦即注重人间的伦理关系,而忽略人间的其他社会关系。故中国民族的文化,在人生本位上,必以家族为主脑,以孝悌、忠信、仁爱为经脉。其表现于政治方面的,是专制而非民主;表现于经济方面的,是家庭生产而非社会生产;表现于学术方面的,是伦理学而非宇宙论;表现于宗教方面的,是祖先的祀奉而非造物主的崇拜。

(二) 保守或静止的特征 所谓保守的亦即注重过去保存及现在的维持,而忽略未来的创造。故中国民族的文化,在人生本位上,又以农业生活为主干,以安定、秩序、和平为支体。其表现于政治方面的,是法先王而非法后王;表现于经济方面的,是守礼明分而非竞争取巧;表现于学术方面的,是演绎崇古而非归纳创新;表现于宗教方面的,是多神教(凡保佑人生之安全者皆敬而远之)而非一神教。

此种偏于伦理的及保守的人本文化是最宜于家族及农业生活的,因为家族与农业的生活最需要伦理关系的态度与安全固定的社会。因有伦理关系的态度,始能维持家族的制度;有安全固定的社会,始能维持农业的经济。故中国人本的文化确是最现实的,最适于中国过去的环境与人生需要的;此中国国家之所以继续不断与颠扑不破者五千年,实非偶然。但现在环境改变,人生需要亦增加:因人口的蕃殖、食料的缺乏、天灾人祸的交逼,以家族为主脑及以农业为主干的人本文化实已不能支持。即无列强的种种侵略,恐中国社会的崩溃亦所难免,所不同者迟早问题耳。

关于中国民族的特性研究者亦不乏人,然殊少中肯,其原因亦在民族成分过于复杂,环境又极有差别,实不易综合概论。现姑取民族特性中的大而显者,抛弃其小而隐者,概称中国民族为富于坚强的适应性。一般研究中国民族性的每易为眼前腐败情形所蔽,误认中国民族只有恶劣的特性,如私、弱、虚、顽等,而忽略中国民族的优良特性,如持中、坚忍、委婉、顺应等。关于此种优良特性的说明,请阅下面一段文字:

> 中国历史全部所昭示的是国土的开拓和经营,民族的吸收和代谢,文化的创造和融合。换句话说,是国土、民族、文化的绵延,而其所以能如此绵延,就在中华民族具有坚强的同化力和丰富的弹性,或概称为适应性。此种适应性使民族一方面适合环境变迁和自身需要,一方面保存固有和创造未有。因此,民族始能颠扑不破,而有其整个的存在;文化始能蝉联蜕化,而有其继续的绵延。[①]

请再阅下面一段:

> 中华民族的适应性,除全部历史所昭示者外,也可从民族的精神和体质两方面去知道它:从民族精神方面表现得最清楚的,是中华民族的持中精神或调和精神;从民族体质方面表现得最清楚的,是适合或顺应环境的体力。持中精神的意义不是此处所能详言,概要说一句,就是无论对于人类自己或对于自然,都是取折中的态度,不肯走到极端。例如对己,要"礼以节欲",要"深耕易耨",以征服自然。然又惟恐征服到极端,发生流弊,跟着又要"食无求饱,居无求安"或"绿满窗前草不除"。他如"凡事莫做到十分"或"凡事须留余地",皆此种持中精神的表现。民族行为受其支配,适可

---

① 陈科美:《救亡教育与中华民族性》,载复旦大学《教育学期刊》第1卷第2期。

而止。中华民族的体质确有一种顺应环境的特殊力量,如潘光旦先生所说:"中国人的体格显然是千百年饥馑荐臻、人口过剩所淘汰的一种特殊体格。说他坏,坏在没有多量的火气,以致不能冲锋陷阵,多做些冒险进取开拓的事业。说他好,好在富有一种特别的顺应力或位育力。干些、湿些、冷些、热些、饿些、饱些,似乎都不在乎;有许多别的民族认为很凶险的病菌,他也从容抵抗。有一西方学者说,任何民族可以寂灭,但有两个不会,一是中国,一是犹太,大概就因为这两个民族饱经世故,最富的是牛皮糖的劲儿的缘故。"(胡适等著《中国问题》二二一页)

这种持中精神和顺应力就是中华民族的适应性最明显的表现,可以帮助民族的同化力和文化的弹性的说明。因为取调和态度,所以能同化异种民族和吸收异种文化;因为有顺应力,所以能与异种民族混居杂合。因此,中华民族遂酝酿成一种族复杂和文化错综的复合体,一方面有其颠扑不破的整个性,一方面有其蝉联蜕化的绵延性。此整个性和绵延性恰如一屋的二楹,支持此中华民族的大厦,使巍然独存于此天地间者五千年。而为此二楹的基础的就是适应性,坚强的适应性。①

此种坚强的适应性,在特殊情形之下,或不免偏于消极,遂形成下列两种恶劣的特性:(一)愚顽的保存性;(二)私利的唯我性。请再分述于下。

(一)愚顽的保存性 在农业与家族的社会,保存固有,以求安全,确有必要。但因为经济的压迫及观念的束缚,而趋于极端,成为愚昧的及顽固的固执及悭吝,则为大害。关于这种恶劣特性,美国人文地理学者亨丁顿有下述的观察:

二千年的中国历史里,既有这许多荒年,我们就敢说,现在生存的中国人的祖宗,差不多没有一个不受过灾荒的磨难,就是没有一个不时常感觉到省俭、撙节甚至于吝啬的习惯,是生存竞争里很有用的条件,有了它,生存的机会就大些,没有了它,就少些。②

吝啬的消极的方面是贪小利,如亨丁顿所说:

---

① 陈科美:《救亡教育与中华民族性》,载复旦大学《教育学期刊》第 1 卷第 2 期。
② 潘光旦译:《自然淘汰与中华民族性》,九〇页。

中国人生活里有一件最惹厌的事,就是有一种特殊的贪小利行为,文言叫做"染指",俗语叫做"落钱"。上而至于军官的克扣军粮,地方官吏的刮地皮,庶务买办的"赚"钱,下而至于家里老妈子的"落钱",都是同性质的行为,都可以说是从前预防荒年来到,预防得太周密了的一些遗迹。①

关于固执,他说:

大体说来,乡间的细民往往有安土重迁的脾气。他情愿在家乡挨饿,不情愿出外寻乐土去。

这种脾气一部分是由于家族观念的束缚,即家乡乃祖宗坟墓所在,不可轻易离开的观念作祟。

(二)私利的唯我性　愚顽的保存性再受饥馑荐臻的夏楚,就将家族观念也打破,成为自私自利的独存性或唯我性。即唯我可以独存,其他均可不顾,而残忍、散漫、虚伪等特性均表现出来。亨丁顿说:

省俭与撙节都是美德,但是它们很容易变为吝啬和自私自利。自利和自私便是中国人中间最显著也最可惜的品性。②

而残忍性也就由此产生,如亨丁顿所说:

只顾自己不顾别人的行为还不止此。荒年的时候常有卖儿的,尤其是女子,要是妻子年轻,也可以卖。

甚至于吃自己子孙的肉,如他所说:

所谓牺牲当然不必专指出卖,也许全家把一个小辈杀了,把他的肉当粮食。③

---

① 潘光旦译:《自然淘汰与中华民族性》,九二页。
② 同上,九三页。
③ 同上,九七页。

于是大家只顾自己,无法团结,而归于散漫,或互相欺骗,互相猜疑,使社会归于崩溃。

中国民族坚强的适应性如长此受物质条件的煎逼与过去观念的束缚,则将为愚顽的保存性与私利的唯我性所掩埋,而中国民族的生存,也就为此二种特性所葬送,即在农业经济与家族制度的社会中,民族的生存已为二种恶劣特性危害得奄奄一息,若再加以帝国主义者的蹂躏,则真是危如累卵。

三、中国民族的教育

从上面的分析,我们已经认识:中国民族之人本的文化与适应的特性使中国绵延不绝与颠扑不破,但人本的文化偏重于伦理的与保守的方面,适应的特性过趋于保存的与唯我的方面,又使中国民族奄奄一息与危如累卵。由此可知,中国民族的固有文化与特性自有其时代价值,但环境与需要变更,其价值亦失:故今日不言民族复兴则已,一言民族复兴,必须维新此已失时效的民族文化与特性。在文化方面,必须扩充伦常的关系,趋重全部社会的关系;看轻保守的态度,注重进取的态度。民族文化的主脑必由家族移于社会,民族文化的主干必由农业移于工业,人与自然的关系必须认清。提倡民主的法治、归纳的科学、自然的征服,以创造一种社会化与自然化的人本文化,来适应现在的环境与人生需要。在民族特性方面,必须改变愚顽的保存性为灵敏的创造性,改变私利的唯我性为互助的爱他性,换愚昧、顽固、固执、悭吝为聪敏、活泼、勇敢、慷慨,换自私、残忍、散漫、虚伪为急公、同情、团结、真诚。培养奋斗、进取、互助、牺牲,以成立一种积极化的适应特性,来适应现在的环境与人生需要。

今日的世界确是西洋人物关系的文化优胜时代,这是我们必须认清的事实,故西洋的法治精神、科学方法、征服态度等所向披靡。今日的世界也是西洋积极的特性优胜时代,这又是我们必须认清的事实,故西洋的奋斗、进取、互助、牺牲等亦天下无敌。中国民族的环境如此,中国民族的需要亦然。数千年因人口的蓄殖、食料的缺乏、天灾人祸的交袭,民族需要已减至最低限度,只有采纳科学的方法,以减少天灾与限制生育,采取征服的态度,以增加生产,普及法治的精神,以驱除人祸。故中国民族的环境与需要既皆如此,欲求与之适应,非有社会化与自然化的人本文化与积极化的适应特性不可。

如大家承认上面所举的各种事实及其结论，则中国民族的教育应以整个民族的延续为最后正鹄，而以人本文化的社会化及自然化与适应特性的积极化为当前目的。一切设施，如制度、课程、方法等，皆准此而行，试之十年，期有小成，再延展五十年必有大成。兹为明确起见，再将两大目的分为若干较小目标，借作民族教育课程的内容，以见一斑。

四、人本文化的社会化及自然化

（一）**民族化** 社会化的人本文化自应以全人类社会为人生本位，不过在最近期间，民族单位未能打破，世界主义终是空洞，且社会的改造若从书轨相同的、文化及特性相近的民族下手，最能事半功倍。至于中国社会的改造由家族而民族，更是极自然的趋势。故中国人本文化的民族化应是中国民族教育的第一目标。但课程内容应如何，方能实现此一目标？这就须学校中实行下列二事：

1. **民族意识的唤起** 中国民族成分虽然复杂，然经过数千年来的混合融化，已溶成一个整体。徒以教育的缺乏，人民皆不自觉，以致常有误会发生，引起强邻的煽诱，此种整个民族的意识如不急速唤起，随时可以发生民族内部的分裂，而自行涣散，更谈不到一致御侮图存。

2. **民族自信的提高** 自信是对于自己的力量加以认识，故人愈有力量，则其自信愈深，不肯自暴自弃。国人在目前恶劣情形之中，是很难认识本民族的力量的，然五千年的历史所昭示的民族文化与特性，所指明的颠扑不破与绵延不绝的事实，同铁一般的确凿，只须稍一将视线抬高，就可瞧见。

关于此一目标的实现，全国担任史地学程的同志们有特别的责任，希望能格外注意。

（二）**纪律化** 民族本位的社会，在政治方面，须由人治转于法治，而法治的基础是纪律，故中国民族的纪律化是中国民族教育的第二目标。欲实现此一目标，学校中须实行下列二事：

1. **规律生活的训练** 在今日此种复杂的及变动的社会而无规律的生活，不仅社会的效率谈不到，即社会的秩序也不能维持。但规律生活不是一蹴可就，须经长期的训练，待训练成功，则人民又不仅守法，而且能护法。守法是消极的,而护法是积极的,未有真能护法的人民而不知守法者也。

2. 公平赏罚的练习　纪律的维护是赏罚,而赏罚的要素是公平,故欲纪律可以不坠,必须有公平的赏罚,这不仅教师应当如此,即学生亦应有机会,练习其判断的能力及施行的态度。

关于此一目标的实现,每位教师都有责任,训育教师不过总其成而已。

(三) **科学化**　自然化的人本文化应将全部学术科学化,然后方不至于滥费智慧于故纸堆中,埋没人才于古人窠臼;使学术不能推陈出新,向前发展;使人间关系受自然的侵袭,不能维持。但欲科学化,必须实行下列二事:

1. 科学精神的培养　科学精神,简单说,即是正确的、客观的、合乎事实的态度,亦即根据科学原理,去决定一切的态度。此种态度是中国民族最缺乏而必须从速养成的。

2. 科学方法的训练　科学精神的具体表现是科学方法,也就是如何正确的、客观的合乎事实的去行动、去处理一切,例如科学的法则,科学的器械等是。没有正确的科学法则及精良的科学器械,医学终是不可靠的,各种实业的振兴都是不可能的,国家的治理也是瞎撞的。

科学的教师应注意科学的内容,更应注重科学的精神与方法,因科学的内容是结果,可以随时改变的;科学的精神及方法是产生结果的,可以持久不变的。

(四) **劳动化**　自然化的人本文化应将全部态度劳动化,使人与自然的关系改变,由受自然支配变为支配自然,然后人间关系可以维持及改善。关于此一目标,须实行下举二项:

1. 生产技能的准备　生产的增加在生产技能,而生产技能必须有基本的准备。所谓基本的准备即儿童的劳作兴趣及态度,劳作习惯及技艺等,这些事项必普遍的养成,始能达到增加生产的目的。

2. 创造能力的增进　科学化是增进创造能力的最良方法,但科学者如果仍不肯手脑并用,感官经验,很容易又将大家向考据学及考古学方面狂跑,不向自然科学方面开辟。故手脑并用的习惯确是非常重要,全国儿童必须养成,然后学术的发展与天灾人患的控制始有办法。

欲实现此一目标,劳作学程的同志们有特殊的使命。其使命一方面要打破中国民族重视"四体不勤,五谷不分"的旧观念及旧习惯,一方面要表现劳作教育的真价值。

五、适应特殊的积极化

（一）**进取性** 中国民族适应性的积极化，第一须发展进取勇敢的特性，而进取性的发展，又须从两方面着手：一方面发展进取的体力，一方面发展进取的精神；将顺应的体力变为冲刺的体力，将调和的精神变为奋斗的精神。

进取体力的发展又须注意下列二事：

1. 儿童适宜的养护　中国过去对于儿童的营养保护，是偏于自然的及消极的：一任自然的淘汰，不加以人工的努力；或只有消极的防护，使儿童饱食暖衣，静坐深闭。此种自然的及消极的养护只能养成民族顺应的体力，而不能发展民族冲刺的体力；否则必须注意适当卫生的营养及身体充分的运动。

2. 青年严格的锻炼　严格锻炼所包甚多，不能详述，如体育、童子军训练、军事训练等固皆可行，而最要是实现孟子的意思："劳其筋骨，冻饿其体肤，困乏其身，行拂乱其所为。"

进取精神的发展；亦须注意下列二事：

1. 胆识的培养　中国民族的"安土重迁"固受家族观念的束缚，亦是愚昧的关系。因畏首畏尾，困守家园，不敢冒险去寻新的乐土，实在是见识缺乏，不能预料前途的结果；故胆与识是关联的，是要同时培养的。培养方法是成年人对于儿童，须使其思想、言论、行动充分地表现，不怕成人的批评或干涉；做父母的万不可拿哑子、虎豹、尤其外国人等去恐吓小孩，使他们不敢叫哭，或大声重责去吓破儿童的小胆；做教师的不要只图安静，禁止儿童大胆的活动，或一味保守，限制儿童大胆的思想及言论。

2. 坚忍的锻炼　有胆有识，而不坚持忍耐，则胆识不能贯彻，而消磨于阻挠艰苦之中，故坚忍的锻炼是可以帮助进取性的。再坚忍是中国民族素具的美德，何以仍须锻炼？那就因为固有的坚忍是被动的，是由情境逼成的，里面没有一点火气；我们现在所要锻炼的坚忍是自动的，是改造情境的，里面有冒险的创造的成分的。关于此种特性的锻炼，做父母及教师的均不可使儿童逆来顺受，而要使他们与艰难挑战，然后从战胜艰难中得到乐趣。

（二）**互助性** 中国民族适应性的积极化，第二须发展互助性，而互助性的发展亦须从两方面进行：一方面发展互助的观念，一方面发展互助的习惯。应实行事项如下：

1. 牺牲观念与习惯　牺牲是人类特性中之至善者,世界最伟大的人物也就是肯牺牲者,如为信仰而牺牲的耶稣,为真理而牺牲的苏格拉底,及"摩顶放踵,利天下而为之"的墨翟,但此种特性在中国殊欠发展,以致私利的唯我性十分地猖獗! 故吾人必须养成"同归于尽"的观念,以代替"杀子而食"的念头;养成同情的习惯,以代替残忍的习惯。使儿童对于家中的猫犬,不可任意伤毁,对于地上的虫蚁,不可故意践踏,且积极保护;使儿童对于弱小的同伴,不肯使气欺负,而且尽力爱护,甚至牺牲自己利益去爱护。

2. 真诚观念及习惯　儿童本来天真烂漫,不知做作骗人,但往往为成年父母及教师等所影响,而学会欺诈,故对于此点,只要成年留意,不以虚伪的劣性无意中影响儿童,就可办到,此实在是极容易而中国成人确未能做到的一件事。再虚伪常与礼貌混在一处,似乎非将中国固有的礼貌抛弃,不能养成真诚的观念与习惯;这也未见尽然:因适当的礼貌是表现真诚的情感的,不会掩饰真诚的情感的。只有过度的、不适当的礼貌才是矫揉造作的。

六、结　　论

中国的思想现在是太纷乱,思想的纷乱所生的结果自然是行为的参差与冲突,再加以过去文化与特性的繁复,不易认识,现在文化与特性的驳杂,不易了解。想要获得大概一致的同意与行动,以从事复兴中国民族的工作,真是万难的事。而况中国民族的文化与特性又正与这种共同奋斗的建设工作处于对立的地位,那更难上加难。故不仅从教育的立场,复兴的工作须根于本想法,由改造认识及民族文化及特性开始,即从政治、经济等的立场,复兴的工作也非先做这种基本的与准备的功夫不可。唯心也好,唯物也好,第一须养成儿童共同奋斗的体力与精神,作为民族求适应与生存的资本。

(刊见 1934 年《江苏教育》第 3 卷第 1、2 期合刊)

中国民族根本观念改造论

一、序　　言

尝谓民族的复兴，必须有两方面的努力：一方面须改造民族的特性，使偏于消极的适应特性变成积极的适应特性；一方面须维新民族的文化，使偏于保守的或静止的人本文化变成进取的或动易的人本文化（见拙著《中华教育界·适应的民族教育》一文）。又此两方面的努力，必循两种途径：一种途径是物质的发展，使生产提高与体质增强；一种途径是精神的培养，使观念改变与态度更易。此两种途径孰重孰轻，中国现今思想界颇有争论。其实是一种事态的两面，不容我人轩轾：这是作者曾经指明过的（见拙著《江苏教育·中国民族与教育》一文）。但中国唯物论的学者必欲坚持物质的与经济的改造较为根本，那就不免有点固执或过于保守；对于近三十年来科学的与哲学的发展未曾十分注意或虚心接受。我人不必完全相信德国哲学家舒维策所说：

> 无论如何，我获得一种信念，即审美的与历史的成分以及物质上的学术与力量之非常扩充均不构成文化的要素，而文化要素乃在全世界的民族与个人之心灵态度。其他一切仅是文化的附带情形，而与文化的真正要素无关。[1]

但我人多少可以相信美国科学家米力根的话：

> 依通例言，一种观念，在渗透全民族意识之前，却已隐藏个人心灵之中

---

[1] A. Schweltzer, The Decay and the Restoration of Civilization, Preface VI.

数千年；及其成熟，人类进步乃永远受其有力的影响。……

余意有三种观念影响人类发展，其力量超过其他一切。……

此三种观念为：一、金科玉律的观念；二、自然定律的观念；三、永远生长或进化的观念。①

此处无意于唯心与唯物的论争，只是要说明心灵态度的改变与文化改造的关系。思想发展史告诉我们：唯心与唯物的争论是各时代都有的，是时代变迁所引起来的，并且是永远不会有结论的。思想发展史又告诉我们：心灵态度与文化是有密切的关系的，心灵态度的改变与文化的维新是有非常的关联的。希腊的人文主义影响于西洋的文化如何？犹太的基督教义影响于世界的文化又如何？德国的康德、非希特、黑智尔、马克思等的哲学影响于德国的文化又如何？中国的老子、孔子、墨子等的思想影响于中国的文化更如何？我想用不着再举例，心灵态度，虽不如舒维策所说，是文化的惟一要素，但确是文化的一大要素，此所以欲谈中国文化的维新，不能不一究中国思想的改造。惟中国数千年来的文化异常错综，各种思想异常复杂，非现在所能详论。姑就与文化维新极关切的根本观念，先予检讨，以例一般。

二、中国根本观念之检讨

研究中国过去思想，发现其中最能指导过去民族生活及影响现在民族文化的根本观念有三：一为天命观念，二为人治观念，三为家族观念。兹依次检讨于下。

(一) 天命观念 此种观念自古即深入人心，几为各家思想所公认，其指导中国民族生活与影响中国民族文化至深且巨，此可于古代最能代表民族心灵态度的文学——《诗经》中见之。《商颂》云："天命玄鸟，降而生商。"《周颂》云："天命降监，下民有严，不潜不滥，不敢怠遑。"《大雅》云："天生蒸民，有物有则，民之秉彝，好是懿德。"此种观念认天为神，能决定一切，监督一切，支配一切。即孔子亦谓"获罪于天，无所祷也。"老子虽不认天为神，然以天道为自然，为人生所

---

① R.A. Millican, Science and Civilization, p.166.

依归,主张"绝圣弃智,归真返朴",庄子继之,主张"依乎天理,因其固然",其相信天之命定固无大异。墨子则更以天为共同生活的标准,为有意志,知能与威权的主宰,如《天志》下篇所云:"今人皆处天下而事天,得罪于天,将无所以避之者矣。"

天命观念在先秦诸子思想中极少例外,但荀子独树一帜,倡"戡天"之论,主张尽人事,修人道,制天命。其言曰:

> 故君子敬其在己者,而不慕其在天者;小人错其在己者,而慕其在天者。君子敬其在己者,而不慕其在天者,是以日进也;小人错其在己者,而慕其在天者,是以日退也。(《天论》篇)

又曰:

> 道者,非天之道,非地之道,人之所以道也,君子之所以道也。(《儒效》篇)

又曰:

> 大天而思之,孰与物畜而裁之;从天而颂之,孰与制天命而用之;望时而待之,孰与应时而使之。(《天论》篇)

但荀子的思想影响甚微,到汉儒,反以经纬之说张天命观念的气焰,使之普遍于民族意识之中。例如董仲舒,即认天道直接影响人道,故人生之道须绝对循天之道,如云:

> 圣人法天而立道。……春者,天之所以生也;仁者,君之所以爱也。夏者,天之所以长也;德者,君之所以养也。霜者,天之所以杀也;刑者,君之所以罚也。(《天人策》)

以后虽有王充极力排斥此种变本加厉的穿凿,详细陈述宇宙决无意志,一切皆属自然。如云:

>夫天地不故生人，则其生万物，亦不能故也；天地合气，物偶自生矣。（《物势》篇）

然天命观念既已深入人心，一两人之努力复有何益？此后此种观念历代不衰，加以佛家因果报应之说与宋儒性命之理，定命论与宿命观遂成为牢不可破的民族信仰。由此信仰，各种学说均受其影响，而成为一系统的玄学。所谓治道、医理、命理、骨相学等，凡与人生有密切关系的知识与技能，皆成玄学化；于是整个民族过着长期的"听天由命"与"报应循环"的玄妙生活与消极生活。

（二）人治观念　天命观念最初产生于人民的控制，所谓"神道设教，以制愚民"；故认天为神，为支配一切的主宰，实即为君主的护身符：如《诗经·周颂》所云："昊天有成命，二后受之。"又如《尚书·皋陶谟》所云："天命有德，五服五章哉！天讨有罪，五刑五用哉！"但人民智识发展以后，想完全依赖神道，当然不能生效，而人的修养遂趋重要。于是孔子主张尧、舜及其圣王之道，墨子主张法天、尚同、尚贤，董仲舒主张上法天行、下作民则；而后世言政治者遂莫不守着"人存政举，人亡政息"与"有治人，无治法"的政治信条。因此，中国二千年来的政治完全受此人治观念的指导，成为主观的、情感的、依赖领袖的与忽略民众的统治方法。此种统治方法，其利未尝没有，但其弊则更多。因为人有贤否智愚的不同与喜怒好恶的不常，于是典章纷更，政令歧出，人民无所遵守；判断无准，赏罚无定，官吏无所依循。其结果为：官吏愈多，政治愈乱；人民愈众，领袖愈难；社会愈复杂，而从政者愈无办法。

法治观念在中国政治思想中并非未有，先秦时代的法家即是最主张法治的，而商君的学说尤为透辟。他说："法者，君臣之所共操也。""法已定矣，不以善言害法。""有道之国，治不听君，民不从官。""离朱见秋毫百步之外，而不能以明目易人；乌获举千钧之重，而不能以多力易人。""仁者能仁于人，而不能使人仁；义者能爱于人，而不能使人爱；是知仁义之不足以治天下也。""今恃多官众吏，官立丞监；夫置丞立监者且以禁人之为利也；而丞监亦欲为利，则何以相禁？故恃丞监而治者，仅存之治也。"此是何等客观、公平与独立！但此种办法敌不过中国专制的政体、感情的社会与统治的思想，终于让国事变为家事，政治成为私务，以致"真命天子"的观念犹留存于今日老百姓的脑海中，"民族英雄"的希望犹盘旋于今日智识阶级的意识内，而"天下兴亡，匹夫有责"的精神反形黯淡，甚至于消沉了。然居今日的局势之下，想求一民族的生存，必须全民族总动员；

但全民族如何可以总动员，则又必须全民族皆有民族的意识与共同奋斗的精神。而此意识与精神的养成即在国家政治的公开与公平，使每个国民莫不在同等法律待遇之下，参加国家一切活动与肩负国家一切责任，否则，国家将亡，人民何知？种族就灭，人民何罪？知者罪者仅少数愚民的君主与自私的领袖，但国家既亡，种族既灭，此少数人虽百身亦莫赎其罪了！

（三）**家族观念**　与中国政治有密切关系的是中国社会组织，而中国社会组织之心灵的基础就是家族观念。因中国社会数千年来即建筑在农业经济与宗法制度的基础上，而此基础的维持端赖孝、弟等家族观念。即如宗法，其核心为家族观念，如《礼记》所云，"人道亲亲也；亲亲，故尊祖；尊祖，故敬宗；敬宗，故收族"。如梁氏所释，"人莫不爱其父母，而尊父母所自出之祖先，因祖先而敬及代表祖先之宗子，卒乃以宗子之关系，联络全族。似此大规模之家庭组织，遂成为政治上的主要原素。"（梁启超《先秦政治思想史》）又如农业，其与家庭组织的关系真似辅车之相依。因有固定的耕地，必须固定的人力；有固定的人力，必须固定的居处与组织，然后可以"日出而作，日入而息，凿井而饮，耕田而食"。"男"字之所以成于"力""田"，"稼"字之所以合于"家""禾"，实非偶然。但此家庭组织将何以维持不坠，一方面在继续耕种的生活，而另一方面则在培养支持家庭组织的观念。支持家庭组织的观念为孝弟等；而孝弟观念更为其他伦理观念之根本，故云："孝弟也者其为仁之本欤？"所以中国孝悌观念为其他诸观念之总和，只是使家庭及整个社会谐和安定，而进入于大同之世。

家族观念为中国社会组织之心灵的基础，亦为儒家思想的中心，无论各时代如何变迁，其大旨无甚差异。由孝弟而中庸，由中庸而诚正，由诚正而仁义，由仁义而礼法，由礼法而礼义廉耻，虽思想经若干变动，而其目的在维持中国农业经济与宗法制度的社会则相同。此是中国社会所以历数千年而能绵延不断与颠扑不破的主因。虽然如此，但现在中国社会人口增加，又受西洋文化的影响，已大起变化。农业经济非工业化，不能供给民族的需要，以维持民族的生活；宗法制度非民族化，不能增加民族的力量，以抵抗列强的侵略，而农业经济工业化与宗法制度民族化又非将中国社会组织之心灵的基础（家族观念）先改变不可。否则，安土重迁与困守家园的心向与习性将使中华民族沦为帝国主义者的奴隶！

以上三种观念虽不能包括中国过去的一切思想，但确能影响中国民族的生活与文化，形成消极的人生、少数人的政治与保守的社会，致不能适应现在环境的变迁与民族的需要。此根本观念之所以必先改造,然后文化可以维新。

三、中国根本观念之改造

中国过去根本观念的检讨已多少暗示根本观念的改造,亦就是排斥天命观念、人治观念与家族观念,而代以天参观念、法治观念与民族观念。请申述于下:

(一) **天参观念** 何谓天参观念? 即以人力去运用自然,或征服天行,以为人用,如荀子《天论》篇所说:

> 天有其时,地有其财,人有其治,夫是之谓能参。

《儒效》篇说得更具体:

> 天行有常,不为尧存,不为桀亡。应之以治则吉,应之以乱则凶。强本而节用,则天不能贫;养备而动时,则天不能病;循道而不忒,则天不能祸。故水旱不能使之饥,寒暑不能使之疾,祅怪不能使之凶。……

至于"从天而颂之,孰与制天命而用之"更是以人力战胜天然。此种观念在中国过去未发生多大影响,但在西洋则将全部文化改变,使人类从中世纪的黑暗与神权中解放出来,如胡适所说:

> 人生观何以有如此激烈的变化? 这就因为在过去二世纪中,人们有几种重要的发明。从这些重要的发明中,更构造多种的工具与机械,以控制自然之源与力。凭借这些机械,人们已能节省劳力与缩短距离,上则飞行天空,下则洞山潜海,役电以利运输,使'以太'而传音讯。科学与机械不受自然的阻碍。生活既较容易而愉快,人们对于自己能力的信仰亦增加不少。人类已成为他们自己的主人与他们自己命运的主宰。如革命诗人所说:
>
> 匹马单枪以战兮,无论胜或囚,

毋庸他人之助力兮，使我自由。
无须耶稣基督之忧烦，
以为彼曾为我而死亡。
故此新时代的新文化已与人们一种新宗教，即与中古自暴之宗教相反的自信之宗教。①

中国荀子的天参观念发生在二千年前，西洋培根的利人观念发生在四百年前，但一则石沉大海，一则改造文化：此中关键自然是在工具之有无，即西洋有科学的方法、巧妙的机械，而中国则无。这在西洋近三百年文化发展史中说得很详明，毋庸此处赘述。但此处不能不一提的，是天参观念如无科学与机械，是绝对不能实现的。如一民族不能接受科学与机械，它将永远过着黑暗的玄妙的奴隶生活，而不会有光明的、自决的自由生活。所以白尔德解释近代文化说：

　　抛开一切哲学的微妙，文化在严格的近代的意义上说，包含一切工具、方法与运用，而由此人类得脱于野蛮而进入文明时代——此时代有全部经济的制度、建筑在这制度上的闲暇组织，此闲暇的利用，以及一切宗教、艺术与欣赏的表现。②

质言之，近代文化就是与农业文化及前期工业文化不同的工艺文化；如白尔德所说：

　　如与建筑在农业上或手艺的商业上之东方文化或中古文化比较着来说，西方文化或近代文化是根本建筑在机械与科学上的文化，它确实是一种工艺的文化。③

此种文化，他认为永远可以存在，而其发展不仅可以胜天，也能制人，如他所说：

　　假若将来在战场上，东方击破西方，那必定因为东方已完全接受了西

---

① C. A. Board (Cd.), Whither Mankind, p.31.
② Ibid, p.11.
③ Ibid, p.14.

方的工艺,迎头赶上,于是东方文化,已西洋化。若然,则机械并未消灭,不过有了地域上的变迁。①

罗素亦说:

> 此事是大有可能,即再过百年,吾人可同样获得对于自然力的控制,以控制儿童的品性。然后,若吾人有此决意,吾人可以排除人间关系的恐惧,正如吾人排除人与自然间的恐惧一样。②

故中国民族欲求生存,除非排斥天命观念而代以天参观念。如欲实现天参观念,又除非排斥玄学与手艺,而接受科学与机械。此吾人绝对不容怀疑,而尤忌游移于中西、新旧、精神、物质等似是而非之名词间,以自暴自弃。

(二) **法治观念** 天参观念实即广义之人治观念,如荀子所谓"天有其时,地有其财,人有其治";亦即利用全体人类之力,以控制自然,治理社会;而非狭义的人治观念,以极少数人之才智统驭社会。此种统治,前已言之,不仅才智有限,而主观的与私情的弊害尤其无穷。反之,全体人类在客观与平等的法律之下,同心勠力,一致戡天,则自然固被征服,而社会亦归安乐。

法治的精髓在法律,而法律的重要在纪律精神。如吾人明了纪律精神之价值,然后可以了解法律的重要;法律的重要既了解,则法治观念的必需乃可断定。纪律是什么? 概括地说,是维系人类生活的纲纪,是维持社会秩序的规律。若分析起来说,纪律是人类行为的法则与产生此法则的权威。人类的行为必须是有法则的,否则,不但共同的生活无法维持,即个人的生活也不能继续:这是极明显的事实。因为个人是一有机体,此一有机体中,天赋的生活力是有限的,此一有机体中具备的组织型也是相称的。生活力既有限,当然不能无节制的消耗;组织型既相称,也当然不能不平衡的运用。如果个人不顾虑此种自然的定律,而无节制的消耗与不平衡的运用,则有限的生活力必然穷尽,相称的组织型必然倾覆。生活力穷尽,个人生活固归于消灭;组织型倾覆,有机组织亦发生病患。例如饮食,不足则饿,但过饱则胃力不能消化,而肠病以生。又如衣服,无

---

① C.A. Board (Cd.), Whither Mankind, p.17.
② Ibid, p.78.

则冻毙；但过暖则体温不能放散，而热疾以起。个人如此，社会亦然。凡家庭、职业、政治等团体生活，如无常规，则随即可以发生社会病患。例如家庭，夫妇间有彼此应当遵守的规律，以限制情欲与行为，然后身体健康、爱情浓厚；否则，任情纵欲，任性使气，不但夫妇之道甚苦，即生命的危险亦可发生。再如政治上的需要法律制裁、权能相称、职责相等，更表现此规律的重要。

纪律不仅是人生的法则，也是产生人生法则的权威。如无此权威，则法则将成具文，将无人遵守。纪律的权威之所以能产生法则，这就因为权威是外来的力量，是一种不可反抗的命令，如果必欲反抗，则反抗者即受惩罚。例如卫生规则，是来自卫生科学与自然定律，如果你反抗它，则必受科学法则与自然定律的惩罚；而此科学法则与自然定律遂成为产生卫生规则的权威。又如道德规则是来自创造者与保持者的丰富经验与高远识见，如果你反抗它，则必受人群与社会法律的惩罚；而此丰富经验与高远识见遂亦成为产生道德规则的权威。故权威也是支持法则的力量，是实施法则的命令；无此则法则既不能维持，亦且不能实行。

由此，可知法律在现代政治上的重要，也可知法治为现代国家所必需。无论政体为民主，为立宪，或为独裁，必需大家有共操的准绳，这一准绳就是法律。故政体尽可不同，而法治仍无大异。如中国民族先有法治的观念，然后走上法治的大道，则整个民族的共同奋斗，方有可能。如有了整个民族的共同奋斗，则民族的复兴更有希望。

（三）民族观念　中国社会组织之心灵的基础——家族观念——必须排斥，而代以民族观念。此中理由极为明显：即今日世界列强均以民族主义相号召，均将国家建筑在民族关系之上，故一切内部设施莫不以民族福利为前题，而一切外部竞争又莫不以民族全体为单位。故现在世界局势确为一民族斗争的局势，阶级斗争仅一未能发展的潜在力量，远不及民族斗争力量的显著与扩大。故在此局势之中，中国如不顾事实，仍保守家族制度，或过于理想，采取个人主义与世界主义的制度，而不以民族为前题，去发展民族的关系，则冲突的结果，正如巨石压卵，未有不立时破灭无存。因此，可知民族主义的目的，在理想上，并非最高，然在事实上，乃为最合，实毋庸踌躇或轻视。但何为民族观念？其力量何以如此之大？兹更分析述之。

民族观念之要素有二：一为民族意识，二为民族自信。所谓民族意识，即个人对于本民族的关系深自觉悟，知民族的集团消灭，个人生命亦难独存，即所谓

"皮之不存,毛将焉附";他如民族的文化,亦往往随民族的消灭而被淹没。此世界各民族所以努力团结,牺牲小己,以保持种族的生命或扩充种族的力量。中国民族虽然复杂,然经过数千年的混合融化,已溶成一个整体,徒以过重家族观念,而忽略民族,致内部常生误会,而引起外面强邻的煽惑,造成历代汉奸卖国的奇耻。故一民族居于现在弱肉强食的环境中,如无整个的民族意识,随时可以发生民族内部的分裂,而自行涣散,更谈不到一致对外与御侮图存。

民族观念的第二要素是民族自信,亦即各个人相信本民族的力量,愿意去爱护这民族,去维持这民族,去为这民族而牺牲。因为自信根本就是对于自己的力量加以认识。故人愈有力量,则其自信愈深;自信愈深,则自爱愈切,而不肯自暴自弃。中国民族当目前国家情形异常恶劣之时,是颇难认识本民族的力量的;然五千年的历史所昭示的民族文化与民族特性,所指明的颠扑不破与绵延不绝的事实,是铁一般的坚实[1],只须吾人熟读历史,高抬视线,即能认识,而愿对于本民族加以十分爱护。现吾敢大声疾呼,凡国人受家族观念束缚太甚的,或经西洋文化薰陶过深的,请即高瞻远望,认清中国目前的环境与中国过去的历史。认清之后,不难断定中国的前途,必须接受西洋的近代文化,但决不忘怀中国民族的力量,且充分运用民族固有的力量,以融化近代新起的文化,迎头赶上去。然后民族的生存与国家的复兴可以有望,然后其他更高的理想可以实现。

四、根本观念改造之途径

上节所论根本观念的改造,仅就理论方面作抽象的说明,仅阐明天参观念、法治观念与民族观念的性质与重要,以证其有代替天命观念、人治观念与家族观念的可能。兹为更明确起见,再就此三观念作一具体的、肯定的提议,以冀引起国内有心人的探讨。

(一)如何以天参观念代天命观念 国人欲实现天参观念,必须实行下列三大项及其中所包各小件:

甲,以自信态度应付一切 自信态度是天参观念的基本,是实现天参观念

---

[1] 陈科美:《适应的民族教育》,《中华教育界》。

的起点。如人类不能相信自己的力量,则必无勇气去应付一切,而必事事归之于天命。故国人不思改造与向上则已;苟欲自奋,则非自信不可,非以自信态度应付一切不可。关于此点,可再分析言之。

1. 了解与相信人类自身的力量　自信必须从全体人类着眼,相信全体人类有控制自然与社会的能力,而不依赖其他超自然的神秘力量,否则,不趋于自暴或自弃,即流于自利与自私。自暴自弃者即不肯自己努力,而只知"听天由命";自利自私者即不肯为人类努力,而只知私心自用与私利是图。惟自信必先了解,必先明己格物:一方面了解自然现象与秩序,而知所应付;一方面了解人类在自然中的地位,而知所以应付。培根所谓"知识就是能力",苏格拉底所谓"先须明己,然后可以权衡万物";否则,妄自尊大,无知盲动,未有不失败者。

2. 努力环境的改造与机会的寻求　人类了解环境与自身情形之后,即可作进一步的努力。一方面从事环境的改造,使能供给人类的需要;一方面从事机会的寻求,使适合人类的运用。人类需要不断的增加,环境亦须不断的改造,而人类亦须不断的努力,否则,稍纵即逝,稍息即危:此中国今日之所以常遭天灾人祸的逼迫,而至岌岌不可终日。又环境的改造必须利用机会,则"水到渠成""事半功倍",不仅个人的寿、夭、穷、达在利用机会,非由命定,即全体人类的吉、凶、祸、福亦在利用机会,而非天决。因一切事态由于偶合者多,亦即由于若干条件(如时、空、人、物等)的偶然凑合,而发生某一事态或某种结果;而所谓机会者即条件的偶合,所谓利用机会者即利用此偶合。惟机会必须寻求,始能获得,否则,"坐失时机",而所希望者必"杳如黄鹤"。

乙,以科学的方法处理生活　实现天参观念的第二步是方法,是运用科学的方法以处理生活。国人过去的生活是玄学的与迷信的。欲改变此种生活,必须将科学应用到一切日常生活中去,应用之法有三:

1. 根据优生与优育的科学以处理生育　关于此点,为篇幅所限,未能详述;兹仅举例言之。在优生方面,例如配偶的选择,须以健康为第一标准,他如容貌、财富、门阀等次之;又如家庭的组织,须以育儿为第一目标,他如个人享乐、纵欲及无节制的生育等均所当戒。在优育方面,例如婴儿的养护须优裕适宜,不可墨守旧法,畏厌烦难。例如儿童的运动须积极的指导,而非消极的禁制。国人重视生育,但对于生育方法,则不肯讲求;而国人的保守性且妨碍科学的育婴方法之采用。此实非常的错误与不幸,而由此所发生的恶果是儿童死亡率高,成年寿命短促。而尤可笑者,不将此恶果归之于无科学知识与方法,而归于命运。

2. 遵循合于科学原则的医理以诊治疾病　国人每遇疾病,大半求治于玄学的医道,或祈祷于神秘的仙佛,而其结果为加重疾病与枉送性命。祈祷仙佛,无知识者为之,固无足怪,但有知识者亦为之,可见其知识的秕谬。玄学的医道至为笼统虚玄,极难正确,虽偶尔生效,则或由机会,或由经验,或由自愈,其不及科学的医理之可靠,复何待言,乃国人仍有信之甚深,且加提倡者,其自暴自弃为何如! 依吾人观察,可在玄学的医生中,遇到极有经验而治病奏效的,但大部分为敷衍、瞎碰、取巧(普通疾病十之五六可以不药自愈,不知者归之于医生,而医生亦贪天之功与取人之巧)。但在科学的医生中,可遇到更有经验、治病奏效而且能将病原与医理加以正确的分析与详细的说明的。即平庸的医生,诊治普通的疾病,也能就其范围内作比较正确的分析与说明。科学的医理现尚未能医治一切病症,自是事实,但其原则可以证实,可以说明,可以应用;其方法较为正确,较为普遍,较为有效。国人何乐而不为,必舍此以就彼?

3. 依照合于科学常识的方法以处置死亡　国人视丧葬为大事,不惜倾家荡产,甚至借贷典质以行之;更不惜迎神送鬼,甚至疲精竭力以赴之。他如防疫、消毒等卫生事项,则不重视:故一场丧事,子孙往往受经济上的苦痛,或遭身体上的伤害(传染疾病),而至数代不能恢复者。平情而论,死固大事,体亦当尽,但以死而害生,因礼而违理,则未免愚不可及:然此种风习由来已久,其根源仍在家族观念与天命观念。因为祖先的崇拜与神鬼的恐怖产生丧葬仪节中许多铺张扬厉的光怪陆离的现象,浪费人生无量宝贵的精力与金钱。如依科学常识,死后最要的事项是将尸体远移,房屋及器具消毒,以防疾病的传染;举行简单的仪式,以尽礼与慰情;清理死者所经手的事务,以便事业的继续,他如一切迷信的超度,财势的炫耀,以及于死者无补而于生者有损的种种,均须革除无遗。

4. 采取合于科学的手段以防救天灾　天灾之来,虽极文明的国家亦无法避免。天文学家的报告说,某日将有大风雨过境,然有何方法阻止? 或天文学家测验说,某地将有强烈地震,然又有何方法预防? 他如虫、旱、水、火等均无法绝对避免。虽然,如采取科学的手段,事先多少可以预防,事后尤能补救,无论其为大风雨或大地震,均非绝无办法。至于虫、旱、水、火等则更可防祸于未然而救灾于已然。此文明各国之所以不因天灾而大损国力。而中国则连年为天灾所侵,呈疲、癃、残、疾与不能收拾的现象。但情形至此,朝野上下尤多不能觉悟,仍祈雨求晴,而不谋之于科学:国人愚昧若此,即人不亡我,我亦自趋于灭亡之途。

5. 应用卫生知识以处理日常生活　吾人日常生活不外衣、食、住、行、工作、游戏诸端,诸种生活良好,则身心健全,否则,体质孱弱,精神萎靡。但如何而能使生活良好,惟一之道在能应用科学的卫生知识,以处理诸种生活:衣不仅蔽体,而必求其不妨害身体的发展;食不仅果腹,而必求其有助于体质的增强;住不仅避风雨,而必求其有益于身心的健康;行不仅交通,而必求其舒适而无危险;工作不至过劳,使成为苦役;游戏不至纵乐,使流为荒嬉。个人生活良好,身心健全,则民族强盛;民族强盛,则虽人欲亡我,又其奈我何?

丙,以机械的技术发展生产　实现天参观念的第三步是机械,是运用机械技术以发展一切生产,于以解释中国的贫困:贫困是中国的大患,也是天命观念的影响——"靠天吃饭"者的必然结果,如其无法解除,则中华民族必因此而被淘汰。关于机械技术的运用,可举下列三事为例:

1. 充分运用机械以增加农业生产　中国为农业国,而农业生产反感不足,米粮反须自外输入;此二千余年来生产方法未加研究与改良之过,亦科学与机械未早发明之故。然时至今日,科学与机械均已发明,而生产方法仍未积极改良,此则"非不能也,实不为也。"故中国欲谋足食,必先增加农业生产;欲增农业生产,必先充分运用机械,以改良生产方法:理至简明,事在人为毋庸多赘。

2. 踊跃投资以发展重工业及交通　中国农业必须工业化,而工业又必须着重重工业与交通,否则,农产品固无法流转,而制造品更无从增加与销售。因为重工业是轻工业的基础,而交通是产品的出路,这是用不着多说明的。至于重工业与交通在国防上的关系也是极显明的。而国防是国民应负的责任,即或不免对于个人利益有所牺牲,也是有代价的。故与其作守财奴,仅顾到一代与一家的生活,而使子孙万劫莫复,毋宁牺牲一部分利益,而谋国家生命的维持与后代子孙的生存。

3. 尽量应用科学以管理商业组织　一面增加生产,一面即须谋产品的贸迁;而产品的贸迁端赖商业组织的健全与管理的得法,否则,商业既无法维持,而出产品亦不能流转。健全的商业组织与管理自然是科学化或合理化的,在现在商战如此尖锐化的时代,尤其非此不能脱离次殖民的地位。

上举实现天参观念的三步骤,是缺一不可的:如无自信的态度,则不能勇往直前,迎头赶上;如无科学与机械,则自信亦无从表现与坚持,如胡适所云:

……科学与机械不受自然的阻碍。生活既较容易而愉快,人民于自己

能力的信仰亦增加不少。人类已成为他们自己的主人与他们自己命运的主宰。（见前）

这就是国人所急切需要而应时刻不忘与朝夕努力的。

（二）如何以法治观念代人治观念　实行法治观念的途径在实行下列四项：

甲，养成生活上的规则习惯　个人既为构成团体的成分，此成分不加改变，而欲团体能改变，那是等于缘木求鱼。故欲国家实行法治，先须人民有规则的习惯。先须人民的生活规律化。如各个人的衣、食、住、行、工作、游戏等均多少合于自然的规律，则不仅个人的生活健康良好，而作奸犯科的行为均可免除。即不谈法治，亦自然归于法治，否则，个人生活已不健全，行为自不免于紊乱，而欲其不违警犯罪，固不可得。既违警犯罪，而欲以严刑峻法绳之，复又何益？《老子》谓："民不畏死，奈何以死惧之？"实则，人民生活不健全，不仅不畏死，且不知生死有何意义，而知所畏惧。

乙，发展团体生活中的纪律精神　个人生活有规则，固是团体生活的前题；但仅此犹感不足，尚须有团体生活中的纪律：团体纪律与个人规则不必完全相同，个人规则偏于自然的与生理的，团体纪律则偏于社会的与心理的。例如夫妇间的谅解、职业上的契约、政治上的法律等，乃以共同的理智规定社会的行为（即人群间相互行动），而获得团体生活的发展与维持。惟团体纪律的规定虽由理智，然纪律的维护必须意志。换言之，即须大家有一种纪律精神，以实行此种纪律。

丙，培养国民的护法与守法态度　法治的精髓在法律；但法律如不拥护与遵守，则又等于具文；法律的拥护与遵守自非一两人之事，必须全体国民，以坚决的态度，作一致的表示，始能有效；即无论何人，一有破坏法律的行动，即群起而攻之；如自己犯法，则抱"好汉做事好汉当"的态度，宁愿受相当的制裁，而不肯逃避。

丁，实施用人行政的客观方法　法治的表现在用人行政一方面最为明显：如任用私人或全凭私意，则政治未有不腐败者；政治腐败，贪污偏曲，则法律未有不荡然者。故用人行政，必须依客观标准，用客观方法。所谓"选贤任能"，所谓"大公无私"，仅抽象言之。即考试制度，亦仅表面文章，其根本方法在用客观的态度，以观察事实，以综合多方面的意见，而下一公正的判断。中国社会充满私情，中国政治遍染贪污，如不急施客观方法，以用人行政，以表现法治的精神，则国家将随此私情的社会与贪污的政治而告总崩溃！

上举四项，仅略言实现法治观念的方法；然即此已谈何容易，非全体国人下一大决心，斩断私情，坚持公法，殊难有济。

（三）如何以民族观念代家族观念 实现民族观念的途径在实行下列三项：

甲，发展民族的意识 中国民族意识的不发达一方面固由于过重家族，一方面亦由于不明了个人与民族的关系，故欲发展民族意识，须将家族集团认清，不使在社会集团中占过于重要的地位。在积极方面，须将民族集团认清，知其与世界及个人的关系。民族与世界的关系表现得很明显的，是现在的世界乃一民族斗争的世界，其他集团的斗争均无民族斗争的尖锐，因此，其他集团的斗争往往因民族的斗争而温和，而消灭；这是过去与现在的国际战争所证明的事实，国人不能不认清的。民族与个人的关系亦即由此而生：因为民族既成为社会斗争的主要集团，则非有超于民族的集团，不能与之抗争。至于单独的个人，更无与民族集团抗争的力量，而只有亡国奴的结果，故个人与民族的关系是共存共荣的关系，这又是国人必须认清的。

乙，增加民族的自信力 人类的进步在人类的自信，民族的存荣亦在民族的自信；民族的自信一方面在民族意识的发展，如上所述；另一方面则在认识本民族的力量。中华民族力量的伟大就在其适应能力的坚强，适应能力的坚强表现在异族的混合与文化的调和。此种混和作用使此民族绵延不断，其文化继续不绝；此数千年的历史所昭示的力量，为国人所必须认识的；不仅认识，而且必须深信不疑。

丙，培养为民族而牺牲的精神 民族意识发展，民族自信增加，则民族始知自重与自爱。自重与自爱的结果是愿为民族而牺牲，愿为民族的大我而牺牲个人的小我。故此种精神的发展是民族意识与民族自信发生后的必然结果，惟尚须特别提出者，则牺牲精神的意义与重要是所谓牺牲，决非完全委弃自我，而是将小我与大我打成一片，以求二者的共存共荣。故一民族中的个人或其他一切集团如不能为整个民族而奋斗、牺牲，以求打成一片，则民族的存荣是不可能的。

上举三点，为实现民族观念的要件，其他如各民族间误解的排除、文化的沟通、交通的发达、语言的统一等次要事项，为篇幅所限，悉未论及，但所举三点，已急须十分致力，而负教育使命者尤有莫大的责任。

五、结　　语

　　思想改造是社会改造的前驱,民族改造是社会改造的一部分,故中国民族的改造必须先有思想的改造,而中国思想改造的起点就在中心观念的改变,即变天命观念为天参观念,变人治观念为法治观念,变家族观念为民族观念。换言之,即变不适应的心灵趋势为能适应的心灵趋势,以作行动的南针。中国思想改造的具体方法在能实践天参观念、法治观念及民族观念,亦即在能以自信态度、科学方法及机械技术,以实现天参观念;以个人规律、团体纪律、国家法律及用人行政的客观方法,以实现法治观念;以民族意识、民族自信及为民族而牺牲的精神,以实现民族观念。知而不行,决非真知;行而不知,是为盲行,故观念的改变必须见之实践,始得谓之完成。惟国人保守性强,进取心弱,善于迟疑徘徊而不勇于革故鼎新。但事急时迫,稍纵即逝,实不容吾人之保守。而况事实显明,需要确切,亦毋庸吾人之徘徊。只须大家有此决意,全心全信,一致迈进,则不仅思想的改造不难,即整个民族或全部社会的改造亦易事耳。

(刊见 1936 年《暨南学报》第 1 卷第 2 期)

中国生活与教育

一、中国教育与中国社会

近来国人对于教育感觉失望的是日多一日，而失望的视线又多集中在毕业学生的出路：过去"显亲扬名"的希望固是完全消失，现在"仰事俯蓄"的要求亦且十分艰难；乐业的只想改业，有业的忽而失业，失业的无从得业。于是，社会只见奔走谋事的闲人，学校竟成制造闲人的机关，使人觉得一切学校都有关门十年，以便出清陈货之感！

为何教育使人如此地失望？此是否教育本身的错误，培养出来的人才不能适应社会的需要？抑是否中国社会的错误，不能罗用学校所培养的人才？抑是否双方皆有错误，致所学既无所用与所用又非所学？若谓完全是教育本身的错误，则学校早应关门。然而每期学校开始，学生蜂屯蚁集，以不得入校为恨。况学生无出路，不仅中国为然，欧美各教育先进之国莫不皆然，有如一般青年所嗟呼的："无职业的要找职业，有职业的不能安业乐业，我们向何处去呢？这混乱的社会！"但中国社会应当完全负责么？则中国社会人士早应自责。然而不然：上自政府，下至家庭，中经各种社会团体，多感其青年分子的软弱与学校训练的缺乏；且平心静气，观察出校后的青年，其不习于安逸，而能耐劳克苦、负责作事、努力做人者实不多见。然则其咎谁归？兹据吾人冷眼静观，大致双方各有其根本的弱点：学校则散漫虚浮，社会则紊乱凋蔽。散漫虚浮的教育所能养成的人才，自不免于虚泛不实与放荡不羁，紊乱凋蔽的社会所能容纳的人才，自严限于既有奥援与又善投机之流。于是，所学既无所用，所用又非所学：不仅青年无有出路，而趋于盲从妄动；社会亦无出路，而濒于分崩离析！

在此种情形之下，教育固无办法，社会更无办法。然在无办法之中，吾人仍当殚心竭虑，打开一条出路：此一条出路即在如何使社会与教育通力合作，以提挈未成熟之分子,使之成长;使之既能独立生活,又能共同生存。此可名之曰适应生活的教育,或简称之为生活教育。

二、生活的教育与预备生活的教育

何以生活教育是中国教育与社会的出路?此必须加以说明,欲说明此点,又必须了解生活教育的根本性质。生活教育的根本性质最好从教育历史的事实中去了解。教育历史所昭示我们的有两件重要事实:第一,教育的实际是由生活的教育趋于预备生活的教育;第二,教育的理论是由预备生活的教育趋于生活的教育。我们翻开教育史的第一页,就看到教育形式最单纯的初民教育,此种教育是对于大部分人民衣食住的生活技能,加以直接的训练。所谓生活技能的直接训练就是青年参加成年的生活或儿童模仿成年的生活所获得的训练,也就是青年或儿童直接从成年生活中学习一切生活的能力。例如成年出外渔猎,青年偕往旁观和协助,儿童则模仿渔猎的活动为戏,由此遂学会渔猎的方法。简言之,初民的教育是从实际的社会生活中获得生活技能的训练,是"由生活而教育",是货真价实的生活教育。但社会生活日益繁复,生活所需要的能力日益增加,"由生活而教育"的直接训练不能胜任,于是,复杂的教育形式或学校教育产生,亦即于特殊的场所,予儿童及青年以特殊的训练,以预备其将来所需要的生活能力。简言之,文明社会的教育不是生活的教育,而是预先了解生活(知识)与预先练习生活(技能)的教育,或简称为预备生活的教育,故教育历史所昭示我们的第一件事实,是教育的实际,随社会生活的由简而繁,由生活的教育变为预备生活的教育。

教育实际的变迁当然包含一种极大的危险,就是社会生活既不断地改变,学校教育就颇难事先预备。学校中现在所预备的知识与技能不必是社会上将来所需要的知识与技能,将来社会所需要的人才又不必是现在学校所能预备的,于是,学校教育与社会生活不相吻合,流弊所至,完全分裂。此种危险,在本世纪前,并未深觉,因为一般的教育理论均主张预备生活的教育,如斯宾塞尔所详细阐发的[①]。即在本世纪,预备生活的教育理论仍有人坚持,如巴比得所反复申明

---

① 任鸿隽:《释斯宾塞尔教育论》。

的①。他们的理论大旨是从现在的社会生活中,选择完满的生活所必需的能力,而加以特殊的训练,以预备将来的完满生活。此种理论自本世纪开始,因为实际上的困难,渐为人所怀疑,而生活的教育理论遂乘之而起。生活教育的理论提倡最力的当推杜威,而其"教育即生活"说也最为精辟。其要旨可概括于下述二点:

(一) 为生活而教育

实在说,杜威并不承认教育本身之外尚有目的,故他常谓:"教育是为更多的、更好的与更丰富的教育的。"假若必须指出教育本身以外的事态,作为教育的目的,他也不过说:"教育是为生活或生长。"但此处须特别注意的,是他所谓生活,是指现在的全体生活,无论为体质的或精神的生活,个人的或社会的生活,均须包括无遗。至于学校的生活,仅为生活的一部分,而且并不是预备将来的,即是为现在的。

(二) 由生活而教育

教育方法又应当如何？杜威说,儿童与成年共同生活或共同经验,由此养成各种习惯与形成各种观念。例如母女授受针线之间,可以养成女孩拈针的习惯;又如父子传递衣帽之际,可以形成婴儿衣帽的观念。此即与初民教育相同,"由生活而教育"。②

教育目的既是为生活,教育方法又是由生活,故教育即是生活,此杜威"教育即生活"说的简明解释。(关于更详细的解释,请参阅拙著《新教育学纲要》)

从上述教育实际的变迁与教育理论的发展,我们对于教育的根本性质的了解,可得二结论:(一)教育的目的,无论在生活的教育或在预备生活的教育,均是生活,均是全部的生活;(二)教育的方法,在生活的教育,是教育与生活完全打成一片,在预备生活的教育,是教育与生活多少分离。总而言之,两种教育的实际与理论的历史所昭示的是目的相同,而方法各异,而生活教育所争的也就在方法,在如何使教育与生活完全打成一片。

三、民主的生活教育与共产的生活教育

杜威所主张的生活教育也可说是民主的生活教育,因为他希望用教育的力

---

① Bobbitt, Reconstruction of Curriculum.
② Dewey, Democracy and Education, Ch. II.

量去实现的社会,是个人与社会均不断地生长或进步的社会,是所有的人都能竭力地参加社会的生活与公平地享受社会的利益。与此种生活教育方法相同,而目的各异的有共产的生活教育,欲明了生活教育的根本性质,不可不提出来,加以比较。苏俄正在试行的劳动教育,可称之为共产的生活教育。此是苏俄教育的中心,也是共产主义者想将教育与社会打成一片的手段。更具体地说,是想用劳动教育来训练能生产与能斗争的分子,以建设共产的社会。劳动教育的目的是预备能建设将来社会的分子的,是训练能生产与能斗争的人才的。训练的方法是"由生活而教育",主张学校生活与社会生活打成一片,主张设计法变形的综合法。故共产的生活教育与民主的生活教育在方法上,是相同的,都是想将教育与生活打成一片;但在目的上,是有别的,因为前者着重生产与斗争的劳动,不免偏于部分的生活,而后者则视劳动为全部社会生活的生长。综合教育目的与教育方法来看,苏俄的劳动教育在性质上,是想兼取生活的教育与预备生活的教育二者之长:即一方面明白地承认,教育是预备生活的;他方面又想避免预备的危险,坚决地主张,教育须与生活打成一片。但教育的根本性质能不能够恰如共产教育者所体认的呢?这我们须作一更精密的分析。

四、适应生活的教育

以上所讨论的各种生活教育均有其优点,亦均有其弱点。预备生活的教育为社会生活变迁的结果,自有其适合现实的特长。因社会的生活既变繁复,生存所需的能力又已增加,各种知识及技能决非直接参加所能获得,而其流弊则为教育与生活易趋于分裂。生活的教育为救弊的理想,亦自有其改造现实的特长;而其弱点则为不切事实,因教育与生活完全打成一片,决非繁复的文明社会所可能与必要。共产的生活教育一方面认识预备的必要,一方面感觉分裂的危险,是其长处,但同时就兼有预备生活教育之分裂的流弊与生活教育之不切实的困难,且以过重生产与力倡斗争,又不免于偏颇。然则生活教育应如何而后可?兹为明确起见,提出根本二点,以资商榷。

(一) 生活教育须认明教育与生活的正确关系

无论何种教育,根本不能脱离生活,脱离生活,即无教育;至着重生活的教育尤当如此。兹将二者的正确关系分析于下,庶生活教育的性质更为明显。

1. 教育为生活的一部分而非生活的全体　教育不能脱离生活,但也不能包括生活的全体。例如生理上之生殖的生活,是冲动的,既不受教育作用的影响,也无教育的作用。如生男育女,既非可学而定,亦非可以教人从心所欲,只一任精虫的瞎撞。他如精神上之社会的生活,是意识的,既受教育作用的影响,又有教育的作用。如观念的形成,由于社会的代代相传;习惯的获得,由于个人的彼此互授。故教育与生活的关系是非常显明的,即生活有教育的作用,而教育须在一部分生活中进行,亦即教育为生活的一部分。但教育只是生活的一部分,而非生活的全体;因生活全体并非皆有教育的作用也。

2. 教育的目的为生活的全体而非生活的一部分　教育虽为生活的一部分,但教育目的须为生活的全体,因为生活是整个的,无法分得很清楚,而施以部分的教育。即如社会生活,包含甚广,如经济、政治、学术、宗教等亦非教育所能完全包括,但教育目的必须贯射全部,否则如以经济生活或政治生活为教育目的,则实现此目的的教育是片面的,而全部的社会生活就不能发展与继续。至于因为时代的需要,暂时着重某一方面,固未尝不可,但最后终须归结到生活的全体。

3. 教育的方法在充分利用生活中的教育作用而非完全使教育与生活打成一片　生活虽有教育的作用,但不能因此即谓教育与生活必须完全打成一片。因为生活不仅有教育的作用,也有生殖的、经济的诸作用;而教育所能利用的只其一部分的教育作用。在简单的初民社会中,各种生活的作用均未分化,教育的作用即是生活的作用,故教育的方法即由生活中进行。在复杂的文明社会中,生活的作用既已分化,则教育的作用只是生活作用的一部分,故教育的方法不能完全由生活中进行。故今日教育上的根本困难并不在未将教育与生活打成一片,而在未能充分利用生活中的教育作用。何谓充分利用?就是说,将教育尽量与生活沟通,将学校尽量与其他社会团体交通,将学生与教员尽量与其他社会分子接触。但说尽量不是说完全,因为事实上既不能完全,理论上亦不必完全。①

上述三点阐明教育与生活的正确关系,也构成生活的教育之实在基础;惟此种教育为能使全体生活继续与扩充,亦惟此种教育为能使个人与社会适应:此即所谓适应生活的教育。为更详明起见,请将此抽象的基点化为一更具体的

---

① 陈科美:《教育新诠》,《民众教育季刊》第 2 卷第 2 号。

基点,分述于下:

(二) 中国的生活教育须适应中国的生活

教育是生活的一部分,故教育必须适应生活;中国教育是中国生活的一部分,故中国教育必须适应中国的生活。详细点说,即中国教育须能应付中国生活的环境与适合中国生活的需要;中国生活的环境在急剧地变迁,中国生活的需要在大量地缺乏,中国的生活教育必须充分地去应付与供给。适应的法则,可概述于下列两方面:

1. 物质生活的发展 整个生活可概分为物质的与精神的两方面,适应的法则即可依此而定。在物质方面,生活教育须积极地发展,而发展的重心又须集结在以下二事:(1)增加生产技能,以创造富的社会;(2)提高生活力量,以培植强的人民。关于第一项,提及的人很多,大家多明了,无须详细赘;所宜注意的是生产技能的增加必须生活的劳动化与科学化,亦即劳动态度习惯的培养与科学精神、方法的训练。关于第二项,讨论者较少,有申述的必要。中国人民的物质生活,大致因为贫的关系,衣食不足,营养缺乏,使生活的力量日益低降,致体质上日趋于孱弱,如死亡率高,生存期促,活动力低;故欲培植强的人民,使能应付剧变的环境,必须提高生活的力量。生活力量的提高,除增加生产技能以救贫穷外;尚须教育人民,实行下列五事:

a. 选择适宜配偶;

b. 组织良好家庭;

c. 节制生育;

d. 注意儿童营养;

e. 锻炼青年体格。

2. 精神生活的改变 在精神生活方面,生活教育的重心在改变人生观点,以挽回颓废的精神。国人精神的颓废已达极点,这完全表现于五大弱点上,即愚、怯、私、逸、伪是。愚、怯、私、逸、伪所构成的人生观,是徘徊不定、迟缓不进、绝对利己、苟且偷安与欺诈取巧的人生观,也就是不敏捷、不勇敢、不肯牺牲、不肯勤劳、不愿踏实的人生观。所以我们要挽回颓废精神的方法,是将愚、怯、私、逸、伪的人生观变成敏捷、果敢、牺牲、勤劳、真诚的人生观,也是将颓废的人生观变成奋斗的人生观。只有奋斗地、敏捷地、果敢地、不惜牺牲地、继续不断地、脚踏实地地奋斗,才能应付我们的环境与供给我们的需要,而争得我们的生存。

依上所述,中国的生活教育之范围或不免过广,然欲真能适应中国的生活,使之继续与扩充,则非此莫办。在实施时,因进行便利计,我们不妨先着重某一方面,如物质生活方面的生产技能,然最后必须归结到全部生活的改善。又此种教育必须与全部生活沟通,与整个社会合作:如中国政治的生活始终不上轨道,经济的生活始终不能振兴,则此生活的教育亦只好随着全部生活而崩溃!国人与教育界多注意毕业学生的出路,因为这是切身而显著的事实,但毕业学生的出路问题,不仅是教育的问题,是整个社会的问题。生活教育所能解决的只是此问题的教育部分,至其他部分——政治、经济等,则有待全国的合作。这是我们应当根本认识的,也是从事生活教育者不可忽略的,否则隔靴搔痒,始终搔不着痒处。

(刊见1934年《教育学期刊》第2卷第2期)

中国家庭教育上之根本问题

家庭教育的范围与性质

关于家庭教育，国内早有专书，而报章杂志上的讨论又已汗牛充栋，毋庸笔者的多赘，故此篇所论，仅就家庭教育上的根本问题，加以商榷。

家庭教育，概括言之，可分两部分：一是养育，着重儿童体质上的养护；一是训教，着重儿童精神上的发展。对于养育，前曾为文论之（见上海《申报》家庭副刊"中国家庭的大问题——育婴"，三十一年九月十四日）兹不复赘；故此篇所及，专属训教。

家庭教育的对象虽是儿童，但家庭教育的重心不必专在儿童。因不仅婴孩须完全依赖父母，即成童亦须父母多方的提携与指导，故父母的责任异常重大。而家庭教育的重心遂移到父母方面去，故家庭教育上的问题往往不发生于儿童的本身，而发生于父母与环境——不是由于父母的未尽其责，就是由于环境的种种困难。因此，讨论家庭教育，不可专限于儿童的训教，亦须涉及父母的修养：父母的修养得当，然后儿童的训教适宜；否则父母不仅无以训其子女，甚至误其子女。

教育是一种影响，是成熟者对于未成熟者的影响。一般教育如此，家庭教育亦然，所不同者，家庭教育是父母对于子女的影响。惟影响之所以发生，必先有一种关系，否则两不相关，如风马牛之不相涉，决无影响发生。惟其如此，故影响之性质，亦随双方之关系，而有不同。如学校教育，乃教师影响学生，此种影响的性质决定于师生的关系；若家庭教育，则为父母影响子女，其性质决定于亲子的关系。因此，欲知家庭教育的性质，必须先明亲子间的特殊关系。

亲子间的关系与影响

父母之爱护其子女,无所不至,此是人类的天性,但只是盲目的爱护,并不足以养成良好的子女。必须在爱护之外,给与子女以适当的教养,以完成其独立的人格,方算尽了父母的责任。

所谓盲目的爱护,只是凭父母的本能,去满足子女的要求;或依父母的成见,去干涉子女的行动,对于子女的个性如何,则不求了解,不加注意,但结果不流姑息放任,即失于严谨拘束,而最后的结果是子女的"不成材"。

所谓适当的教养,正与此相反:必须先求子女个性的了解,然后加以适宜的指导;既不失之于姑息,又不失之于拘束;务将完全依赖的婴孩,引上完全独立的人生旅途,使成为社会国家的栋梁。

此种教养的责任,在现代十分复杂的社会情况之下,确非为父母者所能全部担负,而须学校教师、社会人士、国家领袖等的共同负责。但是,父母的责任确实比较重大:这就因为父母是始终其事的人;亦即儿童自呱呱堕地,至于成人,始终需要父母的指导。此种始终的指导就是亲子间的特殊关系,此种特殊关系遂决定了家庭教育的特殊性质。

大家都说,家庭教育很重要,因为家庭教育是一切教育的基础,但家庭教育何以是一切教育的基础呢?对于此一问题,普通有两层说明:第一,因为父母对于子女的影响是最普遍的,无微不入的;第二,因为父母给与子女的印象是最早的,所以也是最深刻的。父母的影响是最普遍的,因为婴孩的心灵尚未分化,任何的刺激均影响其心灵的全部,故父母的一颦一笑,一言一动,无不影响整个婴孩的心,加以婴孩接触得最多的只有父母,故他所受于父母的影响也最广泛。父母所给与子女的印象是最早的,因为婴孩所接触得最早的是父母;最早的印象最深刻的,因为婴孩的心灵好似一张光洁的白纸,先印上去的最为清楚,以后就越印越模糊。

以上两层普通的说明自然都是合于科学的原理,而值得大家去接受的。但除此以外,还有一层更基本的说明,那就是前面所提到的亲子关系——子女需要父母始终的指导。此种指导不仅使父母普遍地影响其子女,也使子女脱离其影响,以便接受他人的影响;不仅使父母给与子女最早的印象,也使子女容纳后来的印象,以期不断的发展。如果为父母者不能指导其子女,去接受他人的影响和容纳后来的印象,则子女人格的发展必为父母的人格所限制,而不能充分的发展。子女人格的发展不充分,则子女尚须依赖父母而不能独立;子女的人格不能独立,则父母的责任依旧未尽。

由上所论,可知亲子间的特殊关系决定了家庭教育的特殊性质,家庭教育的特殊性质又说明了家庭教育的重要。那就是说,父母始终指导其子女,由家庭而学校,由学校而社会,使子女继续不断地适应其各种环境,发展其独立的人格。

家庭教育的根本原则

家庭教育确是异常繁复与艰巨的工作,极难概括而论;即就训教方面言之,亦包含父母的修养与子女的训练二部分:兹就此二部分,提出二项根本的原则,作为商榷的基础。

一、父母自身的修养。家庭教育上的问题往往不发生于儿童的本身,而发生于父母的错误,这是研究顽劣儿童者的经验之谈;因为许多研究顽劣儿童的专家,发现儿童顽劣的原因,多半在父母处置的失当;儿童本来没有的坏习惯和怪脾气,都由父母的骄纵与固执所酿成。因此,父母自身的修养是训教子女的根本条件,如此一条件不具备,则子女的训教为不可能。但父母的自身如何修养?若详言之,将牵涉到全部教育的问题,不免离题太远,溢出此文的范围。兹姑假定,读者均已受过普通的教育,惟对于家庭教育未尝研究;若然如此,则有二点必须注意:

1. 父母的自制。所谓父母的自制,简单说,就是为父母者不让自己的失望与欲望影响子女的生活,以免妨害其个性的发展,甚至误尽其终身的成就。详细言之,则为父母者既均为成人,自有其丰富的经验,以及由此经验中所形成的许多固定的反应,如关于道德、教育、友谊等观念;此类观念在事实上多为感情的反应,而非理智的结果,但人多误认为理智的结果,以之指导子女的行为。例如某人,极欲受大学教育而未能,引为终身的憾事,乃愿其子女补此缺憾,不问子女的个性是否相宜,强之使入大学。其结果不仅浪费自己的金钱,而且浪费子女的光阴与精力,使之从事于其不感兴趣的活动,于是子女不只得不到大学教育的好处，甚至成为社会的高等游民。又如某人，幼时曾经受过一种严厉的训教，深感专制的苦痛；及其自为成人，极端反对此种训教：于是，彼亦教其子女，轻视一切严格的训练，反抗一切风俗与法则，而成为社会的叛徒。诸如此类，不胜枚举。总而言之，均为父母者，以其自身的失望与欲望，影响其子女的生活，而不顾及子女的个性与前途。

2. 父母的自检。所谓父母的自检，就是为父母者应检点自己，不可过于严肃或过于溺爱：因过于严肃与过于溺爱都是养成寄生虫式的子女之病根；过于严肃，则养成懦弱无能的子女，过于溺爱，则养成依赖无主的子女。

有为父者，过于严肃，其专制如阎王，欲其子女绝对服从：如子女说话，声音稍高，则怒目止之；行动稍乖，则斥责随之；甚至面无笑容，语无情意，一味威吓子女，使由畏惧而生服从。在此种严威之下所成长的子女，必怀恨专制，反抗权威，反对训练，而发展为一流社会的叛徒；否则绝对屈服，唯唯否否，而变为一种柔软无骨的动物。

亦有为母者，过于溺爱，而以子女为绝无能力，保护备至，一切均为之安排。当其子女尚未入学校时，食之衣之，与之同起眠，助之行便溺。及其子女既入学校，送出迎归，遇先生申斥，则庇护之，与同学争吵，则声援之；此后一切无不为之代谋，升学则为之择校，交游则为之选友，婚姻则为之觅配。在此种溺爱之中所卵翼的子女，毫无经验，毫无主张，毫无能力；一切惟父母是赖，无法应付，遂成为一终身的寄生虫。

为子女者苟遇此过于严肃的父母或过于溺爱的母亲，均为不幸；而最不幸的，是同时都遇着：那就难免家庭化为地狱，亲子变为仇雠；不仅养成依赖无用之废人，甚且造成弑父灭伦之逆子！

上述二点，父母的自制与父母的自检，是父母自身修养的要求；为父母者须先有此修养，然后可以训教子女；现可进而谈家庭教育的第二原则——子女的训练。

二、子女的训练。训练子女，使之成材，必须注意两点：(一)须了解子女的个性与动机，因个性是人格的基础，动机是行为的根本；(二)须适应子女的环境，因儿童必与环境相适应，始能有良好的生活。兹再将此二点分述于下。

1. 子女的了解。每一儿童各有其天赋的本能，以维持其生存。故当其堕地时，即能呱呱而啼，以表达其生存的需要，而获得满足：如婴孩饥饿则啼，身体不适亦啼，有所恐惧亦啼；其一切需要，莫不借啼哭以求满足。故为父母者务须了解此类本能,方知如何予以满足,否则盲从旧习或妄加干涉,不惟不能教养子女,反足妨害其生长。例如啼哭虽为婴孩满足需要的本能,但婴孩稍长,往往利用此种本能,要索不正当的满足;父母不知者,以为婴孩真有需要,或以其啼哭为聒烦心耳,尽量满足之:于是养成儿童好哭的习惯,养成儿童以啼哭为要索手段的习惯。啼哭如此,其他亦然。举凡儿童不应要求之事,亦要求之;儿童理应自作之事,父母亦代为之。其结果,儿童终日向父母要索,父母则终日为子女作牛马,甚至子女视父母的牛马生活为固然,颐指气使,而不觉其谬误:但此种子女,一旦离开家庭,即事事不知,手足无措。故训教儿童最重要之一事,在使婴儿早日脱离母怀,使儿童早日离开父母的骄养,使从独立的行动中,求得独立的生活。欲达到此目的,最好的方法在予儿童以各种机会,发展其新奇的兴趣?如伴侣的结识、游戏的嗜好等。

再者人类为感情的动物,而儿童尤富情感。儿童皆有其希望与雄心,也有其畏惧与疑虑,更有其喜乐与忧愁,故儿童情感的满足占其生活之一大部分。如其情感的满足适宜,则其人格的发展亦能正常;否则儿童喜怒不常,父母对之啼笑皆非!儿童的情感如何可以获得适宜的满足?根本的方法亦在儿童兴趣的增加。最初须注意者,父母须与其子女发生情感的交流,而不让子女的情感为母亲所独占;继之,则使子女对于其兄弟、姊妹以及游伴,均相爱护;再进,则使儿童对于教师以及学校亦加爱好,于是,儿童长大,对于一切人士与各种活动均感兴趣,而愿与之接触和尽量参加;其必然的结果为待人接物和蔼可亲,而个人自身亦获得无穷的安慰。满足儿童情感的方法,除增加其兴趣之外,即为创造一种亲爱的、和善的与公平的家庭空气;因良好的儿童须从良好的家庭空气中始能产生;未曾受过爱情灌溉的人,决不会感觉爱情的重要;未被他人爱过的人,决不会知道爱人。

2. 环境的适应。人类生存于环境中,故人类的生存在能与环境相适应:如人类能与环境适应,则生活良好;否则生活必感困难。儿童有其个性——本能、情感、动机等,但此个性必须与其环境适应。故儿童的训教,必须将其个性加以相当的训练,使能与其环境相适应;而非任其个性与环境相冲突,成为一味反抗环境的人格。因此,训教儿童,有一极为重要而须特别注意的事态,即不可改变环境,以图适合儿童的个性;而须陶冶儿童个性,使适合环境。例如子女幼小之时,即须让彼等知道,非可事事随其所欲,非可独占一切;而须教之了解,人皆有欲,物可有主,以养成子女与人共享、与众同乐的社会习惯。于此,则子女成为适应社会环境与合群的人格，否则彼等只知有己，不知有人，而成为极端自私与异常孤僻的独夫。故在家庭中，为父母者不可专图改变家庭的环境，以求适合子女的意欲，以为如此，可使子女安静与快乐，而不知此种办法，正所以造成子女在家庭时的任性与自私，形成子女离开家庭后的失望与失败。故欲使子女适应环境最好的方法莫过于让儿童早日自立，自负其行动的责任，让彼等尽早经验，使之"经一堑，长一智"。换言之，即让彼等从各种不同的环境中，去了解环境；从适应环境的活动中，去学习环境的适应。

上述两点——子女的了解与环境的适应——是训练子女的要件：为父母者不能了解其子女的个性，并训练其个性，使适应其环境，则所谓家庭教育仍无从实现。

家庭教育的法则甚多，非此处所能详举，上述两个原则——父母自身的修养与子女的训练，仅及笔者认为最根本之点；即此根本原则，亦言之甚简，容后再为补充。

中国家庭教育的重要

中国为一老大国家，亟须改造；而此老大国家的核心为家庭，其需要改造更甚。但家庭的改造，教育乃其根本，故家庭教育在中国有其特殊的使命。虽然如此，然家庭教育并未占其应有之地位，即如过去有心人士，多努力于政治的革命与文化的革新，而对于家庭的改革，似乎无暇顾及。但依笔者个人的观察，深觉各种革新的阻力，往往来自家庭。例如受过新教育的青年，富于爱国思想，而愿为国家牺牲，但父母的家族观念深于国家观念，因而阻止其子女，不使尽力国家。又如现代青年女子，富于求知心，多愿入校求学，但父母的旧礼教观念浓于新教育观念，因而禁闭其子女，不令入学。诸如此类情形，不一而足，均以家庭的守旧，妨碍国家的革新。故在中国，家庭的改造实有其特殊的需要，家庭的教育实有其特殊的重要。

家庭教育的重要虽明，但不知实施的方法，依然空论，无补实际，故此不揣翦陋，匆草此篇，略示愚者的一得，以引起高明贤达者的注意，则不仅福利家庭，亦所以改进社会国家也。

（刊见 1943 年《家庭年刊》第 1 期）

现代教育思潮与中国教育改造

一、序　　论

中国教育改造的问题是复杂非常的,惟其复杂,故我们不能不先有一精详的研究,找出一正确的方向,作为实施的南针。但精详的研究须从三方面着手:第一,须研究中国过去的历史,以明了中国固有的文化特点与民族特性,作为教育改造的根据;第二,须研究中国现在的社会,以明了中国目前的生活情形与民族需要,作为教育改造的对象;第三,须研究世界思想的潮流,以明了中国环境的趋势,作为教育改造的参考。关于第一方面的研究,作者曾有一概括的叙述(请参看《中华教育界》所载《中国教育改造与中华民族性》,《江苏教育》所载《中国民族与教育》);关于第二方面的研究,亦曾详细的分折(参看《教育建设》所载《救亡教育的根本方针》);关于第三方面的研究,迄未得暇论及,此篇可补其遗漏。

世界思想的潮流又可从多方面探讨之:如从政治方面,可探讨政治的思潮,以明政治的趋势;从经济方面,可探讨经济的思潮,以明经济的趋势;从教育方面,亦可探讨教育的思潮,以明教育的趋势。惟教育思潮尤其是解决人生问题的一种根本企图,是表现一民族或一国家改造社会的坚决努力;故现代各国的教育思潮是最能表明各国改造社会的趋势,以供中国社会改造与教育改造的参考。

惟现代各国的教育思潮至为繁复,不易详究;然此文目的亦不在详究各国所有的教育思潮,而在指出能代表各国社会改造的趋势者:又世界国家甚多,欲逐一详究,实不可能,然亦不必;因国家虽多,而能左右世界局势与独树一帜者究不过数国,其余则大同小异而已。

二、各国教育思潮

(一) 德国的人文主义 德人对于教育思潮最感兴趣,此有二原因:第一,德人重视教育;第二,德人喜用思想。在德国历史上,德国政府曾运用教育的力量,造成强大的帝国,称霸欧洲;也曾运用教育的力量,战败跋扈的拿破仑,恢复国土与光荣。故德国政府极相信教育力量的伟大,而重视之;虽欧战败辱,帝制推翻,而信心不减。又德国民族极喜思考,凡一事态,必先详密论究,然后进行;而智识分子对于教育事业,尤喜反复论战。因此,德国教育思潮亦特别发展,派别分歧,颇难归纳:如社会的教育思潮、人格的教育思潮、自由的教育思潮、文化的教育思潮、劳作的教育思潮、实验的教育思潮等。各派思潮,除实验的教育思潮外,大致有一共同理想,即人文主义,其内容可分四点,述之于下。

1. **社会感情的培养** 教育必须培养人类的社会感情,使能感觉到个人与社会的密切关系。不仅个人必须由社会中始能发展,即个人的意识,如那托普(Natorp)所说,根本就是社会的,就是"人同此心,心同此理"的。白格尔曼(Bergermann)也说过,人生任务根本在尽力社会,因为一人的身心并非己有,实为社会的产物。身体的遗传固属于父母祖先,精神的陶冶也由于师长朋友,故此一派思潮主张教育的目的在培养人类的社会感情,使由社会的意识以构成理想的社会。

2. **人格的陶冶** 理想的社会必有理想的个人,故教育又必须陶冶个人的人格,使能征服自然与发展文化。因文化的发展在精神生活的开发,精神生活的开发在自然冲动与情欲的征服,而自然的征服又根本在人格的陶冶。何谓人格?蒲德(Budde)说,是征服自然与发挥文化的整体;林德(Linde)说,是善感的热情、卓越的个性、自动的创造与坚强的操守等要素所构成的人生。如何陶冶人格?曰,以人格感化人格,以较完全的人格潜移默化较不完全的人格。更具体点说,从共同经验中,掀动个人的情感与启迪个人的智能,以发展其品性。

3. **自由的获得** 人格陶冶,若无充分自由,是不可能的:因为自由是人格要素发展的条件;例如自动的创造,若无自由,则人既不能自动(或自由活动),更何从创造?又如卓越的个性,若无自由,则个性必已埋没,更何由卓越?故人生惟充分的自由,方有充分的活动;有充分的活动,方能发展创造力,以创造新社会与新文化。

4. **文学的发展** 理想社会的形成或自由人格的陶冶均离不开文化,因文化一方面是形成社会或陶冶人格的养料或材料，一方面又是形成社会与陶冶人格的理想或目的。文化是材料，是将过去的文化来激刺儿童，使儿童发生反应，从而发展完满的人格与形成最好的社会；文化是目的，是将过去的文化传递于现在的儿童与社会，再从而创造未来的更丰富的文化。斯普兰格（Spranger）说，文化是生命的产物；鲍尔生（Paulsen）说，教育的功用在使前一代人将理想中的文化产业或人类历史的生活内容传授于后一代人。根据此种思潮，教育历程就是文化传递与创造的历程。

克欣斯泰来（Kerschensteiner）的劳作教育思想与以上各家大同小异，其目的仍是理想社会的形成与自由人格的陶冶，所不同的是此种形成与陶冶集中在公民的训练，而其方法为劳作——借劳作养成个人职业能力，以为社会国家谋福利。

总括上述各点知德国教育思潮是两面的：一面是人生（人格与社会）的发展，一面是文化的传递与创造。但文化是人生的产物，是人生客观的存在，是与人生二而一者。此种人生发展与文化创造的理想即人文主义，故德国最重要的教育思潮是人文主义，是指导现在德国社会与教育改造的人文主义，正如亚力山大教授所说：

> 德国今日的教育目的是发展每一儿童的人格，而此人格，由儿童对于其自身来源、义务与权利的感觉，与社会密切的联系；但在必须独立与独断时，则又能多少自由，而不受团体的束缚。①

（二）英国的个人主义　英人与德人性情相反，最重实行，而轻理论。凡事先行而后言，行得通，然后加以理论上的说明，否则掉头不顾。故教育思潮的发展在英国较为简单：总其派别，有亚当密士（Adams）的唯用主义，龙恩（Nunn）的自然主义，芬德雷（Findley）的唯心主义，然各派有一共同理想，即个人主义，其内容可撮述于下二点。

1. 个人的发展　教育的目的是发展个人，这是各派一致的主张。唯用主义者说，教育目的是自我的实现，教育作用是教育者促进被教育者的自我实现。自然主义者说，教育目的是个性的发展，教育作用是为个人获得自由活动的条件，而供其个性发展。唯心主义者说，教育目的是人类精神的培养，而人类精神

---

① Alexander and Parker, The New Education in Germany p.358.

就是自我或内在生活,培养就是自觉或自我实现。他们何以有此一致的主张?这就因为他们均认人生的理想在有个"我";这个"我",无论其为"力组(An organized set of force)"(亚当密士),或为"个性(Individuality)"(龙恩),或为"内在生活(Inner Life)"(芬德雷),虽各人的解释不同,而公认为人生的至善则一。"我"既是人生的至善,所以也就是人生的理想,所以也就是教育的目的。

2. 社会的形成　个人的发展就是社会的形成,社会化就是个性化。社会情形供给个性发展的条件,个性活动构成社会行为的元素:社会与个人二者是不可分离的。二者虽不可分离,但教育必须从具体的个人入手,而以社会条件为辅助的方法,迨个人完全发展,则社会自亦形成。

个人主义的教育思潮是英国历史的产物,是英国民族爱好自由特性的表现,其代表英国过去的教育精神与英国将来的教育趋势是无须再加说明的。不过英国十五年来的教育实施,在工党及混合政府之下,确想转向社会民主主义的路上去,故个人主义或不如过去之甚。

（三）美国的民主主义　美国虽如英国,着重实际,然不似英国之甚,加以其民族的复杂、文化的错综、思想的纷纭,故教育思潮亦殊繁赜,如马丁(Martin)等的人文主义、何恩(Honr)等的唯心主义、奥夏(O'shea)的适应主义、杜威的民主主义等。而其中最有影响而又颇能代表美国教育思潮的是民主主义,其中心思想可扼要撮述于下列二点。

1. 民主社会的实现　理想社会的形成是许多派别所公认的教育目的,但何种社会方是理想的社会。杜威对于此问题,坚决的主张,只有民主的社会方是理想的社会。何谓民主的社会?他说,民主社会有两种特征:第一,团体中繁赜利益的分润与认识;第二,团体间充分自由的交通与社会习惯的改变。第一特征的意思是说,社会由若干团体(如家庭、学校、职业行会、学术会社等)组成,而这许多团体内部的生活必须丰富,利益必须浓厚,而此生活与利益又必须所有分子均能共同参加与享受,又均能互相认识与尊重,果然如此,则团体生活自然发达而有趣,自然继续而持久。第二特征的意思是说,各团体之间时相接触,各个分子自由往来,然后各种不同的生活可以互相影响,然后社会习惯遂由此而改变,若能如此,则社会的阶级壁垒自然打破,民族的错误成见自然消灭。此二种特征所表现的社会是进步的与大同的社会,是杜威所谓民主的社会,教育的目的就在此种社会的实现。

2. 职业教育的实施　民主的社会如何可以实现?杜威说,只有实施职业教育。但杜威所谓职业教育与普通所谓职业教育是有别的：普通所谓职业教育多指生计教育或生产教育，是狭义的；杜威所谓职业教育是指生活教育，或指指导人生活动，而使之益人利己的教育，是广义的。所以职业教育的范围必须包括两方面：一方面为一般能力（如美术能力、科学能力、公民效率等）的发展，他方面为专业能力的发展；一般能力是人人所同具的，专业能力则为依各人兴趣而独具的。只有此种教育始能充分发展个人的特长，为社会服务；也只有此种教育始能固结人群，以打破阶级。换言之，只有此种教育始能实现民主的社会。

民主主义的教育思潮不仅影响美国，且影响世界，有如杜兰博士所说："凡进步之教师莫不承认其领导资格，而美国学校恐无一不受其影响。吾人且见其随处活动，从事于全世界学校之改造。既居中国二年，向教师讲演教育之改进，复向土耳其政府作一改组全国学校之报告。"①

（四）法国的唯理社会主义 法国自拿破仑第三以后，不仅教育制度划一，就是教育思想也大概一致。此一致的思想经涂尔干（Durkheim）的研究，予以科学化与社会化，构成其唯理的社会主义。其内容可归纳为下列二点。

1. 现代问题的解决 现代的问题不在政治或经济，而在道德：因为"道德的变动至今日而极"，"道德的崩坏无有逾于此时"，"故道德教育问题之急求解决亦至今日而极"，"故道德教育亦达一最危急时期"。然现代问题的解决绝非过去宗教的道德所能为力，而须一种唯理的或科学的道德来代替。所谓唯理的或科学的道德是以"科学的结果，证明世界事物实彼此凭借一种唯理的关系（合于人类理性的关系——作者）来结合，我们大有希望发现这种唯理的关系"。但何以必须用唯理的道德来代替宗教的道德呢？因为宗教的道德是重在对神的，是为上帝的光荣而牺牲，为已成的典礼而皈依；是神秘的，是超越人类理智的。唯理的道德则是重在对人的，是为邻里的关系而敬爱，为共同的生活而互助；是实在的，是合于人类理性的。现代的人心不能再用神秘的道德来维持，故现代问题的解决在提倡实际的道德，在实施唯理的道德教育。②

2. 道德教育的实施 何谓唯理的道德教育？扼要地说，是训练儿童纪律与牺牲的精神，使消极的遵守义务与服从权威，积极的委身社会与追求至善。因为共同的生活既不能有缺少相互的义务而须彼此自动遵守，又不能缺乏一种权

---

① Durant, W. The Story of Philosophy, p.56.
② 崔载阳译：《道德教育论》，三一七页。

威来规定与维持义务,使大家服从;因为社会是个人的源泉(即个人是社会的产物)与归宿(即社会是个人的总汇),故人生至善就在使个人与社会打成一片(或杀生成仁,或舍身取义),这就是纪律与牺牲的精神,也就是道德教育的目的。这种道德观是建筑在科学基础上面的,例如纪律,具有自然科学的基础:即凡有机的组织,无论为个人或为社会,均须各部分有平衡的发展与节制的运用,过与不及均可妨害组织的生存。而此种平衡与节制就是生物的定律,也就是社会的纪律。

唯理社会主义的教育思潮,影响法国教育最深,而同时也正说明法国教育的过去精神与未来趋势,这可从下面一段话中看出来:

> 涂氏为法国波都大学教授者凡十年,更为巴黎大学教授者十余年,他影响于法国教育界如是其深远,法国近代教育学者实无与伦比。法国教育制度素著齐一集中,而教师对于儿童至今犹主严厉干涉:他们的学理根据究竟在什么地方呢?我们可于涂氏教育学说中得之![1]

(五)俄国的唯物社会主义 不用说,俄国是唯物社会主义的实验室,在此实验室中的一切均须"赤化",而教育思潮当然不能例外。于是,丙克微支(Pinkevitch)就挺身而出,肩负此"赤化"的重任,写成他的《苏俄新教育》,故俄国的教育趋势很容易从此书中明了,其内容核心如下。

1. **共产社会的实现** 现代问题不在道德的崩坏,而在劳资阶级的对立,故现代问题的解决也不在道德革命而在社会革命或阶级的打破。因此,政治革命、经济革命与教育革命均须集中于阶级的打破,使社会中没有两个对立的营垒,也没有一切的不平与罪恶。换言之,就是共产社会的实现。故共产的社会是唯物社会主义者心目中的理想社会,也是他们心目中的教育目的。

2. **劳动教育的实施** 共产社会的实现不能专恃政治革命与经济革命,必须教育革命去完成,而完成的方法是实施劳动教育。其目的在培养为无产阶级而斗争的人才,为共产社会而生产的人才,其方法则为劳动,以劳动去开辟自然,以劳动去创造社会,劳动为共产社会生活的中心,也为苏俄学校活动的枢纽。

苏俄今日离共产社会的实现尚远,但苏俄此后的教育趋势将依此教育理想进行,是必然的,也是无须引证的。

---

[1] 崔载阳译:《道德教育论》,译序,四页。

(六) 意国的唯心民族主义　　意国的民族复兴运动必须借教育的力量去完成,是无可疑的,于是墨索里尼的法西主义之政治思想与真谛尔(Gentile)的唯心主义之教育哲学结婚,孕育一种唯心的民族主义之教育思潮,以指导现在的复兴教育。其要旨可归纳于下列两点。

1. 民族的复兴　　法西主义的产生是有意大利全部历史作背景的,如果没有过去光明的历史,使人怀想,则复兴的精神不会奋发的;如果没有近代黑暗的情形,使人苦痛,则复兴的运动不会激起的。故光明与黑暗交织成的法西主义是在恢复民族过去的光荣,以解除民族现在的苦痛;故法西主义的教育目的就在民族的复兴。惟此种复兴运动,不是留恋着现实的唯实主义所能奏效的,因为意国改造前夕的现实是腐败颓废到无可留恋的。反之,复兴运动是要超越现实的唯心主义始能有为的;因为只有唯心主义始能振作精神与抛开现实,回顾民族过去的光荣与前瞻民族未来的希望。此法西主义之所以必须与唯心主义结婚,而真谛尔乃由一唯心主义的教育思想者一变而为黑衫宰相下的教育部长,殊非偶然。

2. 精神的转变　　如何凭借教育的力量去复兴民族?真谛尔说,最好是由精神的转变与道德的训练,因为"教育根本是道德的,决不可将教育限制在抽象的知识训练的范围之内。……假如学校的目的是取得自由,就应当以统一为我们的目的,教育是自由精神的转变。"①

精神的转变是墨氏所赞成的,但自由的精神则非墨氏所能无条件的许可;故彼坚决的主张以权威、责任与纪律来代替自由,以整个民族的自由来代替个人的自由。此墨氏所以宣言:

　　最高之伦理价值不基于自由,而在于特出之责任;自由非天禀之权利,自由乃国家赋与之也。②

意大利十年来的教育设施即根据上述两点进行,现在已见成效,故将来的教育趋势,如党政无大变动,亦不至有何更改也。

上述六国的教育思潮,各有其特殊之点,亦同有其吻合之处。其特殊之点为德国的着重人生与文化,英国的着重个人与自由,美国的着重平等与职业,法

---

① 瞿世英:《教育哲学 ABC》,五八页。
② 曾作忠:《意大利新教育》(未刊稿),六页。

国的着重理智与道德,俄国的着重劳动与生产,意国的着重民族与精神;其吻合之处则为大多着重社会与科学。德国与美国的教育思潮虽似兼顾个人与社会,然终究归到文化的价值与民主的社会;法国与意国的教育思潮均直接着重道德,间接即着重社会;俄国的教育思潮着重劳动,全在认劳动为创造理想社会的唯一方法。故除英国外,其余各国均以社会为重;即英国的个人主义现亦转向社会主义,尤证现代教育思潮的趋于社会方面。英国个人主义派别中最精辟的当推龙恩的自然主义,而其思想即根本依据生物学;美国的民主主义是实验精神与科学方法的产物,更用不着说明;法国的唯理道德主张亦全部建筑于科学的基础上,俄国的唯物社会主义自然是基于科学的马克思主义;故多数国家的教育思潮均着重科学。各国教育思潮的特点在适应各国的特殊需要,因为各国过去历史与现在情形不同,必须设法适应。各国教育思潮的同点是适应世界的普通需要,因为二十世纪是大社会生活与科学的时代,是须以整个社会或民族为单位,以实证科学为方法去生存的时代。故处今日之世,欲图生存,须一方面适应世界的潮流,采取社会的与科学的态度;另一方面须适应本国的需要,采取一特殊的社会与科学态度。关于此点,请待下节详论之。

三、中国教育改造

中国教育的改造,从现代教育思潮的研究所得的参证,可采取下述的南针:

(一)新道德的训练 现代的人心固不能再用西洋神秘的道德来维持,也不能再用中国家族的道德来维持。神秘的道德固超越理智,而不合现实;家族的道德亦违反理智,而不合现实。故中国的道德教育须有一种新的内容,不可仍陷于"绝人欲归天理"或"修身保家",必须将家族的伦理扩充到社会的道德,提倡下列诸事:

1. **精诚的精神** 关于"诚"字,中国儒家虽然发挥得非常地透彻,然实际上确未做到;不仅未能做到,自宋儒曲解以后,且与原意相反;影响所及,社会流于虚伪;今日的中国社会更整个建筑于虚伪的基础上。这等于一座房屋建筑在沙土上,无须狂风暴雨的侵袭,就会全部崩坏。故中国社会的改造,须从此种基础着手;否则片瓦寸木的补葺,难免徒劳无功。

何谓精诚?曰"诚实无妄""择善固执""心地纯洁""人格一致"或"身体力

行"。何以必须精诚？曰"精诚是共同生活最需要的条件"，如孔子所谓"自古皆有死,民无信不立",因为共同生活最需要互相信赖,能互相信赖,然后能通力合作,以营一切社会的生活。但信赖不是轻信,不是依赖；必须先自判断,然后择其善者坚持到底,如《中庸》所谓"诚之者择善而固执之也"。惟独立判断,善恶抉择,殊非易事,如心有所蔽或情有所私,尤其为难。故心地必须纯洁,然后清明,然后是非可定,如荀子将心比水,谓"心亦如是矣,故导之以理,养之以清,物莫之倾,则足以定是非,决嫌疑矣"。心地纯洁是内部精诚,其表现于外部的是人格一致,或扩充到宇宙一致,如孟子所谓"万物皆备于我矣；反身而诚,乐莫大焉"。但无论为人格的一致或万物的一体,其表现于外,必由实践或身体力行,如孔子所谓"知耻近乎勇,力行近乎仁"。故精诚的精神,说得浅近一点,是真实无妄与择善固执；说得深远一点,是人格一致与万物一体。但无论说法如何,其关键在心地纯洁与身体力行；心地纯洁是精诚的起点,身体力行是精诚的终点。中国旧道德的不合现实就在此关键的腐蚀：心地既临于私情,则不能清明纯洁；行为既流于狭隘,则未能身体力行,其结果至多亦不过作到修身齐家而止,所谓治国平天下就谈不到了。

精诚精神的训练可分消极与积极二方面：消极方面在保存儿童赤子之心,不使习染现今社会的虚伪；积极方面在发展儿童诚实之习,使养成思、欲、云、为上的真纯。赤子之心乃儿童天赋,如中国成年不以虚伪相染,则儿童此心纯洁,无私无蔽。心地既纯洁,然后容易养成各种诚实之习。有所思则必使其根据事实；有所欲,则必使其吐露真情；有所云,则必使其"言必由衷"；有所为,则必使其"脚踏实地"。果能如此,则一致的人格,或与社会、宇宙一体的人格皆可产生。

2. 至善的精神　精诚是择善固执与身体力行,但所择的善究竟如何？所体行的又为何事？儒家必曰"中庸"或"中和"。这是中国数千年来所认为至善的理想,此理想也确曾指导中国过去的生活；将民族性薰陶得绕指般的温柔或绵羊般的和顺,使大家继续着安土重迁的农业生活。但现代世界各国的生活多为工业的,生活方法多为科学的。科学的发达与工业的发展使各民族的态度均积极化,均从顺应而趋于征服,均从自然的征服而趋于民族的征服；积极化的态度所采择的至善也是科学的与工业的,是科学原理所证实的与工业生活所需要的道德元素。这就是纪律与牺牲二种精神；此二种精神其实是一种精神的两面,可概称为至善的精神：纪律精神是偏于消极的行为约制与生活调节,是维持社会秩序的道德元素；牺牲精神是偏于积极的行为表现与生活扩充,是推动社会前进的道德元素。如一个社会有纪律精神,而无牺牲精神,则此社会将成为秩序固定的机械,而无发展的生气;有牺牲精神,而无纪律精神,则又成为动荡不定的事态,而无调整的可能。

中国儒家言礼,言絜矩之道,重在节欲(礼以节欲)与持己(方正自持),就不免偏于纪律;再补以乐,重在制情(乐以道乐),仍偏于纪律精神。墨家言兼爱,言损己利人(摩顶放踵利天下),就不免偏于牺牲。此不仅"其道太苦",非常人所能堪,亦且背于人生能力有限而必须调节之义。故中国新道德教育必须根据现代生活的需要采择纪律与牺牲二种精神,为人生至善的理想。

3. **民族的精神** 中国新道德必须社会化与科学化,在讨论精诚与至善二种精神时已连带说及。惟社会化究指何种社会单位? 这在理想上应当指全体人类社会,方无流蔽。然就中国情形与世界局势而论,则吾人不能不暂以民族为单位,因中国社会的改造既宜于从书轨相同与特性相近的民族下手,又宜于由家族制度而趋于民族制度,故民族的精神应当构成中国新道德的一成分。何谓民族精神? 即一本至诚,遵守纪律,尽量牺牲,为全中华民族的生存而奋斗的精神;惟有此种精神,能使中国民族从他民族环攻的局势中解救出来;亦惟有此种精神,能使中国复杂的民族互相信赖,精诚团结,以争得民族的生存。

(二) 新智识的培养 中国教育改造的第二方针是培养新的智识,亦即培养科学与劳动的智识;此类智识素为中国文化所缺乏,亦为西洋文化所特长;宜急起直追,迎头赶上。

1. **科学的智识** 何谓科学的智识? 简单地说,是一切学术的研究与实际的行动,须根据科学的精神与法则,亦即以实物为对象,以实验为方法,以实用与求真为目的之谓。分拆点说,研究对象或材料为宇宙、自然界、社会状况等实在事物,而不是书本、意见等抽象事物;研究方法为观察、试验、实习等归纳证验,而不是阅读、内省等演绎揣想;研究目的为客观的真理与学术的应用,而不是主观的是非与心性的修养。只有此种科学的智识方能发生有用与智慧的行动:自然的了解与物力的控制,机械的发明与生产的增加,人事的处理与社会的改造,均须此种智识,而中国所急于需要的也是此种智识。

2. **劳动的智识** 科学的智识可以生产,但必须以劳动为媒介,将智识运用到工具的制造(生产器具)与工具的运用(生产技能),故手脑并用与感官经验实为制造工具与使用工具所必需,亦即为生产所必需。再劳动的重要不仅在生产,也在身体的锻炼与感官的发展,身体健康与感官发展也就是智识的发达;因感官的锐利自然影响到神经的灵敏,身体的强健自然影响到心灵的健全也。

(三) 新民族的生育 中国教育改造的第三方针是民族体质的培植,是生育新的民族,亦即生产与养育良好的民族:前者关于优生,后者关于优育,兹撮要分述于下。

1. 优生的民族 德国、意国等对于优生政策的实施,确是中国社会改造的好榜样,因中国民族的遗传有加以选择的必要。教育虽不能执行国家的优生政策,然可说明优生的原理,使国人自动的努力,正如自由主义的女教育家爱伦凯所说:"故由纯洁健全的男女之结合而产生优秀子女的优生学原理,实为达到理想的教育之第一步。"关于优生的要点,此处不能详论,略举要目:如配偶的选择,宜以健康为第一标准,以种族的生存为大前提;生育的原则宜为重质不重量,宜实行节制。

2. 优育的民族 先天的遗传必须辅以后天的养育,然后体质的培植方能完成。此可注重两方面:一是儿童养护的适宜,如营养适当,保护周到等是;二是青年锻炼的严格,如体育、军训等是。①

上述三点可归纳为一普遍的概念,曰"适应的民族教育",亦即维新中国文化,改造民族特性,以适合人生需要与应付环境变迁,而求得民族的生存;亦即复兴中华民族,以获得民族生命的延续。

四、结 论

中国的局势确似意大利:今日衰败的情形与十年前的意大利相仿佛,过去光荣的历史亦与意大利相伯仲:所不同者是中国历史的更为悠久,文化的更为错综,民族的更为复杂,疆土的更为扩大。换言之,意大利是具体而微的中国,而中国则是放大的意大利。惟其如此,故中国局势的转变与教育的改造须多数更有力者负之而趋,须少数精神伟大者挟之以走;前扑后继,百折不挠,此志未遂,死生以之。果能如是,则民族的复兴虽不能期之十年,然期之二十年、三十年甚至五十年可也。

(刊见 1934 年《大上海教育》第 1 卷第 10 期)

---

① 陈科美:《救亡教育的根本方针》(大夏大学教育学院《教育建设》,第五集。

中国教育宗旨及实施方针之商榷

一、教育宗旨及实施方针的需要

　　一国教育之有宗旨,正同人类教育之有目的一样;教育获此南针,然后教育的设施方有定向,教育的效果始能预期。不过人类的教育,并非从来就有目的。初民社会,生活简单,教育就是生活,另外并无目的。待社会进步,生活复杂,生活智能的需要繁夥,必须有计划、有指导的训练始能培养:于是,教育始有目的,而教育的目的又往往随社会的进化而有变迁。人类的教育如此,国家的教育亦然。世界各国的教育,最初亦无宗旨的规定;待国家发展,事业发达,国家所需要的人才,必须有计划、有指导的训练,始能养成。于是,一国教育的设施,首先明定宗旨,再订方针;然后依此进行,以养成所需要的人才。所以现代国家,有将教育宗旨,明定于立国宪法之中,以昭慎重;或者另外厘订,列入教育法规之内,以专责成;甚至将教育宗旨更加具体化,提出若干条实施的方针,以便推行。所以教育宗旨及实施方针的厘订,是现代国家所必需。如中国欲求现代化,则教育宗旨及实施方针的厘订也是必需的。

二、中国教育宗旨的沿革

　　中国几千年来的旧教育,并无明定的教育宗旨,但有儒家所倡导的教育目的,此目的即明伦。中国教育之有宗旨,是始于清末新教育实施之后。光绪三十二年三月,学部奏请宣布教育宗旨,为"忠君,尊孔,尚公,尚武,尚实"。当时的教育当局(学部)颇明了教育宗旨的性质与规定方法,这在奏折中说得非常清楚,如:

若欲审度宗旨,以定趣向,自必深察国势民风,强弱贫富之故;而后能涤除陋习,造就全国之民。

忠君,尊孔,中国政教之所固有,而亟宜发明,以拒异说者;尚公,尚实,中国民质之所最缺,而亟宜箴砭,以图振起者。

前一段说明教育宗旨的性质,是定教育的趋向;后一段指出规定宗旨的方法,是依国家的需要;至所规定教育宗旨的内容,能否定教育的趋向以及是否合于国家的需要,又当别论。

民国成立,政体变更,一切改观,教育宗旨亦随而重订;故元年九月教育部公布,中国教育宗旨为:"注重道德教育,以实利教育、军国民教育辅之;更以美感教育,完成其道德。"

此一宗旨将忠君、尊孔废去,将尚武、尚实保留,尚公则包括于道德教育之中;且增加美感教育一项,以完成道德教育。民国四年,政局又起变化,教育宗旨亦随之而改为:"爱国,尚武,崇实,法孔孟,重自治,戒贪争,戒躁进。"

民国八年,以欧战之后,厌战思想及民主思想盛行;乃废除军国民教育宗旨,改为"养成健全人格,发展共和精神"。民国十八年,国民政府定都南京,又改为:"中华民国之教育宗旨,根据三民主义,以充实人民生活,扶植社会生存,发展国民生计,延续民族生命为目的;务期民族独立,民权普遍,民生发展,以促进世界于大同。"

民国二十六年,国民政府拟实施宪政,起草宪法,其中规定:"中华民国之教育宗旨在发扬民族精神,培养国民道德,训练自治能力,增进生活智能,以造成健全国民。"

但宪政未行,战事发生,一切搁置;直至胜利之后,旧事重提,于民国三十六年,召集国民代表大会,通过中华民国宪法。此宪法之中并无教育宗旨的规定,仅于基本国策章(第十三章)教育文化节(第五节)中,订有十条与教育文化有关事项。其第一条(即第一百五十八条)略示中国教育文化的内容,其文为:

教育文化,应发展国民之民族精神,自治精神,国民道德,健全体格,与科学及生活智能。

由于上面历史的考察,关于中国教育宗旨者,有三点可供研究教育者的参考:

（一）中国教育之有宗旨始于清末新教育实施之后；

（二）中国教育宗旨，自清末迄今，曾经五度的正式修改；

（三）现今国家大法中并无教育宗旨的规定，其所着重者为人民之教育文化上的权利与国家之教育文化上的义务。

三、中国教育宗旨的商榷

由前所论，可知一国的教育，应有明定的宗旨；而过去明定的教育宗旨迄无一定，纯至现今教育宗旨尚付阙如：这是中国教育上的一个大矛盾，也是中国教育上的一种混乱现象。为求打破此一矛盾与澄清此一混乱现象，教育部拟于明春开全国教育会议时，提出中国教育宗旨如何规定的问题，并于最近通函全国教育学者、教育机关等，征求意见，作为提案的准备。兹就个人管见所及，提出下述意见，以资商榷。

（一）教育宗旨规定的原则。教育宗旨的规定，应有一种准绳；否则时订时改，不仅不能指导教育的实施，甚至增加教育实施的紊乱。教育实施紊乱，教育效果难期，此五十年来的教育之所以受人疵议者，此亦其原因之一，故兹提出下列二原则。

一、文字须简明适当。教育宗旨既系全部教育目的的陈述，则措辞必须言简意赅，而又性质适合：所谓言简意赅，就是在数语之中，能将一国教育应着重之点包括，而不至支离破碎。所谓性质适合，就是陈述各点，确有教育的特殊性，而不能移花接木，用于其他方面。例如民国四年所订的教育宗旨："爱国，尚武，崇实，法孔孟，重自治，戒贪争，戒躁进"，就不免支离破碎的毛病；而民国十八年的教育宗旨："中华民国之教育宗旨，根据三民主义，以充实人民生活……以促进世界于大同"，就不免缺乏教育的特殊性，可以作为教育的宗旨，亦可以作为政治的或经济的宗旨。反之，民国二十六年宪草中所订的教育宗旨，既颇简明，亦较适当：如"民族精神""自治能力"等要点，均简单明了；而"发扬""培养""训练"等方法，又确具教育的性质。

二、内容须切合需要。一时代的教育宗旨应切合该时代的需要，一国家的教育宗旨也应当切合该国家的需要。现在中国所需要者为何，则教育宗旨应根据此需要而规定之。例如中国现在欲求生存最需要者为整个民族的觉悟与团结，而整个民族的觉悟与团结，又最需要民族的精神，所以民族精神的发扬，是中国教育宗旨中万不可缺少的。又如中国此后欲图发展最需要者为全体人民的参加与勤力，而全体人民的参加与勤力又最需要自治能力，所以自治能力的训练是中国教育宗旨中万不可缺少的。更如中国今后欲谋建设，最需要者为实业的振兴与生产的增加，而振兴实业与增加生产又最需要工艺（可包科学与技术）的智识与技能，所以工艺智能的训练又是中国教育宗旨中万不可缺少的。此外尚有一种需要，过去教育宗旨屡经明订，而民国八年后反被忽略，那就是国防教育；但吾人鉴于现在国家环境的险恶与国际局势的混乱，深切感觉国防的重要；而国防的基础就在人民具有国防的智能，所以军事智能的训练确是中国教育宗旨中万万不可缺少的。至于国民道德一点含义既然笼统，不免见仁见智；而公民教育又可包括，无须订入教育宗旨中。他如体格锻炼，可订于体育目标之中；亦如审美教育，可订于美育目标之中。总之，普通之所谓五育——德、智、体、美、群，均可另订实施方针或教育目标，使教育宗旨更具体化；而教育宗旨则仅就最切合国家需要者举出，俾全国从事教育者之心目中有一共同的南针，而知勤力的方向。

（二）**中国教育宗旨的内容**。依上原则，笔者不敏，敬提出中国教育宗旨的条文如下：

中华民国之教育宗旨在发扬民族精神，培养自治能力，训练工艺与军事智能，以造成健全国民而促进大同世界。

此教育宗旨的内容，笔者认为最合于中国国家的需要；因为中国现在所最需要的是和平时期能参加建设与战争时期能防卫国家的人民：只有此种人民，才能维护中国民族的生存；也只有此种人民，才能完成现代国家的建设；更只有此种人民，才能保持世界的和平及促进世界的大同。

四、中国教育实施方针的商榷

中国教育实施方针，过去亦有规定。例如民国十八年议定教育宗旨时，即定有实施方针八条：此八条对于普通教育、社会教育、大学与专门教育、师范教育、女子教育、体育，均分别提出其应注重之点；而以三民主义之教学冠其首，以农业推广殿其后，颇能补教育宗旨的普泛与空洞之病。民国三十六年所通过的中华民国宪法，则仅着重教育文化上的权利与义务，并未提及实施方针，故教育部亦拟于明春开会时，加以补充。兹亦就个人所见，略论于后。

前已述及，教育实施方针的订定，在使教育宗旨具体化，以便推行，故教育实施方针应根据教育宗旨来规定：兹即依此，提出下列五条，以资商榷。

中国教育之实施须遵照下列之方针：

一、为发扬民族精神，须培养民族情绪，唤起民族意识，及提高民族自信。

二、为培养自治能力，须发展公平自由之观念，训练规律生活之习惯，及养成守法护法之态度。

三、为训练工艺智能，须多设各级职业学校、各种专科学校及研究室、实验室、图书馆等，以养成劳动习惯、训练生产技术及传播科学知识。

四、为训练军事智能，须采用童军训练与军事训练，以锻炼坚强体魄，灌输国防常识及训练国防技术。

五、各级学校教育、各种学校教育及社会教育之设施，须依照上定方针，就其固有性质，权其需要缓急，订立目标，制成计划，切实进行。

上举五条方针，如欲详加说明，必然涉及教育目标、课程标准、学校制度等，决非此文所能包括，容当另草数篇论之。

五、结　　语

一国教育的实施，必有宗旨，以为南针。中国教育，过去虽有宗旨，乃以更改太多，有南针亦几等于无。最近所颁布的中华民国宪法，既无教育专章，亦无教育宗旨，自应加以补充。惟补充之道亦殊不易；如补充不得其法，则又不免朝令夕改，徒滋纷扰。此文所提教育宗旨及实施方针，虽系一得之愚，然亦经过多年的观察与考虑，且曾数次为文论之，故此一得之愚，亦甚望能得到全国教育界与教育当局注意与商讨，或于中国教育实施的前途不无刍荛之献。

（刊见 1948 年《申论》第 2 卷第 12 期）

中国大学教育的根本使命与改造途径

一、中国大学教育改造的起点

近年来的舆论对于大学教育的改造，有不少的讨论，而实际上大学教育又确有多少的改进：这是极可喜的一件事。但目击现在大学的情形与检讨过去大学教育的理论，仍感改进之处尚多困难，而改造的理论亦欠明显，有根本考虑的必要。

在两年前，上海各大学教授对于中国大学教育，作如下的宣言：

> 大学教育上腐败的情形较中小学教育为尤甚。大学校的设备残缺不完；大学校的课程杂乱无章；学校管理敷衍塞责；学生程度参差不齐：这些是有目共睹的事实。……三十年来中国的教育制度造就了目前混乱纷扰的社会，目前的大学教育又在培养继续混乱纷扰的人才。中国教育——特别是大学教育——的改进的确是目前万分严重的问题。(《上海各大学教授协会宣言》)

但在别方面的人并不如此悲观；例如国联教育考察团代表许多中国教育家，作如下的报告：

> 近二十年来，中国大学教育之发达，异常迅速。即观察最肤浅之人，一睹大学教育对于中国上层阶级人民生活及思想之影响，亦不得不为之惊异也。许多著名学者，系在中国大学，受其高等教育之一部或全部，又转而教授于此等大学；即中央与地方机关之办事人，以及中等学校之教师，二者均为主要职业——大半亦系此等大学出身。大学对于促进知识之贡献，在数

种学问上,实已可观。故谓近代之中国,大都为其大学之产物,其趋势且日益增加,实非过言。(《中国教育之改进》一五八页)

平心而论,此两种观察均有是处:前者着重中国大学教育的黑暗方面,后者着重中国大学教育的光明方面;如果将两方面合而观之,必更完全而公允。但合观的结果,究竟乐观的成分少,而悲观的成分多。此不仅从事大学教育者所可证实,即国联教育考察团也曾承认,而有如下的报告:

> 青年一入大学,即成特殊阶级之一员,对于本国大众生活,茫然不知,对于大众生活之改进,毫无贡献之可言。及其毕业出校而在中等学校任教也(有许多大学毕业生均如此),仍以彼等所特有之肤浅与自负之同样错误灌输于学生脑海中。(《中国教育之改进》一七五页)

故吾人对于中国大学教育未敢乐观,乃事实使然,非欲无病呻吟或危言耸听;不过改进的责任不是教育部所能单独肩负的,更不是大学校长或大学教授所能一手包办的,而是凡与大学教育有关的各方面所必须公共努力的,而努力的起点就在认清大学教育的根本使命。

二、大学教育的根本使命

为什么认清大学教育的根本使命是中国大学教育改造的起点?因为一种事业的使命是其一切进行的南针,大家共同努力的标的。若此南针不先认明,则一切设施难免错误;若此标的不先看清,则共同努力无从下手。试观今日中国大学教育的腐败,未尝不由于各方面的认识大相径庭,各方面的希望常相背驰,遂致全国大学教育难定整个的计划,办理大学教育者难有一贯的精神,受大学教育者缺乏严格的训练。例如中国社会人士,对于大学的功用,确有下列极不一致的看法:

一、大学是准备子弟显亲扬名与升官发财的;
二、大学是养成特殊阶级分子与继续特殊阶级权利的;

三、大学是专门研究学问的；

四、大学是训练高等职业的。

又如办理大学的人士,对于大学的功用,另有下列不一致的说法:

一、大学宗旨在"陶冶新旧文化";

二、大学宗旨在"主张正义,维持人格教育";

三、大学宗旨在"以职业训练为公众服务为职志";

四、大学宗旨在"造成一种贤明的领袖,而得服务于中国社会";

五、大学宗旨在"谋国民学问之独立,陶铸国民,蔚为国用。"(董任坚《大学教育论丛》一四至一六页)

以上仅举二类人士对于大学教育的认识,已驳杂如此;他如视大学为私人地盘,为党争工具,为谋利商店,为娱乐场所,为宣传机关,那更是混乱万分,离题万里。试问国人对于大学教育的认识既然如此,则大学教育焉得而不破碎、凌乱,甚至于贻害国家!

然则大学教育的根本使命究竟是什么？此可从大学的确实功用中明了。大学功用分析得正确而又扼要的有前哈佛大学校长爱理和,他长哈佛四十年,对于大学的功用,曾有专篇的讨论,其结论云:

大学有三种主要而直接的功用：第一,大学施教(指文化的与专业的学科之教授——作者);第二,大学以图书与标本的形式,多积后天而有系统的知识;第三,大学求真,换言之,就是积日累年,扩充旧的学问,寻求新的真理。(Charles W. Eliot, Educational Reform, p.225)

作者对于大学功用,曾作如下的分析:

一、普通能力的培养——继续初等学校与中等学校的培养,而更加完备。

二、领袖能力的培养——包含深远的洞察,博大的旷观,虚怀、公允、中和。

三、专业能力的培养——包含专业知识,专业技能,学术创造与欣赏,知识、技能与学术的保存。(陈科美《新教育学纲要》八五页)

其他分析可请董先生代表于下:

一、工具的功用——求知工具的改进。
二、文化的功用——世界文化的吸收与人格的改变。
三、职业的功用——职业的预备与训练。(《大学教育论丛》二八页)

以上三种分析均大同小异,可以概括起来。更具体点说,大学教育的功用在养成社会领袖、专门学者与专门职业者。换句话说,大学教育的功用在养成为社会尽力的人才。这句话的意思不是说,除此功用之外,大学别无功用,而是说,此乃大学的根本功用:因为社会领袖的培养当然是为社会的指导,而不是为个人的表现;学者的培养也是为探求真理,以改进社会,而不是为一己的娱乐;专业者的培养更是为社会的服务,而不是为自身的享受。如果社会领袖的培养是为个人的表现或个人的发展,而与社会指导无关;学者的培养是为一己的娱乐或求知欲望的满足,而与社会改进无关;专业者的培养是为自身的享受或身家生活的优裕,而与社会服务无关;则大学教育根本就无意义,大学根本就用不着由国家设立。但事实并不如此,大学教育最初就产生于实际生活的需要:西洋中世纪末叶第一个大学——沙隆诺(Salerno)——就产生于十字军运动;因为十字军运动跋涉万里,需要医药的设备,遂引起医药的研究,而产生注重医科的沙隆诺大学。故大学教育的功用根本就在社会生活的维持与扩充:因为生活的复杂与需要的繁夥,必须特殊人才的领导、改进与服务,然后始能适应生活与满足需要,然后始能维持生活与扩充社会;故大学的设立,根本就在养成尽力社会的人才。

大学教育的根本功用是专为社会的,则大学教育的根本使命必须是社会的或道德的,必须是社会精神或道德人格的修养:因为尽力社会的人才所根本需要的是为公的与牺牲的社会精神,是律己的与助人的道德人格,否则社会的领袖变成专制的魔王,专门的学者成为消费的禄蠹,专门的职业者化为剥削的专家。此就一般的社会而言,若就中国社会立论,则此社会的与道德的修养尤为重要:因为中国社会正在改造的过程中,特别需要少数的人才去指导多数的民众，而此少数的人才又必须具有为民众而牺牲的精神，具有自律甚严与助人不倦的人格；此种为公牺牲的精神是推动少数人才去改造社会的力量，此种自律助人的人格是构成少数人才去改造社会的资格；有此力量与资格，然后有社会改造的可能，然后大学所培养的干才、知识、技能亦均可各尽其用。如其不然；则"青年一入大学，即成特殊阶级之一员，对于本国大众生活，茫然不知，对于大众生活之改进，毫无贡献之可言"，则中国根本就用不着设立大学。

由上所言，可知一国大学教育若充满社会的精神与形成道德的人格，则可造就尽力社会的领袖、学者与专业者，否则制造侵害社会的魔王、禄蠹与剥削者：故大学教育可以福利社会，亦可以毒害社会，其关键全在此社会的与道德的根本使命之认识与完成。善乎国联教育调查团之言曰：

> 大学之目的，亦与其他教育机关相同，即在训练学生以为将来生活之准备，且为某一社会生活之准备。学者及科学家固属重要，但大学之目的不专在养成此等人才，而在能造就通达事理急公好义之人，此辈青年既已养成互信、自制、容忍种种美德，及至成年，自能与他人合作，以谋公共之福利；且能各尽所能，各负其责，为国家服务。（《中国教育之改进》一八五页）

三、中国大学教育改造的途径

中国大学教育的改造，其起点在根本使命的认识，其途径则在根本使命的完成：但认识无误，则起点不差，而所循途径有完成使命的希望；若认识先误，起点已差，则所循途径决不能完成使命。中国大学教育所负的使命如何，所循的途径又如何？若如前节所分析的，社会人士均以为大学使命在准备子弟扬名显亲或升官发财，则中国大学决不能养成福利社会的人才；若教育当局均以为大学使命在研究学问或训练职业，则中国大学亦不能养成尽力社会的人才；故中国大学教育过去所负的使命或含有家族成见，或偏于学术主张，遂致认识错误，或认识不能完全。使命的认识如此，则循途径又如何？

> 实际情状，中国的大学教育机关已成合股谋利的商店；中国大学毕业文凭已成滥发贱兑的钞票。三十年来中国的教育制度，造成了目前混乱纷

扰的社会,目前的大学教育又在培养继续混乱纷扰的人才。(《上海各大学教授协会宣言》)

国联教育考察团亦云：

> 经验丰富之中国教育家,常一再对我等言及中国若干大学流行之现象,为学生缺乏训练,轻视师长,或反社会之态度,彼等叹惜此种现象之影响,不仅及于大学本身,即中国之政治、社会、生活亦受其害,且主张此种根本缺点,应即设法补救,否则其他教育改革,必难实现。(《中国教育之改进》一八五页)

"目前的大学教育又在培养继续混乱纷扰的人才""即中国之政治、社会、生活亦受其害",这确是经验丰富之谈。吾人每日批阅报纸,多少损人利己的行为,与卖国求荣的勾当,是受过大学教育者扮演出来的,只有知法者敢于犯法,医人者巧于杀人。在中国此种凋敝与竞争的环境中,如无社会精神与道德人格而又有高等知识与技术的人才,确是"如虎生翼",其害无穷！

中国大学教育所负的使命是家族的与学术的,所循的途径又是扰社会的与反社会的,则中国大学教育的改造思过半矣,兹分二方面述之。在使命方面,吾人必须认清大学教育是社会精神与道德人格的修养；社会人士必须打破其扬名显亲的家族成见,而代以为公牺牲的社会观念；教育当局必须改变其学者专家的学术主张,而着重律己助人的道德观点。在途径方面,关于普通能力、领袖能力、专业能力的培养,均须以社会精神与道德人格的修养为基础；关于目标的拟定、课程的组织、方法的运用、教授人选的,均须以社会精神与道德人格的修养为中心,此是中国大学教育改造的根本途径,亦是中国社会改造的一条大道。

社会的改造有赖于大学教育的改造,前面已经说得很多；但大学教育的改造是否亦须有赖社会的改造,迄未提及,然双方的影响是无法否认的。如中国政治不上轨道,生活无法安定,则大学教育的根本使命就无从完成,如戴氏所云：

> 迩年以来,教育界人士多困于环境,难舒抱负,渐习于一种浪漫不羁之风。所谓大学生,尤多一种悲观人世之思想趋势。(戴纾《不赞同改革教育

初步方案》,《大公报》)

对于大学与社会的相互影响说得更确切的是爱理和,他说:

> 一国的高等教育制度是反映国家历史与特性的明镜。而在一变动的国家,大学与整个社会的交互作用较之安定的国家更为锐敏而迅速。(Educational Reform p.35)

中国当此遽变的时期,大学与社会的交互作用当然更为敏锐:大学一有错误,立即影响社会,而发生无穷的敝害;反之,社会一经紊乱,立即影响大学,而引起各种的纠纷。故在此时期,教育当局固须极端谨慎,避免错误,不使学校毒害社会;而社会政治人士亦须极端自制,减少紊乱,不使社会搅扰学校;然后大学与社会互不相妨。此就消极方面说。若从积极方面看,大学良好,则社会改造可以迅速进行;反之,社会良好,则大学使命亦可以迅速完成:故双方必须同时努力,同时改造,始能收效。

四、结　　语

对于中国大学教育的改造,若作一根本的考虑,显有以下数点:第一,大学教育的根本使命是社会精神与道德人格的修养;第二,此根本使命的认识是中国大学教育改造的起点;第三,此根本使命的完成是中国大学教育改造的途径;第四,中国大学教育的改造必须各方面共同负责,必须学校与社会同时并进。果能如此,则不仅严重的大学教育问题得以解决,即危急的国难亦可以稍抒。甚愿全国人士注意及此,勿以大学为扬名显亲与升官发财之地,亦勿以大学为训练职业与研究学问之所,更勿以大学为私人地盘、党争工具、谋利商店、娱乐场所或宣传机关,而须视大学为造就社会改造人才之学府。

(刊见 1934 年《大学杂志》第 2 卷第 5 期)

第三辑　教育与抗战兴国

救亡教育的根本方针

一、引　　言

教育不是万能的,我们不必迷信;但教育也不是毫无意义的,更无庸轻视。教育自有它的相当的价值,也自有它的相当的力量,大家不必怀疑,也无须过于奢望。明了这一点,然后知道教育与国家存亡的关系:一国存亡不必全在教育,然也不必不在教育;我们救亡不必全赖教育,然而没有教育,是绝对不能成功的。

救亡方法很多,教育是其中重要的一种。救亡教育很复杂,研究起来很不容易,应当从三方面来探讨:第一,应当明了中国过去的历史,才知道现在情形的来由;第二,应当明了中国现在的背景,才知道现在社会的需要;第三,应当明了世界的潮流,才知道环境的趋势。然后方才可以见到中国存亡的关键,然后方才可以设法开启此关键。此处所讨论的仅是此种探讨的一部分,仅是救亡教育的根本方针;即此一部分或者还不完全,还需要修正,这只好待诸异日。

二、人类生存的根本条件

中国人不是单独生存在这一个世界,他们是全世界人类的一部分;想明了中国人究竟如何才能生存,必须先明了全体人类究竟如何才能生存;换句话说,想知道中国人生存的根本条件,应先知道全体人类生存的根本条件。

人类生存的根本条件可用二字概括,就是"适应"。何谓适应,简单说,就是"合",就是达尔文所说的"适者生存"的意思。达尔文是西洋伟大的生物学家,他数十年研究的结论说,"凡生物能适应环境者生存,不能适应环境者不能生存"。举一个简单的例子:如草地上的昆虫——蚱蜢,它的翅膀是绿色的,它就合于生在绿色的草地上;在这绿色的环境中,它可以生存,可以避免仇敌的捕食;这种绿色叫做保护色,也可以称为适应色。再举一例:有一次我到花园散步,走过一棵树,瞧见一根树枝,和其他树枝有些两样;仔细一瞧,却是一只虫,它的形态和树枝相似,如不仔细辨认,无从瞧出;这也是适应环境的方法,可称为保护形或适应形。还有海鸥的翅膀特别长大,因为它要随着海船远飞,仰给于船上抛下来的食物,所以海鸥的长大翅膀也是它适应环境的一法,人类亦复如此。不过有的时候,不必将自己身体改变,以适应环境,而可改造环境,以适应自身需要:身冷时,不必长毛,可以制皮服;腹饥时,可以种稻自给;天雨时,可以造房屋:衣、食、住、行以至一切文化制度都可改造环境,以适合自己的需要。

适应的意义,再分析说,一方面是外部环境的应付;一方面是供给,是内部人生需要的供给。人类为甚么要应付外部的环境?不能应付它又怎样?第一层,外部环境是变迁的,是不断地改变的。这种变迁自然影响到人类的生活,如果人类生活不随着改变,就不能适合,就不能应付,而至于"落伍",而至于受环境的惩罚,甚至于受环境的淘汰。例如吾人日常生活,无在不受环境变迁的影响:气候变迁,吾人生活亦须改变;夏葛冬裘,夏扇冬炉,否则生病,甚至于死亡!第二层,环境是危险的,是随时随地乘隙伺机的,人生偶一不慎,就要发生危险。正好像在大马路过街,如不注意警察的红绿灯,随即可以发生性命的危险。这种危险表现得最清楚的时候,是野蛮社会时代:当时人类和禽兽住在一处,一走出土洞,就要给野兽吞噬了。所以人类的环境是变迁的和危险的,人类必须设法应付,然后才能生存,否则必归于淘汰或灭亡!

人生不完全是被动的,也是自动的;人生不仅有环境要应付,也有需要,要满足或供给。但人生为甚么要供给内部的需要?不供给它又怎样?第一层,需要是无限的,如不供给,则无限会变成有限,而至于消灭;如人生需要消灭,人生也就消灭。例如衣食住行。吾人坐人力车,不够快,要坐马车;马车还不够快,要坐汽车;汽车仍不够快,要乘飞机。这种需要是无限的,是要供给的;如不能够供给,需要就减少而至于消灭,人生就退化而至于无法生存。走跳不如狮兔,攀缘不如猿猴,将怎样应付环境而求生存?第二层,需要是多方面的,如不供给,则多方需要变成单纯;如人生需要单纯,则人生不能完全发展。例如衣、食、住、行等,是物质上的需要,单有这些需要,人生是不完全的;单供给这些需要;人生是不高尚的。此外还有艺术、道德、政治、宗教等需要,均须供给,然后人生方可以圆满地发展。

人类欲求生存，必须具备生存的条件。生存的条件是适应，是一方面应付外部环境的变迁和危险，一方面供给内部无限的和多方面的需要。适应是一切生物生存的条件，也是人类生存的条件。人类社会虽然比较文明，但这条件还是一样地适用：这是我们要根本认识的第一点。

三、中国人民生存的根本条件

中国人民是全体人类的一部分，全体人类生存的根本条件是适应，中国人民生存的根本条件也不能例外，也是适应。这只要一瞧中国人民外部的环境是如何地变化和危险，急须应付；内部的需要是如何地繁夥和深切，急须供给：就可证明中国人民的生存条件也是适应。

中国人民的外部环境是在急转直下，是危险非常！一方面有强权扩张和经济恐慌的世界，一方面有党派分歧和社会紊乱的国家。今日的世界是一个强权的世界，这简直不用说明，只瞧各强国的侵略政策就知道。例如日本，是在用武力的侵略政策，以夺取领土从而夺取原料，移殖人口，取给粮食；又如英国，是在用经济的侵略政策，以夺取市场，从而输出商品，投入资本。以上数种政策，列强多同时并用，不过因便利与否，而轻重略有不同罢了。这种强权的世界为甚么存在？为甚么现在这样扩张？其中原因很复杂，而目前最显明的原因是弥漫世界的经济恐慌。我们从报章上可以看到，没有一强国不是经济恐慌的。英、美、日本等国都有失业的问题，有百数十万人没有工作，因此发生骚扰和暴动。同时生产过剩，无法销售，尽管失业的没有饭吃，过剩的麦粉还是作燃料用；产品无法销售，如是尽量跌价，然而物价尽管低落，商业仍是衰滞。商业的衰滞，金融无法流通，而银行遂不得不倒闭。人民失业，生产过剩，商业衰滞，银行倒闭，四者循环不已，造成现在经济恐慌的现象。于是，列强设法谋一条出路，而最好的出路是侵略；由侵略可以销售过剩的产品，可以容纳过剩的资本，可以直接移殖或间接雇用失业的人民：于是，强权扩张，而弱肉强食；于是，中国人民全部的生存遂成问题！

假若中国人民仅有世界环境的变化和危险，生存的问题还不十分严重；无奈国家又党派分歧和社会紊乱，使环境的变化和危险益发增加，使生存的问题十分严重。国内党派之多已是国人尽知的事，无庸赘述，此处仅略一提及：查各党莫不有派，如左派、右派等；而每派又莫不有团，如 AB 团、CC 团；弄得意见纷纭，政治混乱；不能群策群力，以建设国家。而社会方面受政治的影响，致实业凋敝，教育不振，金融停滞，习俗窳败；再加以灾祸频仍——兵灾、匪灾、水灾、旱灾，更使社会紊乱到不可救药！这样党派复杂和社会紊乱的国家，即使没有强权的侵略，恐怕也会要解体；若再加以强权的侵略，那简直是"屋漏更遭连夜雨"，其危险程度已达万分！应付确实不易！

外部环境的变化和危险已达万分，如内部力量充实，尚可应付；中国人民内部力量异常薄弱，需要极是繁夥，须充分地供给。内部需要大致可分为两大类：一类是物质的需要，一类是精神的需要。再显明些说，一类是富强，一类是智、勇、公、勤。

中国人民实在太穷了！大半人民的衣、食、住、行的需要都无法供给：衣则不能蔽体，食则难得一饱，住则破垣瓮牖，行则肩挑背负；而灾区的饿殍，日以千计，我们想想真痛苦，人民贫穷到如此地步！因为人民贫穷，身体就衰弱。身体衰弱的结果是：（一）死亡率高，即贫穷人家的小孩不容易成长，成年如遇灾患，亦难自存；（二）生存期促，即成年的寿命很短（普通年近四十，即呈衰老之象，五十即寿命告终）；（三）活动力低，即不胜艰巨，不能创造，往往半途而废。所以中国人民物质上的大缺点是生活贫和体质弱，所以中国人民物质上的大需要是生活富和体质强。

在精神方面，国人有四大弱点：（一）愚。大部分的国人没有受教育，根本不知道甚么是民治或民族，更不知如何团结起来，求民族或国家的生存。许多人还希望"真命天子"快出来，平定天下，使他们安居乐业。（二）怯。无论任何阶级的人，都不勇敢，甚么事不敢做：不敢主持公道，不敢抵抗强暴，对外国人尤其不敢反抗；只有上海的战事，给我们一个最宝贵的教训。（三）私。中国人的自私自利随处可以瞧见：不论政治界，商业界，或其他各界的人，都只知道有家庭，有自己，甚么国家、民族一概不管；政治界的领袖尤其自私，以为自己是惟一的领袖，自己的意见是最对的，整个国家的前途反置之脑后！（四）逸。全国上下的人，特别是士大夫阶级，只贪图安逸、便宜、敷衍、苟且。只要自己"不劳而获"的舒服，别人的困苦总是不加闻问。这四大弱点是国人精神上的缺陷，这些缺陷需要填补：救愚需要智慧，救怯需要勇敢，救私需要公平，救逸需要勤劳。

中国人民外部环境的变化和危险急须应付，内部需要的繁夥和深切亟须供给,皆证明适应是中国人民生存的根本条件。此根本条件不具备,中国人民的灭亡是必然的结果。这种事实胜过一切的雄辩,一切的主义,一切的高谈阔论,这是我们要根本认识的第二点。

四、中国救亡的根本方法

国人生存的根本条件既是适应,则救亡的根本方法就是求适应,就是努力去应付环境和供给需要。关于环境的应付,须实行两点:

(一)**以抵抗应付侵略**。对于强权的侵略,除抵抗外,别无良法。因人类的活动一如物体的运动,是依照"抵抗定律"进行,所谓"抵抗定律"就是一切进行总向抵抗最小的方面去,正如俗话所说"泥鳅总望松处钻"。列强的侵略无论如何凶猛,但也不是绝无顾虑的,他们不仅是择肥而噬,也得择弱而欺。换句话说,向抵抗最小的方面进行:这是一条社会运动的定律,我们不能把它看得寻常,而不注意它。但是这条定律怎样实行?怎样应用?那我们不能不努力于下述数事:

1. 民族意识的唤起。这就是要使人民知道个人和民族的关系,知道整个民族团结,以求生存的必要。

2. 民族自信的提高。这就是要使人民相信自己:相信中华民族是有为的伟大的民族,不是低能的腐化的民族,这可拿过去数千年历史的成绩和伟大的创造来作证据。目前的腐败不过是短时期的现象,犹如"寸云蔽日,无损于明"。这种自信心是振作的起点,也是应付环境的出发点;如不能自信,则整个民族堕落,无法振作;正如我们拿着镜子照着,没有不自以为漂亮,否则将无以自存。个人心理是如此,民族心理也是如此。所以我辈青年既是民族的中坚,务须自修,万不可自暴自弃!

3. 奋斗观念的培养。中国过去的文化有一种重要的精神,名调和精神;这在过去是相宜的,可是现在不甚合宜了。因为调和必须是双方的,才能生效:如一方调和,他一方不调和,则调和者成为被征服者,不调和者成为征服者。这样的调和是退让、屈服、懦弱,是长恶、招辱;与此相反的是抵抗、奋斗。我们不仅要和不调和的列强奋斗,更要和腐败的习惯、恶劣的社会环境奋斗!

4. 整个民族的武装。这点讲到的很多,不必详说,只在实行;只在认识我的环境是一种战云弥漫的环境，必须全民武装，方能自存。

（二）以安定应付内乱。对于国内紊乱的应付，最好是安定；就是使大家安居乐业，休养生息。关于安定的事项，提到的人也很多，这里仅缕列，不必详赘。

1. 不作党争；

2. 反对内战；

3. 肃清匪患；

4. 整顿吏政；

5. 移民殖边；

6. 实现民治。

以上是关于外部环境的应付，下面再讨论关于需要的供给。供给需要应注意的有三点：

（一）增加生产技能，以创造富的社会。这点已有人说过，仅举其要点列下：

1. 开发富源；

2. 制造原料；

3. 发达交通。

（二）提高生活力量，以培植强的人民。前述国人体质弱，故死亡率高，生存期促，活动力低，实在这些可统归于国人生活力量的低降。因体质的衰弱即由于生活力量的缺少，而生活力量的缺少又由于先天遗传的单薄和后天教育的缺乏。所以培植强健体质的人民，必须提高生活能力，详细言之，必须改良先天遗传和后天养育。改良先天遗传，须实行下列三事：

1. 选释适宜配偶；

2. 组织良好家庭；

3. 节制生育。

改良后天养育亦须实行二事：

1. 注意儿童营养；

2. 注重青年体育。

（三）改变人生观点，以挽回颓废的精神。国人精神的颓废已达极点，这充分表现在上述的四大弱点中。愚、怯、私、逸构成的人生观是徘徊不定、迟缓不进、绝对利己、苟且偷安的人生观，也就是不敏捷、不勇敢、不肯牺牲、不能勤劳的人生观，所以我们要挽回颓废精神的方法是将愚、怯、私、逸的人生观变成敏捷、果敢、牺牲、勤劳的人生观，也可以说要将颓废的人生观变成奋斗的人生观。

奋斗！敏捷的、果敢的、不惜牺牲的、继续不断的奋斗！整个的民族团结起来，共同的奋斗！只有奋斗才能应付我们的环境和供给我们的需要，而争得我们的生存！这是我们应根本认识的第三点。

五、救亡教育的根本方针

一般救亡的根本方法是求适应，教育是救亡方法的一种，所以救亡教育的根本方针也离不了求适应。不过教育和一般救亡的根本方法有点区别的地方，就是教育要注意到发展。详细点说，教育要顾到未发展力量的充分发展，使执行一般的救亡方法，而不是直接地执行一般的救亡方法。这点区别是由于教育的性质和其他方法的性质的不同，凡研究教育的都知道，用不着详说。

救亡教育的根本方针是求适应，是求未发展力量的充分发展，使能适应、能应付环境和供给需要。这个根本方针可分为三个目标来说明。

（一）优生。上面说过：中国必须培植强健体质的人民，方能供给内部需要，以应付外部环境，而强健的体质的培植又必须从生活力量的提高入手。生活力量的提高可从两方面进行：一是改良先天遗传，一是改良后天养育。关于先天遗传和后天养育的改良，上面未加说明，待留到此处来详说。先天遗传的改良或简称为优生似乎不是教育的一部分，然而为教育的完全起见，我们实在没有法子不顾到这一层，正如爱伦凯说："做纯洁健全的男女之结合，而产生优秀的子女之优生学的原理，实为达到理想的教育的第一步。"尤其在中国，优生是最深切的需要。教育虽不能执行国家的优生政策，然可说明优生的原理，使国人自动地努力。关于优生的重要事项，上面也曾提及，此处再加以说明。

1. 选择适宜配偶。选择配偶宜以健康为第一标准。这等于说，须将种族的生存作选择，他如门第、才貌、金钱等于民族生存无甚关系，不必重视。再明显说，必有健康的父母，才有健康的婴儿。

2. 组织良好家庭。良好的家庭生活所包很广，最要的是生活的健康；这可分四项：（一）家庭生活有规则——饮食，起居，作息等均有定时和节制；（二）家庭空气宜亲睦——夫妇间能互相谅解和敬重；（三）家庭娱乐须高尚——家庭不可无娱乐，以调剂工余的生活，但娱乐务须有益身心，而不至玩物丧志；（四）家庭设备务简洁——简则容易置备，而不至受经济上的累赘，洁则卫生雅观，使身心愉快。必如此,而后家庭生活良好,而后未来婴儿的遗传和环境始得完善。

3. 节制生育。国人死亡率甚高,尤其婴孩死得多,与其多生多死,白费金钱气力,何如少生少死,来得经济;况且中国状况实在不许多生,即令有钱人家,也感照顾不到,教养不周。节制生育不仅要少生,也要稀生,这就是说,各胎相隔的时期要长久些,不要"连生贵子",弄得手忙脚乱,无法应付。总而言之,"重质不重量"是生育的唯一致策,也是强种的唯一方法。

(二) **优育**。先天遗传的改良或优生是我们教育方针的第一个目标,后天养育的改良或优育是我们教育的第二个目标。这目标可分二项:

1. 儿童养护适宜。儿童身心脆弱,全赖成人加以这宜养护,方能生长,否则嫩芽易折,不免夭死。养护儿童可分二法:(一)营养适当——如养料的选择得宜,饮食起居得法,排泄规则等;(二)保护周到——如身体各部器官的保护和运动既不使损伤,又须使发展。

2. 青年锻炼严格。迨儿童长大,身心渐能经受,然后与以严格锻炼,如孟子所说,"劳其筋骨,饿其体肤,困乏其身,行拂乱其所为",以养成耐劳忍苦、百折不挠、独立不移的青年。这种锻炼也可用二法:(一)童子军训练——可完全采用童子军露营、行军等方法,以锻炼年龄较轻的青年;(二)军事训练——年事更长的青年则受军事训练。

(三) **优化**。优生和优育均在培植强健体质的人民,但人民体质强健,尚不足供给需要和应付环境,更须创造富的社会和挽回颓废的精神。这可包含在第三个教育目标内,这个目标始且概称为优化,也就是优为教化的意思。这再分五项说明。

1. **劳动化**。这就是说,要实施劳作教育;这种教育的意义有三方面:

(1) 增加生产的技能。创造富的社会,必须增加人民的生产技能,使能用最有效率的方法,获得最大量的生产。但生产技能的增加又必须实施劳作教育,养成儿童一般的劳作习惯和特殊的劳作技艺,形成儿童劳作的兴趣和态度。

(2) 增进创造的能力。劳作教育的第二层意义是增进创造的能力;即是运用手和脑,以创造一切,如工艺、科学、美术等。国人素富于保守性,事事复古,不能创新,这就是由于不肯劳作,不肯以手和脑去活动、去分析,不知以感官去经验、去观察;结果是笼统地、抽象地、演绎地空想,静坐地、安逸地守旧。

(3) 提高生活的力量。劳作教育的第三层意义是补助优生和优育的不足,以提高生活的力量。因为吾人身心,愈活动就愈发展,吾人手脑,愈运用就愈灵敏;不论遗传如何充足,若不活动,无从强健;养育如何周到,若不运用,无从发达。

2. 科学化。这就是说,要施行实科教育;此种教育的施行可分二方面:

(1) 科学精神的培养。科学精神,简单说,就是正确的、客观的、合乎事实的态度,也就是根据科学原则,去决定一切的态度。这种态度,在现代复杂的社会——环境变迁最剧和人生需要最多的社会,是万不可缺少的:在过去简单的中国社会,无此种态度,还可对付;现在若然无此,只有归于淘汰,如冲动的其他种族之归于淘汰一样。

(2) 科学方法的训练。科学精神的具体表现是科学方法,也就是如何正确的、客观的、合乎事实的去动、去行、去处理一切,例如科学的法则、科学的器械等均是。没有正确的科学法则和精良的科学器械作基础,医学终是不可靠的,各种实业都是不可能的,国家的治理也是瞎撞的;至于需要的供给和环境的应付更是无从着手!

3. 平等化。这就是说,要实施平民教育;此种教育的内容亦可分二方面:

(1) 全民教育。无论贫富、男女,都给以均等的教育机会,使能充分发展;决定人民教育的多少和性质的标准,不是财富或性别,而是先天能力。这就个人言,每个人都有此种教育机会的权利;就民族言,个人如无充分的发展,整个民族就少一分力量去求适应。

(2) 共同生活。教育要普遍,教育机会要均等,而学校的生活尤不可不打成一片;即在学校中,儿童间的生活与儿童和教师间的生活均须互相交流,而无隔阂;家庭生活的差异不使表现于学校生活中,形成阶级的观念和行为。

4. 新道德化。这就是说,要实施奋斗观的道德教育。此种教育包含五部分的培养,和旧的道德不同:

(1) 无畏精神的培养。国人的怯病是普遍的,这种怯病不要使它再传递到下一代的儿童,所以我们要培养儿童的无畏精神:务使儿童的思想、行动、言谈充分的表现;务使儿童胆量大,不怕一切——尤其是有理性的不怕一切。做父母的万不可拿哑子、虎豹或外国人等,去恐吓婴孩,使他不哭;万不可随自己的脾气,大声或重责去吓破儿童的小胆。做教师的不要只图安静,禁止学生大胆的行动;不要一味保守,限制学生大胆的思想和言论。

(2) 协作精神的培养。国人的私病也是很普遍的,要打破此种私病,只有培养儿童协作的精神,使能共同生活;由共同生活而产生合作习惯和态度。

（3）纪律精神的培养。要能协作，又必须大家遵守纪律。纪律是维持和发展共同生活的根本条件；没有纪律，就没有团体生活，更没有精诚团结以抵抗一切的可能。

（4）牺牲精神的培养。遵守纪律还是消极的，更积极点，是要有牺牲精神。牺牲成见，牺牲私利，甚至牺牲小我，以谋大我的生存。世界最伟大的人物莫过于宗教方面的耶稣，学术方面的苏格拉底，这都是能为信仰和真理，以牺牲自己的。我们不希望这样大牺牲，但最低限度要做到能牺牲私利和成见。

（5）民族精神的培养。关于民族精神意义，前面已提出两点，即民族意识和民族自信。民族精神的培养也就是唤起民族的意识和提高民族的自信。关于此种培养的重要，前面也已说过，此处再要特别提及的，是民族精神为民族生存的意志上的努力，是凝结散沙般的民族的胶泥，是绝对不可缺少的成分。

5. 新艺术化。说到这一点，必定有人批评，以为我们生存出路问题还没有解决，谈甚么艺术？以为我们只要讲维持生活的生产，何必还提起奢侈的艺术？这种批评是错误的，因为人生的需要是多方面的，人生的发展必须这多方面的需要都得供给。艺术是感情的表现，也就是感情方面的人生发展的途径，万不可缺少的，不过中国人民欲求适应这时代，须有一种新的艺术，须得特别注意下面二事：

（1）艺术内容须充满奋斗的人生观。奋斗的人生观、道德观或民族观是中华民族求适应的根本精神，此种精神务须渗透于全民族的感情中，使先有此感情上的发展，然后奋斗的感情推动奋斗的行为，实行整个民族的奋斗工作，然后其他民族的侵略方可抵抗，本民族的需要亦可发展，然后民族的生存庶几有望。

（2）艺术的形式须兼顾写实和理想。写实主义能描出社会的实况——中国目前一切贫弱、颓废、虚伪和矛盾的实况，使大家明了、警觉和修改；只有此种方法才能使醉生梦死和纸醉金迷的人民有所觉悟、惊心和回头。但是，新的艺术须同时顾到理想主义，给予努力的目标——中国未来一切富强、奋斗、真诚和一致的目标，使大家景仰、奋发和迈进。也只有此种方法才能使意冷心灰和情热性激的人民有所希望、忍耐和进取。徒有写实主义，专门暴露目前的丑恶，会使人民习闻而心安，必将更为颓废而不能自振；那是落井下石的方法。反转来，徒有理想主义，一味高唱未来的，也会使人民久听而心浮，亦必将更为虚伪而无以自信；那是举高跌重的方法。落井下石或举高跌重都只有速民族的灭亡，绝不会助民族求生存。

救亡教育的根本方针是求适应,求适应可分为三个大目标——优生、优育、优化,每个目标又可分若干事项。如能本此方针与目标进行,中国未来社会与人民的力量必能发展,以求得适应:这是我们要根本认识的第四点。

六、结　　语

救亡教育是太复杂,问题是太严重,不容易得到精确可靠的主张和说明;但我们总应设法,从事实方面找出比较可靠的方针来。我们应明了"适者生存"的基本原则,明了适应内部需要和外部变迁的根本方法,然后定出教育方针,作为适应的标的。我们不迷信教育,教育不是万能,但教育有它的力量,我们应充分运用它,以救国家或民族的危亡。

(刊见 1933 年《教育与生活》第 1 卷第 5—6 期)

救亡教育与中华民族性

一、引　　言

教育和文化有密切的关系，是不待言的，是很明显的；但教育和民族性的关系如何，就不这样明显，就需要详细的解释。最近国联教育调查团的报告，一方面依据教育和文化的关系，建议中国教育的改造，所以报告的导言说：

> 国际文化合作委员会，遵照一九三一年五月十九日行政院所通过之决议，训令其执行机关——国际文化合作社，委派一专家考察团，前往中国，从事研究中国国家教育之现状，及中国古代文明所特有之传统文化，并准备建议最适宜之方案。此方案之采纳，将使教育制度更确能适应现在之生活状况。（一至二页）

故教育调查团报告的大前提是，一确能适应现在生活的中国教育制度必须建筑在中国的文化基础上；而教育和文化的密切关系也就充分地在此说明了。他方面依据教育和民族性的关系，提出中国教育改造的目标，例如说：

> 中国近代化之自动的进展，必须将一切外国文明，比较研究，不可采纳一种，而拒绝其他一切文明也。因此种进展之目标，断不可在求中国之美化或欧化，而在求中国固有之民族特性与历史特性之维新耳。（一五页）

又说：

> 中国人自谓其在智力上，并不逊于其他任何民族，此种未尝无故之信

仰,在进化过程之创始时,误将此种仅能相等之事认为相同,并使中国人采取泰西之制度与方法,殊不知欧美之制度与方法,皆与其各国家、各民族及各种人民之特性有密切之关联者也。(一三至一四页)

换言之,一确能适应现在生活的中国教育制度,必须产生于中国的民族特性中;而教育和民族性的密切关系也就充分的从此表现了。然而中国的民族特性是什么? 它和中国教育的关联在什么地方? 说到这里,大家就不免模糊,不免怀疑,甚至不免悲观!

况且一民族的文化是该民族生活的表现,一民族文化的特色是该民族特性的表现;故真欲了解一民族的文化及其和教育的关系,仍非先了解该民族的特性及其和教育的关系不可。然而民族特性既隐藏在文化里面,就不免难于了解,也就不能不借文化的光去探照;故教育和民族性的关系终究不如教育和文化的关系那样显明易见,而需要详细的说明了:这篇文字的使命也就在此。

二、中华民族性

中华民族性是什么? 如依据中国过去和现在的黑暗情形来看,似乎是怯懦,是散漫,是虚伪,是残忍,是偷惰,是自私自利,是顽固守旧或安土重迁等。例如美国人文地理学者亨丁顿就这样引证说:

> 大体说来,乡间的佃民往往有安土重迁的脾气。他情愿在家乡挨饿,不情愿出外寻乐土去。(潘光旦译《自然淘汰与中华民族性》七三页)

又说:

> 自利和自私便是中国人中间最著也最可惜的品性。(九三页)

而残忍性也就由此产生,如亨丁顿所说:

> 只顾自己不顾别人的行为还不止此。荒年的时候常有卖儿的,尤其是

女子，要是妻子年轻，也可以卖。（九四页）

甚至于吃自己子孙的肉，如他所说：

> 所谓牺牲当然不必专指出卖，也许全家把一个小辈杀了，把他的肉当粮食。

因为自私自利，于是人民就散漫，而无法组织或团结；因为安土重迁或顽固守旧，于是人民就偷惰、怯懦、虚伪。

由上面所说，中华民族两种根本特性似乎是自私自利和安土重迁；若果如此，中华民族的前途只有黑暗，而毫无光明。幸而事实不尽如此，中国历史所昭示的中华民族尚有其伟大的特性，有其灿烂的文明。伟大的特性者何？即坚强的适应性，亦即种族及文化的绵延性。此种特性的表现，我们可以拿中国全部的历史来证明，比较拿片段的历史（如亨丁顿所举的荒年时期，外族侵凌时期等），或摘取一部分的人民生活（如灾区的农民生活）更可靠；因为整个历史的表现自然比部分历史的表现为完全和正确；而况亨丁顿所欲证明的是被动的自然淘汰，而不是自动的民族竞存，不免着重在黑暗的"饥馑荐臻的夏楚"，而忽略灿烂的"民族与文化的自新"。但中华民族性的表曝必须从双方着手，方能正确；或必须从全部历史着眼，始得完全。我们从中国全部历史证明中华民族的特性是坚强的适应性，是种族及文化的绵延性；此种特性将中国酿成一特殊复合的整体，屹然独立于宇宙的中间，颠扑不破者竟达五千年！现为明确起见，缕列历史中极普通而又极寻常的事实，说明此种适应特性的存在，亦即说明种族及文化的绵延性的存在。

（一）**国土的绵延**。种族及文化的绵延当然不能脱离空间，而适应性的表现也就在环境的适合和改造——如何适合环境的情形和如何改造环境情形以适合民族的需要；如果中华民族不能改造和适合环境，则中华民族及其文化也就无从颠扑不破地绵延五千年。故国土的绵延为民族及文化绵延的一个重要条件，正如土地为近代国家之要素一般。中国自有史以来，国土日渐增辟，经历朝的继续开拓，迄今幅员广袤，连绵三千万方里（东北既失，国土自蹙）：此三千万方里国土极为整齐联属，纯然一片大地；气候和润，土壤膏腴，物产丰饶，书轨皆同。此种广袤而又联属的国土的开拓和经营，一方面表现民族改造和适合环境的力量，他方面又证实民族及文化绵延的可能。

（二）**种族的绵延** 在此一片大地之上，汉族居中，和其他周围的民族互相抵牾，由抵牾而混合；吸收异族百数，组成一大民族，其结果新民族和旧文化互相渗透，发生新力量，正如新酒入旧瓶，香味更烈，而最后的结果是民族的新陈代谢，源远流长。中华民族之所以颠扑不破，其关键亦就在此种吸收异族，而使全民族新陈代谢的同化力量。

（三）**文化的绵延** 此复合之大民族生息于此一片大地之上，新陈代谢，相承勿替，有五千年；依史策所载（根据最早的龟甲文），也有三千一百余年（龟甲文作于西元前一千二百年）。此三千余年的历史所记载的，就是生息于此大地上的复合民族之生活迹象或文化。具体点说，就是学术、思想、宗教、政法等。中华民族从邃古到两汉，本其创造的能力，由部落而建设国家，其间所发明的文物制度已甚完备可观。从东汉到明末，输入印度的宗教和学术，形成一种混合的文化。从明末到现今，再输入泰西的学术和政教，又将产生一种丰富的文化。总括看来，中华民族所创造的文化确富于弹性；故能融合他种文化，以产生新文化，使蝉联蜕化，继续不绝。

中国历史全部所昭示的是国土的开拓和经营，民族的吸收和代谢，文化的创造和融合，换句话说，是国土、民族、文化的绵延。而其所以能如此绵延，就在中华民族具有强力的同化力和丰富的弹性，或概称为适应性。此种适应性使民族一方面适合环境变迁和自身需要，一方面保存固有和创造未有；因此，民族始能颠扑不破，而有其整个的存在；文化始能蝉联蜕化，而有其继续的绵延。

此种适应性在特殊情形之下，或不免有所偏重；如亨丁顿所举的安土重迁和自私自利，均是在饥馑荐臻的情形之下，偏于保存固有的一方面。但这并不是普遍的现象，南部中国人民的活泼、勇敢、慷慨、进取，在生活丰裕的情形之下，就充分地表现出来了；故亨丁顿自己也这样说，南方人富裕而慷慨，远游而进取，勇敢而精干。所以安土重迁和自私自利并非普遍的中华民族性，而坚强的适应性倒是普遍的中华民族性。

中华民族的适应性除全部历史所昭示者外，也可从民族的精神和体质两方面去知道它。从民族精神方面表现得最清楚的，是中华民族的持中精神或调和精神；从民族体质方面表现得最清楚的，最适合或顺应环境的体力。持中精神的意义不是此处所能详说；概要说一句，就是无论对于人类自己或对于自然，都是取折衷的态度，不肯走到极端。例如对己，要"礼以节欲"，要"深耕易耨"，以征服自然。然又惟恐征服到极端，发生流弊，跟着又要"食无求饱，居无求安"或"绿满窗前草不除"。他如"凡事莫做倒十分"，或"凡事须留余地"，皆表现此持中精神，民族行为受其支配，适可而止。中华民族的体质确有一种顺应环境的特殊力量，如潘光旦所说：

> 中国人的体格显然是千百年饥馑荐臻、人口过剩所淘汰的一种特殊体格。说他坏，坏在没有多量的火气，以致不能冲锋陷阵，多做些冒险进取开拓的事业。说他好，好在富有一种特别的顺应力或位育力，干些、湿些、冷些、暖些、饿些、饱些，似乎都不在乎；有许多别的民族认为很凶险的病菌，他也从容抵抗。有一位西方学者说，任何民族可以寂灭，但有两个不会，一是中国，一是犹太，大概就因为这两个民族饱经世故，最富于"牛皮糖"的劲儿的缘故。（胡适等著《中国问题》二二一页）

这种持中精神和顺应力就是中华民族的适应性最明显的表现，可以帮助民族的同化力和文化的弹性的说明：因为取调和的态度，所以能同化异种民族和吸收异种文化；因为有顺应力，所以能与异种民族混居杂合。因此，中华民族遂酝酿成一种族复杂和文化错综的复合体，一方面有其颠扑不破的整个性，一方面有其蝉联蜕化的绵延性。此整个性和绵延性恰如一屋的二楹，支持此中华民族的大厦，使巍然独存于此天地间者五千年；而为此二楹的基础的就是适应性，坚强的适应性。

三、救　亡　教　育

中国近代化"进展之目标，断不可在求中国之美化或欧化，而在求中国固有之民族特性与历史特性之维新耳"。国联教育调查团这句话是非常确切的，但也是非常浮泛的：它非常确切，因为民族性的维新实在是中国近代化进展的目标，我们不能否认；它非常浮泛，因为只说民族性的维新，而未指出中国民族性是什么和中国民族性如何维新，那就等于说空话。现在我们已知中国民族性为适应性，为整个性和绵延性，为持中精神和顺应体力，此种特性最为悠久和普遍，表现于五千年的历史中，表现于全部民族的生活中。然在特殊情形之下，不免偏于一方,或表现为安土重迁的保守性和自私自利的独存性,或表现为活泼勇敢的进取性和慷慨牺牲的互助性(如墨子之徒"摩顶放踵,利天下而为之")。因为有前一种普遍和悠久的适应性,中华民族得以久而不坠;因为有后一种偏颇的保守性和独存性或进取性和互助性,中华民族乃以时衰时盛:盛时则开疆拓土,文化进步;衰时则外族侵凌,文化退步,而所谓维新问题遂发生矣。明了这一点之后,我们可进一步研究民族性如何维新;然后可望达到中国近代化进展的目标。

中国民族性如何维新?这个问题不是关于悠久而又普遍的适应性的问题,而是关于此适应性的特殊表现的问题:即是在现在情形之下,适应性当偏于保守,抑偏于进取?遍于独存,抑偏于互助?(此处独存和互助宜看得稍活,可作为个人和社会。)保守并非绝对不可,进取亦并非绝对无害;注重个人亦有时必要(如亨丁顿所谓"二千年来,卖儿鬻女,尤其是鬻女,早就成为过度荒年的一个公认的方法,法律和政府且往往加以许可")。过重社会亦有时无须:惟在中国目前情形之下,究应如何,方能使中华民族渡过此一难关。就中国目前的贫弱颓废、内忧外患种种情形说来,中国民族性如何维新,又不仅是中国近代化的问题,实在是中国存亡的问题;不仅是中国的教育问题,实在是中华民族的生死问题:因为长此以往,而无法解救,不论适应性如何坚强的中华民族也会亡国灭种!

中国目前情形所表现的民族性确是偏于安土重迁的保守性和自私自利的独存性,而缺少活泼勇敢的进取性和慷慨牺牲的互助性,而现代所需要的又恰是进取性和互助性,不是保守性和独存性。因此,个人主义愈发达,思想愈纷歧,行为愈紊乱,政治愈腐败,国力愈减削,保守态度愈强固,不仅农民安土重迁,整个社会亦顽梗不化,如观念、风俗、习惯,种种无法改变;但现代国家所需要的是不断的前进、改造、奋斗;不仅个人的前进、改造、奋斗,乃全国或全民族一致的前进、改造、奋斗。"知其不可为而为之","摩顶放踵,利天下而为之":必如此,然后可以安内攘外;必如此,然后可以除旧布新;必如此,然后可以存亡继绝。

就教育言之,对于民族性方面,全国教师均宜特别注意学生的进取性和互助性的发展,而限制其保守性和独存性的表现:凡活泼、勇敢、慷慨、牺牲等观念和习惯,均予鼓励,使充分发达;凡笨滞、怯懦、吝啬、自私等观念和习惯,均加沮挫,使不能发达。一言以蔽之:养成学生共同进取的团体生活、观念和习惯,则下一代的人民必富于进取和互助性，而能适应现代生活。

关于进取性和互助性的发展，此处不能详论其实施的具体方法，仅提出吾国教育界应特别注意的根本几点。

(一) 进取的体力和精神必须发展。 前面说过，中国人的体力富于顺应力，而贫于进取力；故没有多量的大气，以致不能冲锋陷阵，多做些冒险、进取、开拓的事业。但这种体力上的偏颇不是绝对没有办法补救的，例如：

1. 儿童养护适宜。儿童养护适宜和民族存亡攸关是非常明显的。中国过去的儿童养护是偏于自然的和消极的：或一任自然的淘汰，不加以人工的努力，疾病死亡多归之命运鬼神，不思讲求卫生方法；即令有少数人注意人事，则又每趋消极的防护，使儿童饱食暖衣，静坐深闭，成为木偶。此种自然的和消极的养护方法只能养成民族的顺应体力，而不能陶铸民族的进取体力；要陶铸民族的进取体力，必须用人工的和积极的养护方法。此种方法须注意二点：

a. 营养适当。普通所谓营养适当，是指养料的选择得宜、饮食起居的合法、排泄的有规则等；此外专就中国人的营养说，似乎有减少蔬食和增加肉食的必要。中国人如果现在不需要印度人的静而消极的生活，而需要西方人的动而积极的生活，则过多的蔬食和过少的肉食有改变的必要（经济问题又当别论）。

b. 保护周全。所谓保护周全，不仅是消极的防卫，使儿童身体的各部器官不受损伤，也是积极的运动，使儿童身体的各部器官得到充分的活动，由此获得充分的发达。

2. 青年锻炼严格。迨儿童长大，身体渐能经受，然后与以严格锻炼；如孟子所说，"劳其筋骨，饿其体肤，困乏其身，行拂乱其所为"，以养成耐劳忍苦、百折不挠、独立不移的青年。此种锻炼也可注意二点：

a. 童子军训练。可完全采用童子军露营、行军等方法，以锻炼年龄较轻的青年。

b. 军事训练。年事更长的青年则一律受军事训练。

以上关于进取的体力、必须充分发展，以补救顺应的体力之不足。再关于精神方面，中国人富于调和精神，凡事取折衷的态度，不走极端；然一味调和，就成为敷衍、苟且、不彻底。况且调和必须是双方的或是发动于战胜者方面的，才能生效；如一方调和，他一方不调和；或战败者调和，战胜者不调和；则调和者成为被征服者，不调和者成为征服者。这样的调和是退让，是屈服，是懦弱，是长恶，是招辱；与此相反的是进取，是克服，是勇敢，是奋斗。所以进取或奋斗的精神必须充分发展，以补调和精神之不足。发展进取精神须注意者二点：

1. **胆识的培养**。现在中国人大部分缺乏冒险胆量，除去东南方沿海人民的远涉重洋外，西北方的人民都是安土重迁。此种缺乏一半由于不勇敢，一半也由于无见识。因为不勇敢，所以畏首畏尾，困守家园；因为无见识，所以不能预料冒险的结果，而不敢动。现在要扫除此一缺点，只有培养人民冒险的勇气和预料的识见：使于一种新事业，能有六七分把握和三四分危险，就可做去；不必要十牢九靠，方敢动手。对于儿童，尤须使他们的思想、言论、行动充分表现，使他们的胆量特别大，不怕一切——尤其有理性的不怕一切。做父母的万不可拿哑子、虎豹尤其外国人等，去恐吓小孩，使他们不哭；万不可随自己的脾气，大声或重责去吓破儿童的小胆。做教师的不要只图安静，禁止学生大胆的活动；不要一味保守，限制学生大胆的思想和言论。

2. **劳苦的锻炼**。耐劳忍苦在体质上和在精神上是同样的构成进取性：有胆有识，而不能耐劳忍苦，则胆识不能贯彻；因胆识可以销磨于劳苦之中，至半途废止。且劳之一义不仅消极的贯彻胆识，实积极的增加胆识；因劳作可以提高生活力量。吾人身心愈活动就愈发展，吾人手脑愈运用就愈灵敏：不论胆识如何，若无不断的习练，也将退化。

（二）**互助的观念和习惯必须养成**。中华民族现在所需要的是互助性，是适应团体生活的一致性，不是离群索居的独存性；过去偏于此一方面的发展必须改变，互助的观念和习惯必需养成。养成互助的观念，使明了互助的意义和重要；养成互助的习惯，使发生互助的动作和行为。关于此层，须注意下述四点：

1. **协作观念和习惯**。中国人今日的流于个人主义，一方由于旧观念和习惯（最显明的是家族观念和习惯）的破坏，一方由于新观念和习惯（民族、国家、社会等）的未能形成；故最要在此类协作观念和习惯形成，使大家知有民族、国家、社会等共同生活，并能实际参加民族、国家、社会等共同生活；然后力量始大，求适应或求生存始有希望。

2. **纪律观念和习惯**。要能协作，又必须大家遵守纪律：因纪律是维持和发展共同生活的根本条件；没有纪律去制裁团体生活，则团体生活即时崩溃，更谈不到精诚团结，以抵抗一切。

3. **牺牲观念和习惯**。遵守纪律是消极的，更积极点，是能够牺牲：牺牲成见，牺牲私利，甚至牺牲小我，以谋大我的生存。世界最伟大的人物莫过于宗教上的耶稣，学术上的苏格拉底，前者为信仰而牺牲生命，后者为真理而牺牲生命。我们不希望这样大牺牲,但最低限度要牺牲私利和私见。

4. 民族观念和习惯。协作观念和习惯无在不须具备,而就中华民族的整个生存而言,主要是民族观念和习惯:务使全体皆知,此中华民族和自己有切身的关系,是毛之于皮、存亡与共的;又务使全体皆知,中华民族是有为的伟大民族,是富于适应性的特殊民族。换一句话说,就是要大家有自知之明和自信之心:自信心是振作的起点,自知是结合的胶泥。不仅自知和自信,必须依此而行;凡事皆以民族福利为前提,为目标。

四、结　　语

救亡教育的目标在固有民族性的维新,中国固有民族性是富于适应性的;而在中国现在情形之下,此适应性是偏于保守和独存性,应补其偏;况现代社会繁复,竞存激烈,正需要进取性和互助性,为团体竞存的条件。因此,吾人可知中国救亡教育的中心,就在如何发展民族性中的进取性和互助性;更具体点说,就在如何发展进取的体力和精神及养成互助的观念和习惯。

(刊见 1933 年《教育学期刊》第 1 卷第 2 期)

中国民族的复兴与民主教育

无人不感觉到，现在是中国民族复兴的最好机会，真所谓是"千载一时"！如果这一个机会还不把它牢牢地抓住，好好地利用，而让它再轻轻地溜跑，那真是太自暴自弃了！回想一百年来，我们不知道失去了多少的好机会；而这些机会失去的后果是国家一天一天地趋于灭亡之途，其危险的程度又真所谓是"千钧一发"！现在由千钧一发的局势转变到名列强国之林，造成此千载一时的机会，我们应当如何地加以利用。这是当前最重大和最迫切的问题，需要全国上下殚精竭虑地去考虑和群策群力地去解决。

许多人又感觉到，中国民族的复兴必须遵循民主的途径，因为只有这一条途径才是复兴民族的康庄大道，其他的途径均有"此路不通"之苦。但是也有人感觉到，中国目前的实际情形并不适宜于民主路线的实行，所以民主的途径不仅不是一条康庄的大道，而且是一片布满荆棘的丛莽。这两种的感觉都各有其真实性，我们都不能加以否认。从一方面来看，中国如果不走民主的路，到底走什么路呢？不必说，中国不能再回到专制的时代；就连训政，事实上也不能再延续下去；同时，也不必说，中国不能再蹈资本主义国家的覆辙；就连共产党也主张民主主义。这不是非常明显的，中国只有一条民主的路可走么？但从另一方面来看，中国要走民主的路，有没有具备几项基本的条件呢？不必说，百分之八九十的人民既不识字，又毫无政治的常识，他们很难参加普遍的选举；就是少数的智识分子，又多抱自私自利的个人主义或封建社会的家族主义，不肯奉公守法。这不也是事实胜于雄辩，中国不能走民主的路么？这样从两方面一考虑起来，我们就不免要怀疑，中国到底能走哪一条路？说得悲观一点，中国的前途简直"无路可通"！尽管政府当局，朝野党派，高呼统一民主，而冷眼旁观的人，目击公务人员的贪赃枉法，各党各派的争权夺利，资产阶级的自私自利，人民大众的无知无识，虽不敢公开地反对民主，然而每于酬应闲谈之中大不谓然。所以就笔者数月来观察所得，深知中国智识分子的态度，确实可以分成两个阵营：一个阵营是赞成民主的,甚至促进民主的;另一个阵营是怀疑民主的,甚至反对民主的。这两个阵营虽然在理论上没有发生明争,但在实际上难免要形成暗斗:这是一种很严重的事态,也是中国民族复兴的一个极大的障碍,我们不能不加以十分的注意。

平心而论,中国实行民主,确是困难重重,谈何容易,但中国不实行民主,又怎么办呢?我们怎样来利用这"千载一时"的机会,来复兴中华民族呢?这一个重大迫切的问题,决不是消极的反对所能解决的;而只有积极的办法才有解决的可能:尽管困难重重,荆棘遍地,只有积极的努力去克服扫除,消极的反对总不是办法。若说民众的知识不够,可以设法培养;若说资产阶级的自私心太重,可以设法开导;若说党派的纷争不息,可以设法调解;若说吏治的贪污不法,可以设法整饬;所有这些民主路上的障碍,无一不可清洁;只要大家态度一致,步伐一致。所以我们的结论是:民主的途径还是一种切实的理想,如依此理想去开辟,定可以成为一条康庄的大道。不过现实告诉我们,这条途径的上面布满了荆棘,我们必须披荆斩棘,才能开辟出一条康庄大道来;我们既已确定了这一条路线,决不因为遍地的荆棘,就放弃了开辟的工作;我们应当乘此千载一时的机会,运用丰厚博大的遗传,采取各种的方法,建筑一条民主的大路。

关于各种方法的采取,本刊过去曾经陆续的发表过,此文恕不重赘;现在所要讨论的,只限于教育:也就是我们应当如何运用教育,来斩除荆棘,开辟一条民主的康庄大道;再由这一条大道,来复兴中国的民族。

教育不是开辟民主路线的唯一方法,但确是最重要的一种方法,而其所以重要,就在教育的本质和民主理想的本质是很相近的。关于民主理想的本质,曾经专文论及,恕不重赘;但为说明教育的重要,不能不再提到一下。前面已经讨论过,民主理想不只是一种政治体制,而是一种生活的方式,此种生活的方式能予个人以充分的自由,又能予社会以无限的进步,尤能供给人类以同等生存和同等发展的机会。换句话说,民主理想根本是含有教育的性质的:因为只有在民主的生活方式之中,个人才可以获得充分的自由,去发展他的特长;而又将此特长贡献给社会,使社会产生无限的进步。再说得简明一点,民主理想包括个人的发展和社会的进步,而教育的性质就在发展和进步;所以民主的理想是含有教育的性质的。反过来说,教育根本是民主性的:因为民主理想的特质是社会团体内部活动的共同参加和社会团体之间的自由交通;而共同参加和自由交通的结果是个人的发展和社会的进步。换句话说,教育的发展作用,只有在民主的生活方式之中,才能充分的表现,所以教育也是民主性的。由此可知,教育的本质和民主理想的本质是如何地接近,难怪美国的教育哲学家杜威教授,要主张教育就是民主的生活。此处不预备讨论民主教育的理论,只想指出教育对于开辟民主路线的重要,因为我们必须明了此种重要,才知道如何运用教育去开辟民主的路线,否则尽管高呼民主的教育,而所走的恰是反民主的路。

究竟如何运用教育去开辟民主的路线呢?这有下举三个目标和三项原则,现在先述目标,再谈原则。

一、职业的训练　民主教育的第一个目标是职业的训练,也就是养成每一国民的生产知能,使能参加国家的经济生活。此种训练必须包括二点:(一)使每一国民在经济上能够自给,而不仰给于人;(二)使每一国民在生产上皆有贡献,以助国家的建设。

二、政治的训练　民主教育的第二个目标是政治的训练,也就是养成每一国民的政治知能,使能参加国家的政治生活。所谓政治知能亦包括二点:(一)政治的知识,如政治与法律的常识,国内与国外的政情,公民的责任等;(二)政治的能力,如行政人员的选举和监督,公共机关的组织和改进,法律的遵守和爱护等。

三、社会的训练　民主教育的第三个目标是社会的训练,也就是养成社会的知能,使能参加一切的社会生活。所谓社会知能也包括二点:(一)社会的知识,如人情、世故、风俗、礼貌等;(二)社会的能力,如个人间的往来酬应(婚丧庆吊)、风俗的维持改进等。

总之,这三个目标的意义就在养成民主国家的公民,务使每一国民能够自给给人,自治治人,自助助人:所谓民主就是自主,所谓民主的教育就是养成自主的能力;有如孔子所谓"己欲立而立人,己欲达而达人"。但如何实现这三个目标呢?这有下述三项原则:

一、普及原则　民主教育的实施,第一必须是普及的。这就是说,教育必须普及于全部社会,务使每一社会分子都能受到相当的教育,而决不容社会上有一部分无知识的人民。此一原则的重要是无须多加说明的,因为民主的社会既需要大家的参加,则参加的知识和能力也必须大家都具备,而这些知识和能力又必须教育去培养:所以民主的国家,在立国之初,就须首先注意小学教育;使一般的教育首先普及于全社会,使全体人民皆有经济的、政治的和社会的知识。

二、均等原则　民主教育的实施,第二必须是均等的。这就是说,国家必须供给全体儿童以均等的机会,使能受到充分的教育,决不容某一部分儿童的教育是充分的,其他儿童的教育则欠缺而不完全。这一原则的重要也无须多说,因为民主的社会既是平等的,它的要素就是机会均等;一切机会皆须均等,受教育的机会自然不能例外。为实现均等的原则,又须注意:(一)教育期限相同,即义务教育的年限须全国一律和每年授课的时间须各校一样;(二)教育品质相等,即教师的品质、设备的性质等均须相等,而无甚差别;(三)经费酌量补助,即义务教育不仅免费入学,而且对于穷苦的儿童还须加以补助,如文具、书籍、衣服、膳食等费。

三、适应原则　民主的教育一方面适应社会的需要,另一方面又须适应个人的需要:适应社会的需要是造就社会国家所需要的人才,适应个人的需要则在合乎各个儿童的兴趣。此一原则的实行,大部分是关于课程的。也就是说,在拟定课程时,必须注意到这两方面:一方面须依社会的需要,规定课程的内容;另一方面又须将课程灵活的运用,使合于儿童的兴趣。此外尚有教导的方法,也须兼顾此二方面:例如班级教学之外,再采个别指导的方法,务使各个儿童能够充分的发展。

关于民主教育的实施,尚有许多更具体的方法,以后再详加讨论。本篇所要指出的只是:中国欲求民族的复兴,只有遵循民主的途径;而民主途径的开辟必须运用一种最重要的方法——教育。教育方法的运用,大部分的责任在教师的肩上;故我全国的教师,应当领导人民大众,来开辟一条民主的大路。过去孔子,以一人之力,领导中国人民走上人伦的大路,达二千余年;我们现在数十万教师,也应当领导全体国民走上民主的大路。

(刊见1946年《教育与文化》第3期)

民主化的教育

一、中国今后的大问题

今后的中国将随着世界的洪流，走上民主的大路，这是不成问题的，成问题的，是中国将如何走上民主的大路。或者有人要说，我们从政治着手罢：先成立民主立宪的政府，再施行全民的政治，然后推进其他一切的改革。又或者有人说，我们从经济入手罢：先安定民生，再振兴实业，然后提高文化的水准。再或者有人说，我们还是从教育下手罢：先发展民智，使大家知道何谓"民主"，使大家能够参加民主的政治，然后民主的国家自然会建设起来。最后一定还有人说，中国要走上民主的大路，必须从各方面进行——政治、经济、教育以及其他，并且必须从各方面同时进行，方能奏效。这最后的说法大概是正确而无庸争辩的：我们必须使全部生活和整个社会民主化，政治、经济或教育只是其中的一部分而已。笔者是学教育的，其他方面恕不能谈，让我来谈谈民主化的教育，以贡其一得之愚。

二、教育与民主理想

我们要实施民主化的教育，先要认清教育与民主理想的关系，否则不知教育如何可以民主化。概括地说，教育与民主理想的关系是相互的：没有教育，民主的理想决不能实现，民主的国家必无从建设；反之没有民主的理想，教育的作用是无法表现，以建设民主的国家。此种密切的关系，请申述于下。

大凡一种理想，如要使它实现，教育是绝对不可少的，因为教育有一种作用，可以发展人生的能力，去实现人类的理想；理想是人生努力的南针，可以指导努力的方向；能力才是人类成功的实际力量。所谓人生的能力，包括很广，如人类的智慧、体力，等等；这些能力都是人生努力的资本，没有这些资本，任何事业的成就都是不可能的，更谈不到国家的建设。但这些天赋的能力，并不是生来就完全的、充足的和强大的，而可以运用它去实现任何的理想；必须教育的作用去加以发展、扩充和增进，然后方可运用它去实现各种的理想。再者，人类所抱的理想愈是崇高，实现的能力愈要强大，而教育的作用亦愈要充分。在过去君主专制的时代，采用愚民政策，"民可使由之，不可使知之"，所以人民的智慧根本可以不用，也就根本不必加以发展。现在是民主共和的时代，人民必须了解国家的情形，也必须参加社会的活动，所以他们天赋的各种能力均须运用，也均须加以充分的发展。由此可知，民主理想的实现，或民主国家的建设，如无教育的力量，是决不会成功的。

不过教育只是一种作用，并无一定的目的，人类可以运用它去发展人生的能力，作为实现某种理想的方法，所以教育必须另有一种理想加以指导，使成为一种有意义的作用，或者成为一种有目的的方法。而民主的理想就是对于教育一种最好的指导，也就是一种最好的教育目的。再者，教育作用的表现，还需要一种媒介，正同发酵作用需要酵母一样。什么是教育的酵母呢？那就是共同的社会生活。社会生活是共同的，是大家所共有的；惟其是共同的，一个人的行为随时随地可以影响其他的人，这种影响就是广泛的教育，其中就包含有教育的作用。例如母女之间，有互相授受的共同生活（如针线的给与和接受），女儿就从此授受的共同生活中，学会了拈取针线的方法。所以教育必须在社会生活之中进行，才能发生作用。因此，何种的社会生活便形成何种的教育：民主的社会生活便形成民主的教育，专制的社会生活便形成专制的教育。由此又可知，民主的教育既需要民主理想的指导，又必须在民主的社会生活中进行；如无民主的理想和民主的社会，民主的教育是不可能的。

由上所述，可知教育与民主理想的关系是何等的密切，如果此种密切的关系我们不能认明，那就无从了解教育为甚么要民主化，也就无从知道教育如何才可以民主化。

三、教育如何民主化

教育为甚么要民主化？因为民主的理想是最好的教育目的。教育如何可以民主化？那就是教育的实施必须合于民主的原则。兹举出五大原则，述之于下，以例一般。

（一）教育效果的普及　民主化的教育第一要教育效果普及。那就是说，全体的国民均须受到相当的教育。因为民主国家，既需要全体人民了解国家的情形，又需要他们有参加活动的能力，那就非全体国民均受到相当的教育不可，否则毫无知识和能力，就无从了解和参加。

（二）教育机会的均等　民主化的教育第二要教育机会均等。那就是说，全体的国民均须有同等的机会，去受到充分的教育，唯一的限制是天赋的能力。凡天赋能力高的儿童，虽家境贫苦，国家亦必加以充分的发展，否则虽家庭富裕，亦不任其久居黉舍，浪费国家的财力。这是概括的说。详细点说，又须注意下列数点。

1. 时期长短相同　全国儿童受教的时期，虽因天赋能力的差异而有长短的不同，但义务教育的时期则须一律，例如年限，须全国一律，如规定六年，则无论中央地区或边疆省份，均为六年，不得有四年或短期小学的例外。又如每一学年规定为若干星期，亦须全国一律，不许缩短学期或减少日数。

2. 教师品质相等　教师的品质，影响学生的学业甚大；教师品质优良的，学生受益必多，否则受益必少。因此，全国义务学校的教师必须规定其资格、待遇等，务使大约相等，不致发生教学上的差别。

3. 设备性质的相似　学校的设备亦关系学生学业匪浅；学校设备完善者，如图书仪器等皆备，学生学习的效果增加，否则学习效果减少。因此各学校的设备亦必须明定标准，常加检查，不使悬殊过甚，以致影响学习效果。

4. 经济方面的补助　真欲教育机会均等，除教育方面的考虑之外，尚须考虑到经济方面，即对于贫苦的儿童，须予以经济上的补助，使不受家庭困难的影响，而能安心向学。此种补助范围甚广，不能详举：例如儿童无力购买书籍者，则助以书籍费；无力自备膳食者，则供以膳食；甚至于衣服、医药等费，均须酌量情形予以补助。

（三）儿童个性的适合　民主化的教育第三要能适合儿童的个性。那就是说，要使儿童能将其天赋的特长尽量发展，以贡献于社会；这就因为民主的国家需要每一个国民的效力，需要每一国民的特殊贡献，以收集腋成裘和群策群力的效果。所以民主的教育，务须在课程方面特别注意，应将各级课程活用，不可过于拘泥；应将高年级课程分化，使适合儿童兴趣；应鼓励课外活动，以便各个儿童特殊能力尽量发展。果能如此，则国民既人尽其才，而国家亦广收其效。

（四）教导方法的改良　民主化的教育第四要改良教导的方法。那就是说，教导的方法须与教育的目的相配合，也是民主的。民主的教导方法最要在有一种经验的态度或实验的精神，只有用这一种态度或精神去教育和训导，才能达到民主教育的目的。所谓经验的态度或实验的精神，简单解释，就是从实际经验中去学习，去养成良好的习惯；然后所学会的智能才是真实合用的智能，所养成的习惯才是深切适宜的习惯，此即所谓由生活中学习、从实际情境中得到教育。

（五）教师与公众关系的增进　民主化的教育第五要增进教师与公众之间的关系，务使双方接触频繁和关系密切。教师的重要非此处所能详论，但现在必须指出的一点，就是教师不仅在学校中占很重要的地位，即在社会上他们也占很重要的地位。不必说，他们为人之师，负有培育家庭子弟和养成国家人才的伟大使命，比这还重要的是，他们是智识分子，应当领导中国智识缺乏的大众，走上民主的大路。换句话说，他们不只是儿童的教师，也是社会的领袖；因此，他们和公众之间必须发生非常密切的关系，使大众信仰他们，而愿意受其领导；而他们也得以了解大众，而能尽其领导的责任。

建设民主国家的过程虽然是一条康庄的大道，很容易走上去，但仍旧需要适当的领袖加以领导。谁是适当领袖呢？中国过去二千余年来领导我们的究竟是谁呢？"万世师表"的孔子，在过去的中国，能不能称为适当的领袖呢？孔子一人能领导整个中华民族达二千余年之久，我们数十万教师不能领导全体国民走上民主的大道么？

上举五点，仅就原则上讨论教育如何民主化，至其具体的方法，则未遑详及。

四、民主的教育精神

教育的民主化，实施的方法固然重要，而实施的精神更不可忽视，因为无此精神，则一切方法均易流于机械，而教育的目的终不能达到。所谓民主的教育精神，概括地说，就是一种教育的态度，我们抱此态度去发展儿童自动的能力和养成人民自主的人格，使成为真正民主国家的国民。为详细说明此种态度，该考虑下述三点。

（一）教育作用的认识 前面已提及，教育是一种作用，现在再加以申述，以助我们了解民主的教育精神。教育这一种作用有其特殊的性质，这性质就是发展，就是利用后天的环境或条件，以发展先天的能力。凡人类先天赋有的各种能力均可以尽量的发展，只要吾人能供给一切所需要的条件；凡人类未赋有的能力则无从发展，无论发展的条件如何完备。例如人类生来有智力，然后有智慧知识等的发展；生来有发音器官，然后有语言、歌唱等的发展，否则无论设备如何完善，教导如何良好，均同虚设，毫无用处。反之，天赋能力的发展必须发展条件的具备，否则天赋能力亦等于零。例如吾人尽管生来就有发音器官，而绝不与人交通，曾未一闻人言，则无语言能力的发展。由此可知，教育的作用需要有先天的能力和后天的条件，始能表现，否则此作用亦不存在。所以教育作用的性质不是完全被动的和强迫的，当然也不是绝对自动的和自然的，而是诱发的和指导的——诱发和指导儿童能力的发展。此种诱发和指导的性质正是民主精神的性质。因为民主的理想就在诱发人民，自动地参加国家社会的一切活动，就在指导人民，如何为个人与国家谋幸福。所以民主的国家，凡百设施，一涉完全强迫，即失掉其民主的精神，正同民主的学校，各种活动和学习都不能完全强迫学生去参加一样。

（二）儿童人格的尊重 如前所述，教育作用是诱发的和指导的，其所以如此，就因为儿童是有自动的能力，决不完全被动地受成人的支配。这就是说，儿童自有其天赋的能力和独立的人格，成人必须加以了解并予以尊重，否则无法指导和诱发。所以做教师和做父母的，应当充分了解儿童的个性、兴趣等，而加以适当的指导；应当十分尊重儿童的自由和人格，不可任意干涉或任性摧残，如恶语毒骂、鞭挞夏楚等。

中国许多儿童的人格，早在襁褓孩提的时候，就被愚昧粗鲁的父母所摧毁，因为他们的毒打痛骂，直使儿童无地容身，人格堕落：这是民主教育的一种大障碍，也是民主教育精神的大仇敌。中国许多青年的人格，也早在学校的时候，就被不学无术的教师所摧毁，因为他们强迫灌注，直使学生无暇用脑，自由丧失。这是民主教育的大障碍，也是民主教育精神的大仇敌。所以今后中国的教育，如欲保持民主的教育精神，必须设法使父母和教师尊重儿童的人格。

（三）个人自由的保障 儿童的人格是尚未成熟的，还应当尊重，则已经成熟的人格自然也应当尊重。而尊重的方法莫过于各种自由的保障，如思想的自由、信仰的自由、正当言论的自由、正常活动的自由等。惟此处所谓保障，不只是法律上的，而是更广大的文化上和教育上的。即一国之内，尽管有许多的党派、许多的主义、许多的宣传，但必须尊重各人的人格，让每一个人运用他的思想，选择他的信仰，做着他的信仰去活动。这是广义的民主教育，这是一种具有民主精神的教育。

五、结　　语

中国当前的大问题是如何走上民主的大路。这一问题的解答，从教育方面说，就是实施民主化的教育。惟欲实施民主化的教育，首须认清教育与民主理想的关系，那就是民主的理想，若无教育的作用，即不能实现；教育的作用，若无民主理想的指导和民主生活的媒介，亦无法进行。认清此种密切关系之后，其次就要采用适当的实施方法，这方法的原则不外乎教育效果的普及，教育机会的均等，儿童个性的适合，教育方法的改良，和教师与公众关系的增进。有了适当的实施方法还是不够，还要有一种民主的教育精神，渗透到方法的里面去，此种精神的最好表现，莫过于儿童人格的尊重和个人自由的保障。

总之，中国要走上民主的大路，必须养成有自主人格的国民；否则宪法只是具文，政体只是躯壳，共和国家只是一块招牌而已！

（刊见1946年《世界文化》复刊号）

教育与宣传正名

一、正名主义的重要

中华民国三十四年是抗战胜利年,这已成为过去;三十五年是接收复员年,这已将近结束;三十六年是建设复兴年,现又正在开始。国民代表大会的举行,中国宪法的通过,宪法的颁布与实施,政府的改组与刷新,均在一步一步地进行,其他建设与复兴的工作也必然一件一件地推动。际此建设开始的年头,不仅一切更新,尤须一切名正,以免差之毫厘,失之千里,所以正名主义是非常地重要。如孔子所说:"名不正,则言不顺;言不顺,则事不成;事不成,则礼乐不兴;礼乐不兴,则刑罚不中;刑罚不中,则民无所措手足。"何况中国由数千年的专制转入民主,由数十年的动荡趋于安定,新旧、中外、是非、真伪等早已失去其标准,一切名物均已失去其意义,甚至黑白不分,是非莫辨,正邪倒置,公私互混,而造成今日紊乱纷扰的局面。

所以正名主义在今日之中国,有两种重要的作用:第一种作用是立真,那就是使真伪是非等立一个判断的标准,使一切名物具有真实的意义,使国家转入民主,使社会趋于安定;第二种作用是正始,那就是使建国的工作开始即正确不误,使复兴的努力发端即真实无讹,然后名正言顺,大事可成。

关于正名的工作,一言难尽,非此处所能详论;姑举教育与宣传为例,以示其大要。

二、宣传与教育的分析

数十年来中国名物之混乱已极,甚至习非成是,假公济私,其结果不仅为政者视贪污为固常,即办学者亦以谋利为本分。不仅组党者视煽动为手段,即执教者亦以宣传为方法,于是贪污与廉洁不分,宣传与教育莫辨,以致铜臭冲天,士风扫地,而风俗人心不可收拾!

宣传极似教育,故颇难分别,但宣传决不是教育,必须加以分别:否则不仅中国教育将为宣传所毁,即中国建设的前途亦将为宣传所破坏。欲明此中道理,不可不先分析宣传与教育,然后再加以比较和区别。

宣传的种类极繁,大约可分为三大类,就是:(一)宗教的宣传;(二)政治的宣传;(三)商业的宣传。此三类宣传,以宗教的宣传产生最早,在十六世纪的初叶,西洋天主教会就设立过宣传学院,专门从事宣传人才的训练;现在各国教堂中的宣讲和教会学校中的礼拜都含有宗教的宣传。政治的宣传产生和训练虽均较迟,而其运用则更为有力,如平时政党的宣传,战时国家的宣传皆是。甚至有人说,第一次的世界大战,是由宣传而获得胜利的。商业的宣传就是所谓广告术,这是在西洋工商业发达之后开始的;工商业发达,竞争激烈,大家均利用宣传,以推销货品,于是广告费用浩大,在成本中占很大的百分比,而物价遂因之提高不少。

根据心理学家的分析,无论哪一种宣传,都是利用成见,而建筑在人类的冲动上面的:有利用种族的倾向和历史的传统的,如德国民族的优越感或复仇心理;而这些成见又建筑在自存的、社会的和种族的本能上面。所以一切的宣传多是诉之于冲动和感情,而理智成分极少。所以宣传往往是盲目的,甚至疯狂的;往往是被动的,甚至强迫的;是片面的,甚至歪曲的。

惟其如此,宣传有两大危险:一是独裁的危险;一是破坏的危险。独裁的危险就是独裁者大权在握,统制言论,捏造事实,以利用大众的成见,而遂其野心或私欲,正如德国的希特勒和日本的军阀,就是最好的例证,但其结果是陷德国和日本两国民族于水深火热、万劫不复之中,这是如何的危险!第二种危险是破坏的危险,就是商人利用富于刺激性的广告,满足以个人的私情和肉欲,而破坏其伟大的情绪和愿望。例如电影和电影广告,着重香艳肉感,以迎合观众的低级趣味,而破坏其高尚的道德或深挚的情爱;又如某类小报,专载桃色新闻,以刺激读者的好奇心理,而形成变态的甚至色情的人格。

教育的种类更为繁夥,大别可分两类,就是:(一)有形式的教育;(二)无形式的教育。有形式的教育就是学校教育,也就是在一定的场所,对于未成熟者(儿童和青年)的身心施以特殊的训练,使能适应其环境与生活,这种训练又分初等教育、中等教育和高等教育。随学生年龄、资质、兴趣的不同,而施以不同的训练。无形式的教育就是学校以外的教育,也就是家庭教育、社会教育等;这类教育既没有固定的场所,也无严密的组织,更无特殊的方法,只是随时随地的一种偶然的指导和学习。

根据教育学家的指示,无论哪一种教育,都是利用环境的刺激,以发展遗传的能力。更具体点说,就是利用环境中的各种刺激,以引起儿童和青年的反应和活动,使他们先天的能力,从各方面的活动中,发展起来。但是刺激如何能够引起他们的反应,以发生活动呢?那就先要刺激能够适合他们的天性(本能兴趣等),他们自会加以反应;有了反应,就产生活动;有了活动,则能力自然发展。所以教育是利用环境,而建筑在人类的天性上面的;是利用环境中的各种刺激,以引起人类各种天性的反应,而发展其一切能力——智力、体力等。所以教育是意识的,而不是盲目的;是偏于自动的,而不是偏于被动的;是全部的,而不是片面的。

惟其如此,所以教育有两大优点:一是民主的优点,一是建设的优点。所谓民主的优点,就是教育必须是民主的;无论教师如何的尊严,亦必尊重学生的人格;无论教师如何的高贵,亦必顾到学生的自由;无论教师如何的成熟,亦必重视学生的天性。故只有民主的教育才是意识的、自动的和全部的教育,才是货真价实的教育。教育的第二优点是建设的优点,是将未成熟的人格发展为成熟的人格,是将不完全的遗传能力发达到较完全的适应能力,是立己立人和达己达人的培育工作。

三、教育与宣传的区别

由上节的分析,宣传与教育显然不相同:宣传是盲目的,教育是意识的;宣传是偏于被动的,教育是偏于自动的;宣传是片面的,教育是全部的。但这种比较是根据学理上的分析,然而在事实上,情形往往比这复杂,区别往往无此明显。例如优良的电影片,如居礼夫人、巴士德等,可以提高观众的趣味,可以引起科学的兴趣,可以鼓动研究的精神,是最有教育价值的影片。这种影片的影响,我们说它是宣传呢,还是认它为教育呢?再举一例,学校中有党派色彩的教师,开口某某主义,闭口又是某某主义,或宗教色彩浓厚的校长,三句话不离上帝。这种学校的影响，我们说它是教育呢，还认它为宣传呢？所以实际的情形比较复杂，教育与宣传的区别也比较困难，但是无论实际怎样复杂，教育与宣传终究有其分别，分别何在？即在尊重对方的人格及顾到对方的自由。凡是优良的教师，他的动机应当是发展学生的人格，启迪学生的智慧，而不是宣传自己的主张，注入自己的思想。他的方法应当是多方面的刺激和各种学说的说明，而予学生以接受刺激和选择学说的自由，而不是片面的鼓吹和主观的武断，以强迫学生去接受。凡是优良的教师，往往有其多年研究所得的结论或学说，也往往希望学生能接受他的学说，但是他应当将反对方面的学说也同样提出，同样说明，让学生自己去选择，自己去下最后的判断。这才是教育，这才是没有宣传意味的教育，这才是尊重学生人格和顾到学生自由的纯粹教育。反之，宣传则不如此：其动机在传扬一种固定的主张、主义或学说，以坚持被宣传者加以接收。其方法为片面的说明、机械的注入和武断的肯定，以为天下只有这一种信仰才是真理。这是宣传，这是没有教育意味的宣传，这是不尊重对方人格和不顾到对方自由的宣传。所以教育与宣传确是有区别的，不容混淆不清的；有此区别，我们才有一个标准，判断社会上许多的措施，是不是合理。例如上海市教育局，查禁小学每周做礼拜，这种举措是不是合理？如果市教育局合理，则被查禁的小学就不合理；既不合理，则以后就不要再做礼拜，以免犯阳奉阴违之嫌。依照上定区别或标准，做礼拜是一种宗教的宣传，而不是教育；自不应作为学校的正规活动，使学生普遍的参加。做礼拜如此，教党义亦然；因前者是宗教的宣传，而后者则是政治的宣传；其性质虽有不同，而同为宣传则一。总之，学校是教育的场所，一切设施都应顾到教育的立场，应尊重学生的人格和自由，万不可运用宣传，以求近效急功，而将百年树人的大计加以废毁。

四、宣传与教育的作用

上节所述，是区别教育与宣传，并根据此种区别，纠正以宣传为教育的错误，反对在教育的场所从事宣传的工作，但这不是只要教育，不要宣传，因为教育有教育的作用，宣传也有宣传的作用，都有其各自存在的价值。宣传是诉之于冲动与感情的，是最富刺激性的；宣传是扩大夸张的，又是最富普遍性的。所以宣传最能刺激群众，而收到迅速和普遍的效果；如在某一时期，需要此种迅速而普遍的效果，即可运用宣传方法以收获之。例如一个国家，被人侵略，急需自卫；彼时即可尽量宣传，唤起全国民众，共御外侮。又如另一国家，宪法初成，急需实施，亦可尽量宣传，唤起全国民众，认识和拥护宪法。如本年元旦，国民政府颁布宪法，决定庆祝办法，其中第七条有云："庆祝期内，应组织宣传队，以各种方式普遍深入宣传，唤起人民对宪法之认识与拥护。"所以宣传的作用是类似麻醉剂或催眠术，以非常的方法，求近急的功效；这是宣传的长处，而其短处也就在此，前面所说的危险也就由此而生。如果一个国家，并未被人侵略，乃妄用此非常的方法，以遂侵略他人的野心，驱使全国的民众，去屠杀他国的人民：其居心既然不良，则其结果必不堪问。

反之，教育的作用是发展人民的能力，是百年树人的大计，其性质是缓慢的和建设的；这种作用是安全而无危险的，是可靠而无错误的。因此，各种人才的培养固然需要教育的作用，就是健全舆论的造成也需要教育的作用；运用宣传作用所急切制造的舆论往往是不健全的"急就章"，甚至是危险的"爆炸物"。

因为宣传与教育的作用之不同，所以宣传与教育的对象亦须加以分别：宣传的对象应当是受过教育的成熟者，而教育的对象则是未受过教育的未成熟者。若以宣传施之于未成熟者，则不仅失掉宣传的效用，而且要发生宣传的危险。在今日中国的学校——尤其上海的学校中，大家都不问对象的成熟与否，极力从事于宣传的工作；政客在宣传，党员在宣传，教士在宣传，热烈点的"急性朋友"也在宣传：大家都要拿麻醉剂来代替健康，拿催眠术来代替疗养，其结果必将未成熟的儿童和青年戕贼尽净，必将正在萌芽的新教育摧毁无遗。

如果大家滥用宣传，不肯分别对象，则遭其贼害的不止是教育，还有公众的舆论。因为中国教育落后，人民没有知识，大多数都是未成熟者，在此种情形之下，若专以宣传来造成舆论，则所得结果必非健全的舆论，而是桀犬的狂吠。中国开始走上民主的大道，十分需要健全的舆论，但是各党各派都在作主观的、武断的、恶意的宣传，则健全的舆论之产生是毫无希望的了。

教育是现代中国建设的基础，舆论是民主中国推进的动力；我们以教育来发展人才，建设国家；我们以舆论来发挥民意，推行民主。因此，我们务必维护教育的事业，保持舆论的健康，欲达到此目的，又务必认识宣传的性质和作用，万不可只求近效急功，滥用宣传，以致摧残教育和毒害舆论。

五、结　　语

天下名物各有其真实的意义,一切措施各有其正当的方法:名正则言顺,言顺则事成;反之,名不正则言不顺,言不顺则事不成。教育有教育的真实意义,宣传有宣传的真实意义;根据教育的真实意义,以措施教育,则教育的效果可期,根据宣传的真实意义,以措施宣传,则宣传的功效可待。反之,如必将教育与宣传互混,而以宣传代替教育,则教育固然被毁,而宣传亦同时自杀。作者不愿见中国所赖以建设的教育被宣传的误用所毁,也不忍让有用的宣传被少数人的误用而陷于自杀,更不忍重睹此否极泰来之国家和苦尽甘回之人民再陷于水深火热之境,特草此篇,以当晨钟,而作鸡鸣。

(刊见 1947 年《改造杂志》第 3 期)

中国青年心理上应有的修养

一、心理上修养的基点

本刊对于中国青年,可算是十分的注意,过去已有好几篇文字,讨论青年的问题,现在又出一专号,来加以更详细的研讨。就笔者个人来说,有二十多年,和青年们共同生活着。在这二十余年中,除掉学术上的研究之外,曾经和青年们讨论过许多的问题——人生问题、修养问题、职业问题、婚姻问题、政治问题等,也曾经替青年们解决过许多问题——出处问题、进修问题、就业问题等。但是惭愧得很,这二十多年的努力,对于青年们的彷徨、失望、苦闷,有什么帮助?对于社会国家的纷乱、衰败、穷困,又有什么补救?言念及此,不要说青年们失望,我个人也不免要失望。然则现在还有什么话可说呢?所幸笔者生来属于乐观派,对于任何事件,尽管失望,从不绝望:过去日本军队打到独山,我还是说"中国不亡";现在中国局势如此恶劣,我也还是说"中国不亡"。因此,我对于中国国家的前途,并没有完全绝望;我对于中国青年的前途,亦不愿过度焦虑;而对于自己个人的努力,更不肯一日放弃。因此,又提起笔来,和青年们再作一次的恳谈,并希望青年诸君,也和我一样的乐观,对于任何事件都不绝望。

乐观的态度对于人生是很重要的:凡事乐观的人,对于一个问题,总肯去想办法,也总多少有点办法;凡事悲观的人,对于一种困难,只知愁闷,无意涉想,始终一点办法都没有。这是乐观的态度在心理方面必然发生的影响和效用。所以一个人突遭大变,只知痛哭,是毫无用处的,唯有揩干眼泪,立即预备后事,才是有用的人。

不过大家要追问,怎样能够乐观呢?像中国目前的情形,民穷财尽,烽火漫天,求生不得,求死不能,你怎样去乐观呢?在此种情形之下,还能乐观,那不是糊涂,就是虚伪:因为糊涂,所以不懂得局势的严重;因为虚伪,所以假意的乐观。这两种对于乐观者的批评，确实都有道理，但是我们也要知道，中国历史所昭示我们的，像这样紊乱的局面，过去也曾有过若干次，而且更有甚焉者，如黄巢之作乱、西汉末年之腐败、南北朝和明末之糜烂；然而经过相当时期，又由乱而治，转危为安。此中因果非常复杂，非此处所能详论；但中国历史所给我们的教训，是不必过于忧虑，尤其不必抱无益的乐观，致妨害应有的努力。

此种乐观的态度是我全国人民，在此危难的时候，所最需要的；也是我全国青年，在此苦闷的时候，所应具备的：否则不流于自私自利，即流于颓丧偏激；而自私自利和颓丧偏激都是于己无益而于世有害的。因此，笔者提出乐观的态度，作为青年心理上修养的基点；下面再分论三点：（一）是思想的发展；（二）是情绪的控制；（三）是意志的训练。

二、思想的发展

思想对于人生的重要，大家一定明白，不用多说；大概可以包括在这一句话里面，即是"人类是思想的动物"，使人类高于其他动物而成为"万物之灵"的就是思想。但是思想何以使人类超越其他的动物，思想又何以使少数的圣贤才智超过其他的一般人民？这一点大家不一定明白，或者需要解释一下；请分两项述之于后。

（一）思想是避免一味冲动的和惯例的活动之惟一方法。事实告诉我们，没有思想的人，只随本能和嗜欲而活动；而这些本能和嗜欲又都是受外部的情形和内部的刺激所引起的。这种人是被动的和盲目的，他不知道他为甚么要活动，也不知道活动的结果究竟如何：他的生活与动物比较起来，可说高明得有限。反之，有思想的人则不然：他的活动是自动的和有目的的；他事先知道活动的结果和活动的方法；他依一定的步骤达到他的目的；他能想法，避免冲动和打破惯例，以改造情境。

（二）思想是给与各种事物以丰富的意义和价值之唯一途径。各种事物，对于没有思想的动物，是没有甚么意义和价值的。例如一只狗，见着一张椅子，它跑过去嗅嗅、咬咬，或者跳上去，它丝毫不感着得椅子的意义和价值。但是对于有思想的人，各种事物就有无穷的意义和价值：他见着一张椅子，他知道这是可以坐的，可以坐在上面休息或做事，也可以招待朋友或集众开会。这些丰富的意义和价值就构成人类的智慧和社会的文化。故思想愈发展，则人类愈聪明，社会愈文明。

从上述二点，可以知道思想是如何的重要。尤其生活在现社会之中，环境是如此的复杂，事物是如此的繁夥，关系是如此的错综，一切的意义和价值就很难了解。如果不运用我们的思想，来指导自己的行动，那我们也就成为盲目的动物或野蛮的人类，不能过一种良好的文明生活。中国青年们处在这一个大时代，对于一切意义的了解更是困难，更需要运用思想——运用自动的、坚持的、精密的思考，去认识一切，万不可盲目的和冲动的去瞎撞，也万不可随意的幻想和盲从。

思想既如此重要，我们应当加以充分的发展，但是如何发展呢？这有四个步骤。

（一）**疑难的情境**。任何的思想都起于疑问和困难，那就是说，我们必须遇到疑难的时候，才肯去想办法，否则"饱食终日，无所用心"了。但疑难又从何而来呢？那就要有实际的情境：因为只有实际的生活情境，才有实际的疑问和困难，逼迫着我们去想解决的办法。所以教师们要发展学生的思想，必须设备一种疑难的情境，使学生去经验和思想；青年们要发展自己的思想，也必须去参加实际的生活，为自己设备一种疑难的情境，以引起自己的思想，从而发展之。

（二）**思想的材料**。思想不是空想，必须有思想的内容；疑难只能引起思想，不能供给思想的内容。所以思想的发展又需要思想的材料，如各种活动、各类事实、各项事体，以及一切事物的关系等，这许多材料都可以帮助我们了解所遭遇的疑难，明了问题的性质。因此，我们遇着疑难的时候，不可抱着头空想，必须观察事实、分析事物和搜集材料，以助疑难的了解和问题的说明。

（三）**疑难的解答**。材料是既存的张本，可以助我了解疑难，而不能使我们获得答案；我们如要寻求答案，还须从既存的材料中产生未有的观念或全新的解答。正如牛顿，从许多既存的材料中——日、月、星、辰、重量、距离等，产生他的地心吸力说，这是一种思想上创造，也是从思想的发展中产生出来的。

（四）**解答的证实**。从既存材料中所产生的观念是否可以解决疑难，成为答案，这要看事实的证明，那就是说，要将此答案应用到实际问题的解决上去。如果此答案能解决问题，则此答案即成为结论或真理；否则此答案永远是假设，或假说。

上述四个步骤，是思想发展的过程，经此过程所发展的思想才是精密的和正确的思想，否则是空想或幻想。而圣贤才智之所以超越一般人民，也就在乎有此精密的和正确的思想；凡我有志青年，欲成为圣贤才智，亦必须具备此种精密的和正确的思想。

三、情绪的控制

人类不仅是思想的动物，也是感情的动物；也就因为感情的关系，人类的生活增加了不少的内容和趣味。人类心理上有所谓喜怒哀乐，而生活中亦有所谓悲欢离合；也就因为喜怒哀乐与悲欢离合的关系，人类变得非常的复杂，也变得非常的有趣：于是人生滋味无穷，酸、咸、苦、辣、甜五味俱备，而一切艺术的创造与事业的完成亦随之而来。

感情是一个普通的名辞，它所代表的是比较单纯的心理作用，如快乐和苦痛，满足和烦恼等：例如饥思食而得食，渴思饮而得饮，这就发生快乐和满足的感情。若饥而不得食，渴而不得饮，那就发生烦恼和痛苦的感情。比较复杂的感情，我们称之为情绪。但无论感情或情绪，均能供给人类活动的力量，使我们的活动可以发动或推进。例如我们情绪冷淡的时候，甚么都懒得做，甚至爱情都不要谈；若在我们情绪热烈的时候，甚么都做出来，流芳遗臭，各有千秋。所以情绪可以比作燃料，供给人生以热力，使人生活动不已，自强不息。

情绪对于人生是有帮助的，但也有危险的。例如社会，愈是复杂，愈需要互助合作。但互助合作必须建筑在博爱和同情的基础上，如墨子所说："天下交相爱则治，天下交相恶则乱。"从此而知，爱的情绪，对于人生是如何的重要。不过爱的情绪要表现得适当，否则不惟无益，而且有害。例如溺爱可以姑惜养奸，私爱不免损人利己，甚至"爱之欲其生，恶之欲其死"，简直足以乱天下。爱的情绪如此，惧的情绪亦然。从好的方面说，恐惧是保存生命的情绪，是修养身心的情绪，能使人避免危险或提高人格以保存生命或修养身心。例如恐惧叫人遇事慎重，不敢妄为，凡遇事慎重的人，总比较能避免危险，而保持生命的安全；否则胆大妄为，终不免失败，正如中国古语所说："善浮者恒死于水，善击者恒死于拳。"又如中国儒家，教人立身处事，要戒慎恐惧，"戒慎乎其所不睹，恐惧乎其所不闻"，这不是畏惧的意思，而是光明磊落的意思：如果行为光明磊落，人格自然高尚伟大，但从坏的方面说，若我们遇事退避，任人欺侮；或谨慎太过，不能进取，其结果必难发展，甚至不能立足。

情绪对于人生的关系，即是两面的，既可以助人，又可以害人，所以情绪必须加以控制，使得到适当的表现。例如快乐的感情，要指导它，不仅对于自己的满足感觉快乐，就是对于他人的满足也感觉快乐；又如痛苦的感情，也要指导它，不仅对于自己的烦恼感觉痛苦，就是对于他人的烦恼也感觉痛苦，而寄与同情。关于情绪的控制，有四点可述。

（一）**情绪的分析**。控制情绪的方法第一是分析情绪，也就是将情绪的发生原因和情形加以分析，而思所以补救之道。例如忿怒，最易误事，必须加以控制；控制的方法就是分析忿怒：我们为甚么要发怒？甚么条件引起我们发怒？这些条件能用甚么办法除去？这样一分析，你或者可以发现，你实在没有生气的必要；即使有生气的必要，也可以表现得合理点。有一句极普通的话，叫做"平心静气"，而情绪分析的作用就是帮助我们，平心想一想，把气静下去。

（二）**情绪的转移**。第二是转移情绪，也就是将情绪的表现，从有害的方面转移到有益的或者无害的方面去。例如遇着心粗气浮的人，出言不逊，使你生气；你若回骂他，便是火上加油，必至动武，这时最好的办法，是报之以温和的语调或发松的笑话，使忿怒的情绪转移到安慰的或愉快的情绪上去。

（三）**情绪的冲淡**。第三种方法是冲淡情绪，也就是从体质上或生理上去减少情绪的表现。例如一个人生气的时候，总是呼吸急促，肌肉紧张，所以面红耳赤，心粗气浮，故最好的解救办法就是行深呼吸或静坐休息，甚至清茶一杯或冷水一盆，喝喝茶，洗洗面，而忿怒慢慢地减少了。

（四）**情绪的提高**。第四种控制情绪的方法是提高情绪，也就是将粗暴的情绪化为高尚的情绪。例如恐惧的情绪，最初是体质上苦痛的害怕，如儿童之怕受鞭挞，但年事稍长，渐明事理，体质上苦痛的害怕一变而为社会上舆论的畏惧，惟恐他人不欢喜或赞成，若再进一步，将此舆论的畏惧发展而为公道正义的爱好，如法国卢梭之痛恶不平，而鼓动法国之大革命。如是，粗暴的情绪化为高尚的情绪，而人类亦从动物的阶段走上人性的阶段，甚至如孔、墨、耶、佛，由常人的阶段走上超人的阶段。

青年是介乎成人与儿童之间，他们的情绪是比较儿童发达，而不及成人固定，惟其如此，所以更需要控制：如控制得法，则情绪提高而成为超人，否则情绪堕落而流为凶暴。

四、意志的训练

人类的行为,大致说,是受三种心理作用的发踪指使:第一,受情感的推动,第二受思想的指导,第三受意志的决定。情感供给我们以行动的力量,思想供给我们以行动的方法,而意志则供给我们以行动的决心。

意志何以能决定我们的行动,这就因为意志中有两项因素:一是远虑,一是坚定。所谓远虑,就是对于活动的结果有先见之明;所谓坚定,就是远虑之后,对于所预料的结果坚持到底,必求贯彻。我们常说:"某人意志坚强,不易受人影响,做事极有决心。"或说:"某人意志薄弱,容易受人影响,做事很不可靠。"这不仅说明行动受意志的决定,也暗示意志决定行动的原因。大凡意志坚强的人,必于行动之前考虑周详:行动的结果如何?行动的方法怎样?依照些甚么步骤去进行?根据些甚么事实去决定?这就是远虑。在远虑之后,开始行动,勇往直前,百折不挠,不达目的不止,这就是坚定。所以意志坚强的人就是有远虑和坚定的人,因为有远虑和坚定,他一切自主、自决,不受他人的影响。反之,意志薄弱的人,事先既不考虑,贸然而行,其结果必然失败;失败之后,又追悔不迭,甚至惨败之余无法善后,趋于自杀(故自杀者多半是意志薄弱者)。

我们明了意志的重要,就知道意志必须训练;我们明了意志的内容(因素),就知道意志训练的方法。兹分三点述之。

(一) 远虑的发展。所谓远虑的发展,其基本工作就是思想的发展,这在前面已经说过,恕不重赘。不过此处须特别提到的,是在思想发展的基础上,要注意到预料,因为远虑的重心就在预料或先见之明。所以发展远虑,必须培养识见或眼光,使人能从现实中看到未来,而此种培养又最好是历史的研究与科学的训练。

(二) 坚定的培养。坚定是从远虑来的,能深思熟虑的人,看得清,认得明,也必能拿得稳,而不屈不挠。

(三) 兴趣的提高。在远虑和坚定的后面,有一种心理的趋势,始终没有提到,现在再不能不说了,那就是兴趣。因无论远虑和坚定,均少不了兴趣,如无发生思想的兴趣,则我们根本不会去想或想得浮泛,而决无远虑,如无活动的兴趣,则我们也懒得活动,更谈不到坚持着继续去活动。因此,欲发展远虑和培养坚定,必须提高兴趣,才是根本之图。

五、总　　结

大家应当注意青年,了解青年,尊重青年,赞助青年;而青年们也应当注意自己,了解自己,尊重自己,磨炼自己。本文的主旨就在赞助青年诸君,去磨炼自己。不过磨炼或训练,总是多方面的,此处不能把它都包括起来,现在只就心理方面,提出四点:(一)乐观的态度,(二)思想的发展,(三)情绪的控制,(四)意志的训练。即此四点,也不能包括全部心理方面的修养,仅举其要,作为一种参考而已。所希望者,青年诸君阅此之后,对于人心的复杂多少有点认识;由人的复杂之认识,而认识到人生和社会之复杂。由此种认识,可以产生两种教训:一是人生和社会既如此复杂,吾人处此情境之中,必须慎重,不可依冲动或情感去行动;二是处此复杂社会之中,必须自己先有一番修养,对外可以认识人生和社会,对内可以控制个人的身心。大家苟能如此,则过去许多的彷徨、苦闷、失望均可以减少,而未来的希望即由此而增加。

(刊见1948年《申论》第1卷第12期)

现代学生应有之思想态度与方法

一、绪　　言

国人之谈思想者众矣,然多重思想之内容,而忽于思想之态度与方法,以为所谓思想者即各种有组织或有系统之学说与主义耳,至于如何组织与如何思想则非所问世。此种偏重,一方面使思想之意义晦塞不明,一方面使现代青年不能适应其生活,纯至盲从乱动,而无所归宿,甚可哀也。

思想决不限于有组织之主义,亦包含组织主义之方法。换言之,即思想不仅有内容,亦有态度与方法:此现代思想家所明示吾人,不容宣传者之掩饰也。即如杜威分析思想,有下四种意义:

(一)凡经过吾人之头脑者皆谓之思想;

(二)凡非直接所观察(如视、嗅、听、触)者谓之思想;

(三)凡根据某种证明之信仰谓之思想;

(四)凡对于任何信仰,自动的、坚持的、精详的考虑其根据及结论,谓之思考。

此四种意义中,第一种包含一切,如幻想、梦想等,自非真正之思想;第二种所包含者较少,然其目的不在有事实之信仰,亦不得称之为真思想;第三种虽注意到信仰,然对于信仰之根据与结果不加考虑,仍不能获得真理,亦不可称之为真思想;故真正之思想唯第四种,不仅有信仰,且对于信仰之根据与结果有所考虑。换言之,真正之思想不仅有内容,亦有自动的、坚持的、精详的考虑。所谓自动的、坚持的、精详的考虑者何？思想之态度与方法耳。

只知有思想内容,而不知有思想态度与方法者;或故意宣传思想内容,而不提及思想态度与方法者:皆足以迷惑青年,麻醉青年,坑陷青年;使青年盲目的接受其内容,而不加以考虑,以便供其利用,而为之牺牲。况以现代生活之复杂、思想之纷繁,青年处此,已如堕五里雾中,复何堪宣传者之迷惑与麻醉耶？吾为青年惧,吾为真理危,草此以当晨钟,幸勿以老生常谈视之可也。兹分思想态度与思想方法二章,先论态度,次论方法。

二、思　想　态　度

思想态度乃认识问题及判断思想内容之根本倾向,此根本倾向而误,则认识及判断之全盘皆误,所谓差之毫厘,失之千里者也。此根本倾向最要者有三点：

(一) 独立。思想态度之第一要素为思想之独立。思想独立者,凭吾人之智能与努力,寻求问题之所在及解决问题之方法,选择学说之优劣而判断其真伪；不厌烦琐,不辞劳瘁,而不以思想之工作付之他人是也。

吾辈青年最易犯之病症即在不肯独立思想,以为社会问题过于复杂,非个人智慧所能了解,思想内容极为纷繁,非个人能力所可判断；遂弃置其天赋之智慧与思考力而不用,专以他人之解释为解释,以他人之主张为主张,人是亦是,人非亦非,人云亦云,而自居于麻木不仁与绝对被动之地位。其结果为可怜之盲从与可怕之盲动！而其最后之结果则为毫无意义与毫无代价之牺牲！天下痛心之事无过于此！然谁实为之？孰令致之？宣传者之无知与诱惑固不能辞其咎,然我青年之不肯独立思想,亦有以自招其愆尤也。逝者已矣,来者可追；从今以后,吾辈青年务充分运用吾人天赋之智能,勤勤恳恳,以寻求问题及真理,以判断各种所谓主义；视他人思想所获得之内容仅可供吾人之参考,而不可取吾人之思想而替代之也。

人或以此为虑：以为如此,则人各一心,行为不能一致,而共同生活为难,共同建设更无从着手。曰,是不然。若吾人果能以社会事实为归,以真理为鹄,则思想之途径虽殊,而所认识之事实与真理仍趋一致,此所谓殊途而同归也。反之,如以思想工作付之少数领袖,而此少数领袖又为领袖欲所蒙蔽或为智能所限制,不能认识事实及真理；惟各是其所是,而非其所非,互走极端；而一般青年亦随之而走极端：则思想之途径虽同,而所归反异；是同途而殊归,转陷于无可合作之绝境。

吾为此言,确非一人之私意,乃根据事实立论,此可以中国现在国情证之。

试观我国政治现状,几成一不生不死之僵局:外侮日亟,而内争不已;水深火热,而搜括无穷;联甲倒乙,合丙攻丁,尽其纵横捭阖之能事,而置国家社会于不顾。然一究造成此僵局之根本原因,大都由于领袖之不能合作。领袖何以不能合作?则不由于领袖欲之冲突,即由于领袖认识之错误。如此僵局永不打破,中国问题永无解决之望。但如何而可以打破此僵局?曰,各个青年运用其个人之智能,以认识中国问题之所在,而求所以解决之道,不附和所谓领袖,以供其利用;质言之,即不惮繁难,不畏艰险,独立思想之谓也。

(二) **虚怀**。思想态度之独立乃谓思想不依赖他人,然非谓思想之孤立。思想孤立者乃孤思冥索,不与他人交换意见,亦不容纳他人可取之意见之谓也。与此相反者为虚怀。虚怀者知个人智能与时间均属有限,而社会问题与学说又复杂非常;必与他人为智识上之交通,取他人之所已知,补一己之所未知,然后方能得一正确之认识与判断,否则独断独行,不陷于狭隘,即流于偏激;其结果为固执与武断。故虚怀者即所以提高智能限度,扩充智识范围,以收集思广益之效者也。

中国因国难之急迫,思想之解放,救国主张与社会学说风起云涌,而爱国青年竟莫知所从,然为热忱所驱使,又不能不有所归依:遂病急乱投医,饥迫不择食,无暇思索,先入为主;以己所盲从之主义而攻他人所盲从之主义,以己所盲从之行动而抗他人所盲从之行动;以盲斗盲,两败俱伤!天下痛心之事又无过于此!

所谓主义者不过少数人以其极有限之智能,对于复杂问题之了解、说明与主张,其不完全可以断言。今必执此不完全之主义,作为解决社会问题之灵丹,视为万应如意膏包医百病,其必至盲斗不已,又可断言。今欲解除此盲斗之局,唯一方法在虚怀若谷,认明人类之智能有限,天下之主义不完,而知取长补短,挹彼注此,不固执,不盲从,则救国之道不难认识,而真理所在亦不容他人之掩饰也。

(三) **阙疑**。虚怀所以受他人智识补助之益;然他人智识同一有限,其补助亦有时而穷,又将如何?曰阙疑。阙疑者乃将问题保留,或将结论悬起,以待更进一步之研究或更深一层之考虑;而不匆促决定,以失其真,而乖问题之认识。故阙疑即所以存真,存真即所以求正确之认识。否则问题尚未明了,解决问题之法更无从定出,而解决问题之进行为不可能。

吾人当此生活与思想均极繁复与紧张之时代,欲明社会真象与宇宙真理固难;欲将一时未能明者阙之,从容研究,详细考虑,不急躁,不轻浮,不至真象与真理大明不止,则尤非易事。盖生活与思想愈繁复,则吾人了解愈困难;了解愈困难,则吾人愈无此耐心,愿穷年累日,反复考虑,而不能得到一定之结果。生活与思想愈紧张,则吾人愈无暇思索,而一切行为一任冲动之支配。此中国青年之所以不能静思与不能阙疑,非无故也。

今之指导青年者最惧青年之阙疑,因青年阙疑,则指导顿感困难。而今之青年亦并不愿多所阙疑,因阙疑使人烦恼,问题悬挂心上,使人感觉不安。结果:指导者专重思想内容之传授,而不问思想态度与方法;被指导者亦乐于结论之接收,而不究结论之由何而来。其最后结果则又归于盲从与盲动。

阙疑难事,然又不能以其难而畏避之,另寻捷径。盖社会真象之认识与宇宙真理之判断另无捷径可循,有之,其惟阙疑;果能阙疑,则真象未有不明,真理未有不显者也。

以上三点为思想态度之要素,亦即认识社会真象与宇宙真理之根本倾向。现代青年不欲求为适应现代生活之青年则已;苟欲不负此生,不负此时代,则务求适应此时代生活之方法;欲求适应此时代生活之方法,又不可不先求认识此时代。时代之认识首在思想态度之得宜:独立思考,以求亲自之了解;虚怀若谷,以得他人之助益;阙疑存真,以明真象与宇宙真理。思想态度既合,则思想方法之根本无误,可进而采用更具体之方法,以认识此时代也。

三、思 想 方 法

思想方法,范围甚广,理论亦繁;若欲详论,所涉过多,非此篇所能及,兹举其最要而具体者三事,以为认识时代与适应时代之参考。

(一) **诊断** 思想方法之第一步为诊断:诊断者,概括言之,即如医生之临床诊病,以断定病之所在及其性质如何;分析言之,则包含下述二步骤:

1. **观察事实** 医者临床,诊视病象:或量热度,或计脉搏,或听心脏,或视舌苔,或验痰血,或测血压,或照爱克司光线,或问最近之病情形,或询过去生活状况:运用各种方法及手续,以发现各种事实,为判断疾病之根据,此可统称之曰"观察事实"。观察事实之方法甚夥:可凭感官(如眼视舌苔,耳听心脏,手触脉搏等),亦可借器械(如用寒暑表量热度,用显微镜验痰血,用爱克司光线照肺部等),甚至须作实验(如分析血清);至询问之法,则可从整个生活中获得粗疏之生病原因,以供上述精密观察之参考。事实之观察最难正确;观察不正确,则判断亦随之而误。欲观察正确,须特别注意者三点:

a. 观察周详　医生诊病,往往误断;然一念之差,命送俄顷;庸医杀人,而人莫知:此即由于观察之不周详。凡观察事实,丝毫不容苟且,务将有关或视为有关之各种事实尽载无遗:因一病之起,关系身体全部,生理上与心理上之牵涉至为复杂,而其有关之事实亦至为繁夥;孰为病因,孰非病因,孰为病之主因,孰为病之附因,均在莫定之天;偶一错误或偶有遗漏,则药饵不为无灵,乃转增病痛,而至于杀人。故良医必须运用各种方法,以详察病象,多集事实,为判断之根据。

b. 器具完善　"工欲善其事,必先利其器",此于事实之观察亦然;惟此处所指之器,一方面为感官,一方面为观察及实验器械。就诊病言,器械固属重要,感官亦不可忽视;即如西医多用器械,中医则全凭感官。全凭感官者,其感官之需要锐敏,固不待言;即兼用器械者亦需要感官之敏利(如西医听心,其听觉锐利者能发现心脏中之病征;否则无觉而忽视之)。但全凭感官,其缺陷殊大;不仅致病之各种微菌盲然无睹,即大热发昏,亦莫名其故;所能观察之事实惟脉之滑滞,苔之浓淡,与病之为寒、为热或为风。故事实之观察必需器具完备精良,始能周详而无遗漏。

c. 知识广博　事实之观察不仅须周详,亦须联贯;不仅须器具完善,亦须眼光锐敏。因周详之事实若无联贯,仍各自独立,不能构成一整个之判断;完善之器具若无锐敏之眼光运用之,注意隐微之病征而觉察之,则亦视而不见,听而不闻:故事实之联贯与器具之运用均须锐敏之眼光。但锐敏之眼光又须广博之知识:凡所发现之事实皆知其意义与其关系,而随时注意之;凡未发现而有关之事实皆预先留意,而不肯忽略;不挟成见,不作武断:如此,则巨细靡遗,新陈贯串,而整个正确之判断乃自然产生矣。

2. 检核观察　观察事实原为判断病症之根据,但此根据究竟正确与否,而由此产生之判断究竟是否不误,此类问题之全部解答须待全部思想之完成。然此处亦可检核其彰明较著者,而清除之,此须注意下述三点:

a. 专家之同意——就医病言,即诊视同一病症者之所见相同,方可证观察之不误;

b. 观察之相同——即各人所观察之事实相合,而无大出入;

c. 观察之功效——即所观察之事实可助问题之解决。

以上所述二步骤——观察事实与检核观察——构成思想方法之第一步——诊断;亦即搜集事实,以确定症结或问题之所在。医人如此,医国如何?诊病如此,认识时代又如何?个人身体虽云复杂,若较之社会则简单多矣;然此远较简单之个体有病,尚须精确之诊断,始能发现症结之所在;社会有病,能不需要精确之诊断乎?故上举之二步骤,或因社会问题过于复杂,不能完全应用;然大概可采行之也。例如国人常问:"我国社会疮痍遍体,不知医治须从何下手?"吾人可答曰:"从诊断下手。"先发现疮痍究竟何在,其性质究竟如何:民族是否衰老,无法返老还童,抑尚在华年,发展有望;人民是否愚私,不可启发教导,抑文化悠久,启导甚易;生活是否穷困,断难救济振作,抑地大物博,易于振兴。此皆宜施行周详之观察,以搜集充分之事实;培养广博之知识,以获得精确之判断;并集思广益,参合多人所观察之事实,以证明判断之不误。不轻躁,不武断,不为成见所蔽,不为私欲所诱,然后可言时代之认识:直言之,必经过此思想之第一步也。

庸医固可杀人,昏君亦可亡国,而利令智昏之多数谋国者亦何尝不可以灭种乎?

(二) 推断　病理既明,药方可定;社会症结既知,解除答案可拟。但药方如何而定,答案如何而拟,亦非可率尔操觚,必须经过精密思考。此精详思考可名之曰"推断":推断者,即由已知之事实与判断,以推求解决之方案。此亦可分二步骤述之:

1. 假设方案　关于社会症结之事实既异常复杂,则症结之判断不能单纯;症结之判断既不单纯,则解决之方案必不一途;故先须同时假设若干方案,以资去取;而此若干方案仅能谓之为假设者,以其尚须选择与实证也。但方案之假设决非随意为之,乃须合于下述三条件:

a. 预料精确　假设方案即预料将来事实必与假设相符,所开药方必能治病,而不至加病;所拟答案必能解除社会症结,而不至于增加纷扰,但此方案与事实之符合,全在预料之精确;预料精确,则将来事实自证明之。

b. 说明简单　良好之假设无须繁复之说明,其义自显。换言之,即有明显之事实为其根据,为之实证,毋庸赘释也。例如哥白尼地球绕日之说,简单明了,易于通晓。

c. 暗示繁夥　良好之假设必能暗示其他方案,以增加各种可能,并不限于本问题之解决。例如达尔文之进化论,其暗示之方案不仅能解决生物上之问题,即社会问题与宇宙问题亦得一部分之解答。

2. 推演假设　假设之方案虽多,然不必均被采用,惟择其最可能者试之。但如何选择,则须详细推演各种假设,觇其能否与已知事实相符;符者可作为正式之解决方案,否则须抛弃另定也。推演假设宜注意二事:

a. 解释事实　此即谓所假设之方案须能解决已知之各种事实,则此假设始得谓之为根据已知事实而推出之断案,否则为离事实之空想,决不能与将来事实相符,以解决实际问题也。

b. 涵盖事实　此即谓所假设之方案能包含已知之各种事实,而完全解释之;所能解释之范围愈广,则假设之可靠性愈大,否则假设又离事实,而成空想矣。

假设方案与推演假设构成推断,为思想之第二步,亦为思想之本部。因第一步之诊断实为事实之搜集与问题之确定,以供给第二步之根据与目标:供给事实,则推断有所依据,而非凭空臆造;确定问题,则推断有其目标,而非无的放矢。且诊断乃事实之观察,事实观察多凭感官,思想活动究属次要。至推断则多凭思想:假设方案固包含无数之思想活动,如预料、说明、暗示等;推演假设亦多凭思想,应用已定之方案为已知事实之解释。

社会问题虽明,然解决不得其法,亦属徒然。我国数十年来之紊乱早已引起有心人之思虑,自清季迄今,有心人所假设之方案亦不知凡几。然方案自方案、紊乱自紊乱,方案不仅不能解救紊乱,甚且增加紊乱:此或由于诊断之错误,差之毫厘,失之千里;然亦由于推断之欠精密。举例言之,清季初因战事失败,倡强兵御侮之说,锐意制造西式枪炮与兵舰等,然结果仍每战必败;后知徒然坚甲利兵,不能御侮,且坚甲利兵亦非学术不可,乃倡学术救国之说,努力灌输西洋学术。但西洋学术输入,民主思想蔓延,专制政体动摇,而清社遂屋。其诊断与推断之谬误有如是者!盖清季战争失败,原因至多,诊断不易,而推断尤难;宜如何加以周详之观察与精密之推想,以求得一可能与可靠之答案:乃见隘识浅,以极幼稚之强兵说了之;其不失败,不可得也。

谋国诚难,认识时代亦不易,然稍有思想方法,依据已知事实,预料未来事实;大胆假设方案,小心推演假设,则难者亦易矣。

(三) **实证**　第一步思想——诊断所供给之根据是否正确,由此根据所产生之断判是否无讹,此类问题最后之决定惟在实证;第二步思想——推断所假设之各方案孰为最善,而此最善之方案是否可行,其最后之决定亦惟在实证:故实证者思想方法之终极,思想价值之裁判也。实证之法通常有二,分述于次:

1. 观察　实证之需要观察一如诊断,其方法亦相同;然二种观察之目的与范围则殊不同。诊断时之观察事实,其目的在确立问题,供给推断之根据与目标;实证时之观察事实,则在解决问题,证明推断之真实与价值。因二者目的之不同,其范围亦遂有别:诊断时之观察既为问题之确定,故其范围甚广,即凡有关或认为有关之事实均在被观察之列;实证时之观察既为问题之解决,故其范围一定,即凡与问题有关之事实始观察之。二者目的与范围虽有不同,然方法则无以异:观察之宜周详,器具之宜完善,知识之宜广博等皆相同也;否则虽有证实推断之事实表现,亦不免视而不见与听而不闻也。

2. 实验　证实诊断与推断之第二法为实验。所谓实验者,即依照假设之条件,安排各种情形,以觇预料之结果是否发生。如预料之结果竟然发生,则所假设者即彼证实,而假设之方案即成为证实之断案或定律。思想方法至此始告一段落,思想之活动至此始可谓完全,而经过此阶段后之思想内容始能信仰。

我国社会目前流行之主义错综纷繁,莫可究诘,大都为未证实之假设,或为未经诊断与推断之空想,然学而不思者奉为金科玉律,偷生不学者又借为敛钱之具。而吾热忱纯洁之青年则急不暇择,至受其宣传与诱惑而不自知,反以为社会问题之解答在此。但其结果,社会问题未得解答,而此身已先入火坑矣!

"各种主义中孰为能解答我国社会问题者?"此吾辈青年所最关心之问题也。然欲解答此一问题,必先问:"何种主义真由我国社会问题推断出来者?"换言之,即答案必根据问题;否则答非所问,等于隔靴搔痒。又吾人不仅须问某种主义是否产生于社会问题,并须问社会问题是否形成于诊断——正确之诊断:否则该问题根本不能确定,而由该问题产生之主义更无论矣。若某种主义果由诊断与推断产生,吾人可相当承认之,视为答案之一;然未经证实,仍为假设也。故各种主义其真实与价值之判断全在吾人运用此思想方法,无须他人代谋,亦非他人所可代谋。故吾人研究各种主义,不必详问其中所包含之答案为何,而必须根究其中答案从何得来与如何得来;则其答案之是否真实与有价值,不难判明也。

判断主义,固应如是;适应时代,亦莫不然:时代之适应必先诊断,明了其问题之所在及其性质,然后假设解答之方案而证实之。惟青年经验不足,学识未充,不必能假设方案,更不必能向前证实;然万不可不诊断,即万不可不观察事实与明了问题。必能如此,然后进可以假设,可以证实;退可以判断他人之假设或主义,可以批评他人之实证或实行。换言之,即进可以从事青年运动,解除社会纷扰;退可以认识时代生活,不增加社会纷扰;故或进而有为,或退而有所不为,皆适应时代之方法也。

社会纷扰已极,思想紊乱亦甚,处此而言适应,良非易事。虽然,果能充分运用天赋吾人之智能,依照思想之态度与方法,先求时代之认识,则难者易矣;谓予不信,请吾青年诸君,尝试而证实之!

(刊见1932年《现代学生》第2卷第1、4期)

第四辑　西方教育及其思想

英美教育家心目中之美英教育

一九二五年岁暮，英前教育总长非奢（H.A.L. Fisher）特往美国调查教育，曾参观各地各级学校，归作报告，题曰《英美教育》，于一九二六年六月举行于伦敦之教育会年会中读之。其报告之内容翌日即为美国全国报纸所披露。隔日，《纽约时报》又将所征集美国著名教育者之意见发表；再隔二日，非奢之答复又至；反复答辩，美国教育界一时顿形热闹，而引为灯烛茶余之谈话资料者盖又不知经过若干时日也。

非奢曾数度游美，其于美国之教育，知之不可谓不深，故其言之也亦多能中肯綮。至其批评之能引出美国各教育家之自白，成为对于美国教育之一种舆论，俾留心美国教育者，明了美国教育之最近概况，则其立言之功不可没矣；所可惜者，其于英国教育之批评，不克闻其详也。

中国教育受美国之影响大矣，故于美国教育之得失尤宜时常留意，此本篇之所以辑译也。

一、非奢之批评

非奢批评美国教育，可分七大点兹缕述于后：

（一）美国对于教育之信仰与热忱。美国人民教会虽夥，然有一共同信仰：即全国上下一致相信教育；而此种信心在过去十五年中，迄未受何动摇。故凡往游美国者莫不深感美国人对于教育之热忱。至于学校人数之骤增、种族之复杂、语言之歧异等非常之困难，均能以全副精神从容措置之，尤为难得。

美国之所以如此深信教育者有一理由，即彼认明各级学校中有一种融合之力量，能将人种复杂之混合体造成一单纯之人民与一单纯之国家观念。故教育之于美国乃伟大之调和者，乃国家之创造者；故美国移民愈众，美国教育者之事业愈繁也。

因此,美国下一决心,凡具白皙皮肤者均有受相当教育之机会。惟此种豪举,其费用之得失,其教育制度之良窳,近年来引起质问检验之趋势。

(二) **小学校**。小学校为美国教育制度之最优部分,实无可怀疑。此即一管理极有功效之机器,此机器即经过将复杂之材质造成真正美国人之程序。惟此制造程序因移入人民地域之扩大,益感困难。儿童既较钝,教员复较差。多数教员来自外,语言文字均不纯熟,故教学颇费事。且移民之方言可以破坏本国语言文字,此尤一绝大之危机,想为美国人所深虑却顾者也。

新移民律定可减少美国教育制度上之困难:既得从容消化外来之材质,复有校地容纳已达入学年龄之儿童,而本国文言破坏之危机亦可借此避免也。

(三) **中学校**。美国中学亦有小学同样之困难,奋斗亦颇力,然仅有部分之成功。观入大学之中学生,其知识与文化上预备之薄弱,则中学之成绩亦可知矣。故论学问论透澈(Thoroughness),美国实无可与英格兰及苏格兰无数学校相比之公中学校。虽然,美国之私立中学蒸蒸日上,逐渐盛行。此种学校将来在美国教育制度上必得赞助,必占重要地位无疑。私立中学制度现在虽仍属幼稚,但对于普遍美国生活中之平齐的民主精神(The leveling spirit of democracy)颇表示一极普通而不觉之反抗。

(四) **大学校**。在大学中,现正设法鼓励并培养特别天才,科学及文学之研究极可称赞,但此中困难亦多。一方面大学校发达过大,人数过多;一方面中学毕业生预备薄弱,不易提高。与英国之标准大学比较,美国大学中得荣誉之学生工作甚少。彼等进行步骤引愉快而容易,盖限于美国公立中学平均毕业成绩之需要也。

要而言之,美国大中学之青年男女,生活极为快乐。男女在同学制度盛行之下较之于男女分开求学制度下,女生智力方面之活动无此奋勉。在多数西部之大学中,青年女子原视大学为寻求未来良人之机会,教育则其次要之目的耳。虽然,无人主张废除男女共学制,均以此为自然秩序之一部分;而大多数教授宣称,男女同学利多于弊。

(五) **教学**。美国学校教学大半皆劣。

(六) **经费**。美国教育实验物质上之设备,校舍之华美,皆为人所不及。

(七) **结论**。普泛言之,美国所给与青年之机会远过英国,而教诲上则有逊之。就经济上言,美国之富裕,英国望尘莫及,但其失败则在无智慧之透澈(Intellectual thoroughness)。就此层而论，美国中学无有能与英国之温捷斯特（Winchester）或圣保罗（St. Paul's）学校相比者，美国大学亦无有能与牛津或剑桥相颉颃者。

美国教育上之大错误，据十五年前游美所得之印象，为其大学学科计划，模仿德国太甚，此意并非谓德国制不佳，乃谓该制成功之条件在有德国高等学校（Cymmasium）之下部构造也。

现美国教育思想界之领袖渐认明，如依英国计划改组美国大学学科，果能实行，必较适合美国情形也。

为提高大学程度，已于各科中设立荣誉学科，用此方法，可将普通学生平均成绩之低标准与特别学生专门研究之高程度间之鸿沟填减；惟现选入荣誉科之学生不多，为可虑耳。

二、美国教育家之答辩

美国教育家对于非奢之批评，认为确有根据，惟其缺点在未能认出美国教育制度中明显之长处。多数教育家同意，美国教育之优点在小学，并承认美国中学与大学，确是不相衔接；但一致宣称，非奢以为私立中等学校将在美国教育中占重要地位之结论，完全错误。兹将各人意见分述于后，俾观全豹。

（一）**狄尔兹雷博士**（Dr. J.L. Tildsley, District Superintendent of Schools）。非奢批评美国中等教育，谓为虚浮，言颇确凿。惟彼未曾道明所以虚浮之故，英人问之，或以为虚浮乃吾人之所甘。实则吾人方在试行无论何国或何时代所绝未行过之事，即无论何人愿意时，均给与中等之教育。吾人试行，与智力70及智力200之儿童以同种类之教育；吾人与一切父母为其儿童要求受同等教育之权，而不顾其儿童之适合与否。在同一时间，试以同样科目教迟钝儿童与极端聪明儿童，其结果是降低标准，以求调济；其趋势是使较优儿童成为游惰者，而较劣儿童仍旧不能随班工作。且吾人已试行，使工作之分量极少，惟最劣之儿童亦可从事。此乃美国中等教育中之大错误；而此错误之所以继续不改，则由于国中教育领袖非真正人才；故吾人现需要如国中大实业领袖之干才——例如加雷法官（Judge Gory）——主持吾国教育制度。

再者：此种大规模之中等教育不能发给教员充足之薪水，因此，坏教员既甚够,而班次亦过大。除非人民觉醒,知发给相当薪水之必要,知分别儿童、因材施教之必要:各种错误将永远存在。

美国无中等学校可与少数之英国中等学校相比,此语大致无讹,盖吾人实无此大人物主持此项学校,不如英国能出五万美金一年,延聘校长,而获得最有才干者之效力。至言美国无中学可与多数之英国中学相比,则未免过甚其辞。此类错误之批评多由于其新近游美之知识不能保证其假设故也。

（二）菩利格博士(Dr. T.H. Briggs, Pros. of Edvc. of Teachers College)。非奢之结论大体皆是,事实亦甚如其所述;惟吾所大惑不解者,则彼详举美国教育之特点,而不同时并举英国教育上之弱点;盖两国教育各有其实质,各有其成功与失败也。

至言私立学校将驾公立学校而上之,则非奢完全错误。

又各校性质极佳之研究工夫,非奢未尝言及(美按:此点非奢后来补述及之);而于社会教育或称为课外活动之长足进步,亦未察见。此种工作之最善代表者莫如华盛顿欧文中学(Washington Irving High School)及德威特克林通中学(De Witt Clinton High school)中之学生组织,彼间学生能受关于社会关系及公民活动之有价值之训练。

（三）斯炊酉博士(Dr. G.D. Strayer)。非奢之普通论断颇令人惊骇:盖美国教育制度性质至不一致;有教育极脆弱之区域,亦有教育可与无论世界何地教育相颉顽之区域;若概括全国教育制度而泛论之,实为最困难之事。

吾人所希冀者:政府及国家必须增加其维持学校之责任,然后教育能致吾人于论理的结论。

非奢所示中等学校之弱点,可施之于教员及设备均坏之中学无疑,但从他方面言之,吾人有教员资格极高与标准极高之中等学校,亦属实在;故此种学校则不能以缺乏透澈批评之。

美国义务教育之实在贡献在中等学校对于大部分青年男女能力及职业前途之适应;此在他国,则仅限于极少数之青年男女。

（四）谷雷扶斯博士(Dr. Frank P. Graves, State Commissioner of Education)。非奢为一教育家,深可敬佩,但其所宣称之英国教育制度,根据一九一八年英国国会所通过之教育议案而论,实不全如所求。此议案彼称为普及英国教育并民主化英国教育之企图,但实际上则仍未完全实现。

吾曾在英国参观五十小学(Gramor)及公立学校(英国中等学校皆以此

名），吾意彼皆不能与类似之美国中学相比。中等学校之师资训练在英国未尝前闻，所目击之教学，即在最优良之公立学校中，亦有为美国中学所不能放任者：英国中等学校之教室作业，参观非常困难；否则其中劣质之教学当更显著。

从另一方面言之，美国中学成绩之不透澈，应为罪过。美国中学成绩大约稍低于英国公立学校，其主要原因则在中学人数之骤增。普通人口已增加百分之五十，而中等学校之入学人数则增至十余倍，其结果，智力种类不同之学生勉强选习不适合于彼等之科目。虽然，此种以方凿入圆枘内之困难必得解决，解决方法即在以初级中学或居间（Intermediate）学校著称之新学校；在此项学校中职业指导可有相当之注意。

美国甚愿承认，其所希望之教育极盛时代尚未达到，然须勿忘，此为举世唯一之国，企图供给每人以其所期而能吸收之教育。

（五）爱德门博士（Dr. C.K. Edmunds）——前领南大学校长。非奢之比较多属真确，但若承受其结论，而不觉英美教育情形与环境之差异，于以明教学方法及成绩之差异，则必先于错误。

非奢对于美国中学之评价甚低，未见其十分公允。在最优良之英国专科大学中，成绩确如美国大学之研究院；而美国专科大学中之训练亦确多属于中等学校者：此则因为美国制度过于为一班学生而计划，于有特别才能之学生未能充分为之设法；故英国专科大学中高度之个人自由较此为佳也。

（六）慈温校长（C.F. Thwing, President Emeritus Western Reserve University）。美国教育，已如非奢所承认，在物质设备方面，实较英国为佳；而美国教育之缺乏在求学兴趣，亦属实情。故美国危险在使教育之内容目的及实施，成为物质而又狭义的；职业训练篡夺高尚教育（Liberal education），体育上之热心分散智慧上之努力；虽然，此间有识之领袖颇能追随英国领袖之思想，双方之目的皆欲使教育深浚而不狭隘，广博而不浮浅，远见而不空想。

（七）白通校长（President Ernest De Witt Burton of the University of Chicago）。美国民众教育太过，个别需要注意太少。凡美国之教育者当莫不承认美国教育之质有改良之必要；论量则吾人甲天下，吾人所宜着重者在质。

(刊见1927年《新教育评论》第4卷第6期)

我心目中之美国教育

　　曾于本志前期(四卷六期)中辑译英美教育家对于美英二国教育之批评,题曰"英美教育家心目中之美英教育";实则论美国教育之处仍极略,或不能厌读者之望。所幸辑译之旨本不在详(此已有人先我而为之,如汪懋祖之美国教育彻览是),而在新近。虽然,其中似犹多遗漏不宜遗漏之处,或省略不可省略之处,或英美教育家以为可遗漏可省略而吾人以为不可遗漏不可省略之处;此则须待吾人之补充也。爰就直接与间接经验所得,著为此篇,以补人之所未及,亦以引人补我之所不能及也。作者识。

一、引言——美国教育之背景

　　一国教育最能表现其国性与国情;盖无论教育力量如何之大,如何可以造因致果,然其不能离开一国固有之国性与国情,以造致绝然不同之因果,则不易否认也。所谓国性国情者可以三事括之:(一)人民之性质;(二)环境之状况;(三)立国之精神。此三事与教育互相影响,互为因果,凑成一国特殊之教育,不同于其他各国,此教育之所以能代表一国也。故欲明一国之教育情形,须先知其人民之性质、环境之状况与立国之精神。

　　美国教育特异于各国教育者甚多,此其国性使然也。兹先略述其国性,然后再论其教育,似言之较为确切,而阅之亦更醒眉目也。

　　(一) **人民之性质**。美国今日之人民均非土著(土著为印第安人,现有者仅三十四万余人,然并不以国民视之),尽来自欧非亚各洲。来自亚洲者有黄棕二色人种,然其数目与势力均极微小,故影响于教育者亦无多可述。来自欧非二洲者约可分三类:1.教徒;2.谋利者;3.黑奴。前二类多为白人,而其中以国籍论,又至为复杂。彼等虽入美国国籍,然数代后尚不忘其祖国及祖国之一切语言习俗。因此,美国民性至为歧异,语言习俗等繁复不堪,人民活动亦极不一致,然以此而活动反较自由;加以国家新造,外无陈腐习气之束缚,内有坚强进取之精神:故一切活动多能创发,固不仅为教育为然也。

（二）**环境之状况**。种子虽佳,然无土宜,亦不能发荣滋长,故环境之状况为立国之一大要素。美国地大物博,气候温暖,凡人民之需要应有尽有;而人民又能冒险创发,则其结果不问而知:故经百余年来不断之经营,交通便利,富源开发,田园整理,家给户足;而以其生产剩余输出国外,以其生活剩余举办教育及文化事业,以造成今日民智增进、民生逸乐、富甲天下之国家。

（三）**立国之精神**。凡一国之建立必有其精神,以为之维础。"礼义廉耻,国之四维;四维不张,国乃灭亡",此中国旧有之立国精神也。美国之立国精神为自由与平等,此可于其建国之历史中见之。

前于人民性质一项中已言及之,美国人民之中坚为教徒、谋利者及黑奴;而此三者之中又以教徒为人民中坚之中坚。考美国教徒之来美,其目的为求信仰自由,为不堪祖国宗教之压迫,而逃往其势力所不能及之地,以求获得自由崇拜之权,此类事实凡曾读美国历史者皆能言之,无庸多赘。后将此信仰自由之精神应用于政治,遂离祖国政府,而自建新国,成立其所谓民主国家,实行其所谓民主政治,后此精神更推及于教育,而倡所谓平民主义之教育。故美国立国之精神为自由,而其教育之宗旨亦为自由,此极为明显者也。至平等之精神则包括此自由精神之中;盖未有不平等而真能自由者也,未有机会之不均等而真能自由表现也。姑无论此自由平等之精神,已实行至若何程度。然美国知识阶级人民领袖之念念不忘,美国社会之无贵族气,个人活动之较为自由（美国舆论不及英国之自由,而私人行为则否;泛言美国不及英国自由者应分别之）,皆足以表示此精神之存在也。或有讥美国之精神为拜金主义者,亦未为尽非,因第二类人民——谋利者——即以金钱为目的者也,然彼辈之目的究非美国立国之真精神。

美国之国性既如此,则与此互相影响、互为因果之教育,可得而知之矣。今试先言其概况,然后分论其特点。

二、美国教育概况

美国教育亦如其国性,繁复至不一致,诚如斯炊西博士所云,不易概括泛论。然繁复之中究不能无一致之处，如美国之立国精神是。在教育上可得而概论者有下数点：

（一）**人民对于教育之信仰**。此点英前教育总长非奢亦已论及，然所知似仅其一，而未明其二。凡一国教育之发展，全赖人民对于教育有相当之信仰，愿意举办之、维持之、扩充之，此不待烦言而知之者也。美国人民之领袖与有势力者为教徒及已成功之谋利者。前者于来美前即受有教育，彼等视教育为造就教徒之无上工具，故异常重视之（读美国东方各私立大学成立之历史即知）。第二类人民——谋利者——虽未受教育，然于宗教则亦崇信；故彼等虽不明教育之意义，然以信教故，亦随教徒之后，赞襄其事。继以发展实业，开拓疆土，颇需人才，于是，宗教式之教育变为实业式（或工艺式）之教育。此甚合第二类人民之目的，故彼辈益提倡之。此外有识之士，虽不欲以教育为传教之工具，亦不欲以之为专门谋利之方法，然终觉美国复杂之民性，非教育不足以调和溶化之：故此辈以深信教育之功用，而努力提倡之。总此诸端，美国之教育遂甚形发达。

（二）**教育发展之途径**。美国教育之途径随其信仰及目的而定，兹宜特别注意者二端：（1）义务教育，（2）工艺教育。

1. 义务教育　美国领袖除教徒及谋利者外，尚有极少数眼光远大之政治家如哲慧生（Jefferson）等。彼等不仅极力谋宗教之自由，亦同时谋政治之自由，谋人民活动之自由。然此种自由如何始能获得？曰，全民教育。善乎哲慧生之言曰，与其少数科学知识甚高及多数知识毫无，毋宁使全民智识开启之为愈。盖欲建设良美而安全之政府，其法不在付之于一人，而在分之于多人，使各尽其所能也（见Virginia大学校史）。此议一倡，大合人民求自由平等之愿望。加以富源开发以后，尽有生活剩余以从事全民教育：于是，义务教育之实现异常迅速；虽以欧洲未受教育之移民源源不绝，而其进行仍不稍懈，其功效亦有增无减；现今移民律又已通过施行，全民教育之目的亦不难达到矣。

2. 工艺教育。美国各项教育中最发达者为工艺教育（包括各种专门教育如医、药、法律等）；最不发达者为养成研究学问人才之教育（如研究纯粹科学或哲学等）。其所以如此者，则上节所云，实业发展及他种社会事业之需要人才有以促成之。或有归之于实际哲学之影响者，则殊无法能肯定之。惟此种教育之过于发达，不能不怪美国人民功利思想太重；而其所造之人才，为一种富于社会常识及普通技能而绌于抽象运思及精研学理之青年，则亦彼狭义的功利思想有以致之也。但此中原因复杂，非可执一理以释之。即如各种文化事业、艺术工作等,凡需时甚久者均非短时期中所能一蹴而几,而须千百年之聚精会神日积月累,此则非可望于今日美国也。或谓艺术与纯粹科学在美国无发展之希望,则未免言之太早;盖无论环境如何之不同,人性之爱美及好奇则无以异,若假以时日,予以闲暇,未有不可以发展者也。近年来美国学术界颇有特出之人才,而注意之者又多方奖励,其前途正未可限量也。

（三）教育经费之充足。 美国现决计实现全民教育,虽各阶级之人用意不同,而其勇于赞助则一:始则由私人发起,团体提倡,继则社会共谋,终乃归政府办理。但美人对于教育之热心虽由于信仰,然若无实力为后盾,则亦徒然,故美国教育发达之第二原因为实业发展,国家富裕。

美国教育经费为全球冠,此则不仅以其入学者之多,致费用浩繁,亦以其设备之周也。凡参观美国学校,第一印象即校舍之崇宏,实习室之便利,图书馆之完备。此就校内而言。至校外之公共图书馆、博物院、动植物园等均需巨款,方能设立。此在他国,则不易举办;而在美国,则或间接出之税收,或直接出之捐助,一呼百诺,朝发夕举,令人惊叹！此固由于人民之慷慨解囊,然尤视其囊橐何如耳。

（四）教育成绩。 美国人民既深信教育,而经费又异常充足,则其成绩定大有可观,然事有不尽然者。凡国内外研究有素之教育家虽承认美国教育上之设备甚佳,然于其教授及学习则均不满意。即如非奢批评美国学校教学大半皆劣,学生研究不透澈,均为美国教育家所公认,然此固未尽其短也。他如学校管理之疏忽,学生与教员间之隔膜,道德教育之缺乏,悉美国教育之失败处,美国教育者之所深虑者也。客岁全国学校监督集会于华盛顿,讨论美国教育上之需要,多发表意见,谓美国现今所最需要者为道德教育,为公民教育,为立身处世之训练;美国教育之大缺点亦可从此见一斑矣。

美国教育此方面之失败,据其教育家之解释,无非由于欲行全民教育:盖学校人数既多,则一切困难于以发生,良好教员亦供不应求,遂不免滥竽者之不能称职。因此近年来,颇提倡个别教育,师资训练,薪水增加,以改良教学,其结果如何,则尚未可逆睹也。

（五）教育制度。 美国教育制度之缺点,非奢已举其一;即大学学科计划模仿德国太甚,而又无德国高等学校之下部构造,使之衔接,为之预备,致大学程度低降,专门研究缺乏人才。此外尚有一大弊病。美国教育起源于私人及地方,故其制度极不一致。善言之,则各地各校无规律之束缚,得以自由发展;反之,全国学校漫无组织,不相为谋,不仅中学与大学不能衔接,即中学小学亦乏联络,其结果为转学困难、课程重复等问题之发生,而此教育制度遂成为效率低微之机械矣。他如私立学校之各自为政,各有其教育宗旨,则更引起入主出奴、信仰冲突等无谓之纠纷也。

近十年来美国教育界之领袖深鉴及此,锐意革新:在大学则有荣誉学科之设立,以鼓励学生之深造;在中小学则有六三三制之采用,以图学制之衔接。他如中央教育局之创设,农村学校之合并,高级中学校之分科,中学大学程度标准之提高:种种方法,亦求教育制度之有系统,有效率。

以上所言,皆就心目中所能见到而又重要之美国教育情形,能予以概括者,先概括论之,以下再分论美国教育之各级及各方面。

三、美国教育之各级各方面

美国教育情形既已概括论之,兹请进而分述其各级各方面。

(一) 小学教育。美国各级教育之中,以小学教育为最佳,乃不可否认之事实;然其所以最佳之处安在? 此不可不察者也。

1. 环境之富丽。小学儿童所最需要者为充分之活动机会,为充分之活动自由;盖必如此,然后能满足其各种能力向前发展之要求。但如何而可获得充分活动之机会,此不外二事:(1)丰富而带刺戟之环境;(2)变化之活动。所谓丰富而带刺戟之环境者如美丽和乐之空气(如教师之循循善诱,耐劳和蔼等),丰富之设备(如图书,玩具等),卫生之居处(如校舍清洁等),皆是。美国以经费充足,对于物质上之设备,最良之小学校几应有尽有。校舍为最新式之建筑:光线、空气、便利等事无一不讲求;图书室、健身房等无一不以科学方法从事(即一农村学校亦有礼堂循设)。设备之佳亦然:凡手工、体操、音乐、图书等工具与材料均甚齐全,他如参考书、装饰品等亦皆完备。

以上所言,多为物质方面之设备,仅丰富而带刺戟之环境之一部分;此外尚有精神方面之准备,即上所云美丽和乐之空气是。儿童活动之范围每因教师之态度而异:教师之和蔼可亲者能引儿童向各方面活动;教师之过于庄严者,儿童视之如阎王,窥之则远避,遇之则一切活动均将停止,此儿童与教师间之精神作用。儿童与儿童间亦然:凡一校儿童能共学同嬉,而少龃龉,则其和乐情形可以想见,而其活动亦必因之增加。此所谓美丽和乐之空气也。美国小学教师,态度颇佳,且多为女教师,故能忍耐和蔼。影响所及,儿童亦甚相得。因此,美国儿童在校中异常活泼,跳跃自如,不似英国儿童之规矩呆板也。

儿童天性好动,而其发展即由活动而生。物质上之设备者乃使儿童有所动也,例如欲为体质上之活动者,则有球具、球场等为其活动之对象与地域;欲为精神上之活动者,则有书画、书馆等为其活动之对象与地域,皆使儿童有所动而动也。精神上之准备者乃使儿童愿所动也:例如欲为体质上之活动者,如得教师指导,或同学参加,必更兴高采烈,活动益剧,否则虽天性好动,亦不能若是之心满意足也。故此二方面皆与儿童以充分活动之机会,于以满足其各种能力向前发展之要求。关于此层,美国小学当局确知利用其雄厚之财力,以供给此需要,使儿童得充分之发展也。

2. 变化之活动。欲获得充分活动之机会,第二条件为变化之活动。盖儿童一切活动种类愈多,愈能适合其身心,则使得随意发展。美国儿童活动之种类除学校正课外,名目繁多,虽天才儿童亦兴望洋之叹,不能一一从事也。至其余儿童,则惟择其性之所近者参加之。但一切儿童皆得借此满足其特殊兴趣,如嗜文学者于学校文学之研究外,尚可结社,寝馈其中是。又此种课外活动,亦可补学校课程之不足;如学生自治会或法庭之组织,可助公民学是。要而言之,以活动之繁多而又变化无穷,儿童活动之机会乃更大矣。

就学校中课程而言,美国最进步之小学校(占百分之五)皆甚变换不居,内容与时间均可随时增减,以应儿童及社会之需要。其他学校虽不能如是之变动,然课程不久亦常改订。此固不仅专为增加儿童活动之机会,亦以适应社会之需要,然儿童借此得充分机会活动,其功已甚伟矣。

3. 相当之指导。富丽之环境以供给儿童充分活动之机会,固重要矣,然若无相当之指导,使儿童选择其活动之内容及方法,则亦徒然。美国近年来教育方法之发展一日千里,如设计教学、温纳特卡制、道尔顿制等皆指导儿童选择活动内容及方法者也。道尔顿制注重在活动时间之分配及活动之态度(如自由作乐、合作、负责是),温纳特卡制所注重者亦相似;设计教学则甚顾于内容及方法均加以相当之指导:然三者之目的皆在使儿童选择其活动也。此三者现均在发展,公私各校从事者日多;而直接受其赐者则小学儿童,以诸方法之行于中学尚少故也。

以上各点皆说明美国小学教育之所以较优,然其缺点仍甚多,兹略举其大者数端：

1. 女教员问题。美国小学教育几全在女子之手，此事由来者渐，固不自今日始；然直至今日，始成为注目之大问题矣。此问题内容有三点：(1)女教员教学能力（知识、技能等）不及男教员；(2)女教员多不以教学为其终身事业，结婚后即与教育界脱离，不能结婚者则视教学无可奈何之饭碗事业；(3)女性影响太大，不免造成感情作用等之女性化之男子。第一点似不甚重要：盖女子教学能力或有不及男子者，然其耐劳和蔼之态度则胜于男子；且在小学中，技能不十分需要，而态度反可贵也。第二点、第三点均为此问题之要素：一则以女教员多不能视教育为终身事业，乃天然趋势，不可避免者也；二则以女教员影响太大，则教育偏于女性化，乃当然之结果也。故欲解决此问题，必减少女教员或增加男教员；然教学在美国乃穷酸事务，不似中国尚有清高之名，故男子多不愿投身教育界。现教育当局思将教员薪水提高，以图网罗良好之教员；同时增加训练师资之年限，及鼓励在职教员之补习：皆解决此问题之道。然成效如何，尚未可知也。

2. 黑人教育问题。美国小学教育为溶合复杂人种之一大烘炉，一最有效率之机器，因此，亦为美国创造者、调和者之一重要部分。但吾人细审其工作。则去此溶合之目的尚远。他姑不必论，现仅就黑人教育而言，至足窥其一斑。黑人亦为美国人民中坚之一，然其教育、其地位至今反沦于黄人与棕人之下；是美国教育之融和成绩可知。岂教育之力有所不逮耶？抑其故别有在耶？

世人种族之见最深者想莫过于美国人。考此成见之养成，亦非朝夕之故，而黑白之分明实为此最深成见之最深印象。加以黑人之地位素低（所谓黑奴，在美国之黑人几无一不出身于奴也），而人数又众，种种原因皆足以助长此成见之养成。故黑人惟名为美国之国民，实则处于化外，为白人所不齿；不仅如此，甚至于惟恐其多受教育，起求解放，以与白人竞争。此种事实在美国北部尚不显露，一至南部，则俯拾即得。南部之义务教育有所谓双轨制者，即黑人与白人受不同之义务教育是也。其教育之相差，诚不可以道里计：白人之小学，即农村学校亦设备俱全；而黑人之小学，则教室、厨房、教员宿舍均在一破陋不堪之小室，其情形令人睹之欲泣也！此种教育谓之曰奴隶教育也可；谓之曰国民教育或调和人种之教育，则诚不知其如何而可也？近来北部之慈善家或有识者颇以此为虑，发起黑人教育运动，如汗浦登学校（Hampton Institute）之设立，思与黑人以大规模之工艺教育，先解决其生活问题，再图其教育之普及与提高。此外黑人自起从事教育者亦颇不乏人。然各方面进行甚缓,不知何年月日,始能达到与白人受同等教育之地步,抑或终无此一日也。

(二) **中学教育**。中学教育群视为美国各级教育之最弱者,而其弱点之所在则为学生学问之不透澈,成绩之浅薄,至其原因则不外人数骤增,师资缺乏。平心而论,美国中学教育亦有其特长处,不可不并及之也。

1. 选科制与分科制。美国高级中学采用此二制,以求适合学生之个别差异。其办法极佳;盖非如此,不能使儿童全受中学之教育也。

2. 设备完全。美国最好中学之设备无以复加。在欧洲中学教授各种科学的,多由教师表演;而在美国,则由学生自己实验。一班三四十人,每人均有实验仪器,即显微镜亦不虞缺乏。甚者,学生自有其私人实验室,此不能不令人闻之咋舌也。

3. 自给能力。美国中学生毕业后,如不能继续求学者,多能在社会谋生活,一方面减轻家庭之负担,一方面养成个人自立之能力,而为国家一生利之公民。且受过十二年之教育,常识亦具,亦能尽其为公民之责任。义务教育能发展尽责生利之公民,其目的已达;至领袖人才之养成,学问家之培植,原非义务教育之主要目的,其未能实现,固无大妨碍也。

虽然,职业能力之训练,若行之过度,其害亦有不可胜言者。举其大者:如养成学生孜孜谋利之心理,而以其生活之剩余,图物质上之享乐,以调剂其孜孜谋利之枯燥生活。又如美国多数之职业学校,于小学毕业后,与儿童以相当之职业训练,能出而自立。此种学校之职业训练极佳,不似中国办职业教育之稍嫌空洞而不切实;然于普通教育方面则又过于忽略,以其课程偏于职业训练也。以美国社会上之经济情形,大可以初中为普通教育时期,而不必加以职业之训练,否则民众拜金主义之结果不能免也。

(三) **大学教育**。美国大学教育亦随中小学而平民化,实为近来之一种趋势。凡学生中学毕业后,有志于深造者即家中经济情形不甚佳,亦借贷或半工半读以为之,故全国大学中之工读学生占全数四分之三(惟耶鲁等贵族学校则仅三分之一)。此外则纨绔子弟,以学校为娱乐之所或求婚之场。其专心研究学问者所剩盖无几矣。工读学生中未尝无研究学问者,然多厄于经济,不能如愿以偿。现正设法奖助此辈贫而好学之学生,故将来可望真能深造之学生增加也。

美国大学程度之所以低,此平民化之趋势亦其一大原因。又学问之研究,须先有闲暇与嗜好二条件。美国青年家境丰裕固多闲暇,然无研究学问之嗜好,每用其闲暇于歌舞征逐之事;此亦深造人才缺乏之一大原因也。在哈佛、约翰霍布金斯等高深学府,对于专门深造人才,奖助无所不至,然得其奖助者多为外国学生,亦证明美国青年之嗜好不在此而在彼也。因此,大学中之设备虽极佳,研究之机会虽极大,然知利用之者甚少,亦一恨事。

大学教育在其他各国原为贵族的,为专门的,而在美国则极普通。每年毕业大学者万余人,而其毕业后之工作,并非专门工作,而为普通工作,甚至不须技巧之工作,以无如许多之位置容纳之也。故美国之视大学与视中学几无多分别,不过常识较富,谋生能力较高耳。因此,美国大学在社会上之地位实与其他各国不同,其程度之较低亦亦自有故。

美国之研究人才,均致之于研究院;然真有研究者实无多。约翰霍布金斯大学研究院有教授三一五人,而学生仅三八九人,其比例之相差无几,而研究人才之缺乏可知也。

以上各级教育之批评仅择其显著之点论之,其余则未暇及之。此外尚不能已于言者则彼男女同学之大问题是。

非奢谓美国男女同学,女生智力方面之活动不如男女分学之奋勉,然无人主张废除此男女共学制,均以之为自然秩序之一部分,利多于弊。实则男女同学现在美国,仍悬为未决之问题,亦有主张中学男女不宜同学者。然大多数教育当局,均主任其自然。又有谓,以天性而论,男女以体质、性情、习惯种种之不同,固不愿共学也;即共学,亦仍各自成群,不相往来。此种现象,以在中学时为尤甚,盖此时男女差异既特别显著,而男女自觉心又特别锐敏,正所谓相猜之时期,不可以同游嬉。故即就自然而论,亦不必男女同学完全无问题也。要而言之,男女同学,在美国仍为未解决之问题;然此制不废者,则以行之既久,又无甚危险,何必废之,以学庸人之自扰耶。

(刊见 1927 年《新教育评论》第 4 卷第 7、8 期)

西洋近代教育学术上之论战

一、导　言

人类生活确为一冲突与调和之历程：有冲突始有竞争，有调和始有合作；有竞争与合作，始有不断之演化：此进化论昭示于吾人者至为确凿也。人生如此，人生之方法如教育者亦何莫不然。故卢斯克(R. R. Rusk)之言曰：

> 倘教育历程为冲突，其结果必为调和。而教育目的即在使儿童能与一切真实调和，非仅适应其自然环境而已。①

教育本身为一冲突与调和之历程，教育之表现于学术上者亦然。兹篇所欲论列者即此教育学术上之冲突与调和也。

人生历程中之冲突与调和至为复杂，非此篇所能及；教育历程中之冲突与调和亦甚纷繁，不易爬梳；教育学术上之冲突与调和则较为简明，不难拾掇。且表现于教育学术上者必为教育历程中之重要者，教育历程中之重要者又必为人生历程中之深切者；今论列教育学术上之冲突与调和，直接可以助教育历程之了解，间接可以助人生历程之了解，于初学者或不无补益也。

二、教育学术之论战

西洋教育学术上之冲突在希腊时代即已发生；例如苏格拉底与卜罗太戈拉

---

① Rusk，R. R.，The Philosophical Bases of Education，p.125.

斯二哲对于"道德能否学习"一问题,曾有激烈之辩论。惜记载欠详,难于征引。降至近代,则冲突极为露骨,载籍多可稽考。兹为清晰故,分三期述之于后。

第一时期——人性善恶之战。此时期之冲突当以十八世纪为起点,其焦点则在人性善恶问题,而其中心人物则为宗教教育当局与卢梭等。考当时充满欧洲生活全部者为宗教权威与政治权威,处此二重权威下之人生为牛马奴隶之人生;而此二重权威又转而建筑于一种谬说之上。此谬说为何?即人性本恶是。人性本恶之说为基督教输入欧洲后盛行,经黑暗时代之证明与千余年宗教之薰染,成为深入人心之观念:盖黑暗时代之野蛮生活直接证明人性之本为凶恶。基督教之化育直接证明宗教之可以转恶为善,间接即证明人性本恶,而人为则善也。宗教如此,政治亦然;政治者所以监督人民之恶性,所以压制人民之私欲,正如浩布思(Hobbes)所云:

当人类无公共势力使其畏惧时,即在战争状况之中。[1]

宗教与政治如此,遂亦影响教育,况当时教育悉操之于教会之手乎?故一般教育家亦咸认儿童赋性原乖,教育之功用即在消灭此乖张之性,而代以驯良之习。故当时教育界重要之口号有二:(一)"打破儿童之意志(Break the Will of the Child)";(二)"放弃教鞭即纵坏儿童(Spare the Rod, and Spoil the Child)"。第一口号明示儿童之意志为恶,必须打破之;第二口号则示打破儿童意志之方法为体罚,所谓"儿童有背,汝杖则彼学(A boy has a back when you hit it he understands)。"

此种谬误之观念与行为相沿成习,人无敢非;直待卢梭氏出,著书指斥,始晴天霹雳,痴顽梦醒。卢氏著《爱弥儿》,第一语即曰:

凡来自造物掌中者莫不善;一经人手,即化为恶。

此言根本承认人性本善,一反过去性恶之观念;人性既善,则教育之功用即在任此善性之发展,而不可违反,更无论压制与打破矣。当时赞成此说者固不乏人,然反对者尤众;盖千余年宗教之影响,非可旦夕移也。

---

[1] Hobbes, Thomas, Leviatham, Ch.13.

且人性虽非全恶,然是否即为全善,可一任其自然发展,而不加以干涉。赞成卢梭之新教育家如裴斯托洛齐、福禄倍尔等曰,人性全善,应任其自然发展其所天赋之各种能力与兴趣,不宜妄加干涉。换言之,教育当以儿童之自然兴趣为基础,使自动发展之。较为保守者如牛汉(Newham)则曰,不然。人性有善亦有恶,而恶且甚于善;盖吾人意志常为私心所役,恶行之模仿甚易,而善行之模仿转难,且判断亦往往趋于错误;况私欲发荣滋长,而善良情感反教育艰难也。康德亦主张,以严格训练之方法消灭儿童之物欲,而代以成年之理性。故主张性全善者,同时主张教育为儿童自然兴趣之发展;主张性善恶混者,则以为教育不能缺少训练:于是,教育学术上之冲突遂由人性善恶问题一变而为兴趣与训练问题矣。

第二时期——兴趣与训练之战。兴趣与训练问题始尚抽象,与人性善恶问题淆杂,故双方冲突亦较含混。迨近代心理学发展,从事教育者多求助于心理学,而以心理学之解释为依归;心理学亦因儿童了解之需要,而有长足之进步。结果,昔日带宗教色彩哲学性质之教育问题乃成为心理学上之问题;兴趣与训练问题亦脱离人性善恶问题,而成为心理之问题。换言之,宗教与哲学上之问题变为科学上之问题矣。

海尔巴特依心理之分析,寻出人生多方面之兴趣,因定教授目的为多方面兴趣之滋长。其弟子且引申其说,谓兴趣为教育之源泉,儿童一切活动之原动力。但反对此说者则谓,儿童兴趣至无一定,不可以为教育或教授标的;且儿童现在之兴趣不必合于其将来之需要,而其将来所需之能力与克苦精神,非严格训练,不能养成。质言之,人生须努力奋斗之处甚多,非可一味依兴趣为转移也。如此论战,亘一世纪之久。至十九世纪末叶,且将此问题由欧而移于美,发生麦克麦来(Mcmurry)与哈立斯(Harris)等之笔墨之争。直至二十世纪初叶,此冲突始趋岑寂,此不能不归功于杜威氏等之调和。杜氏于一九一三年著《兴趣与努力》一文,解释兴趣与努力之关系:谓真实之努力须借助于兴趣,而兴趣亦可随努力而变更其强弱;有兴趣而无努力,则兴趣不啻感官上之刺激与娱乐,有努力而无兴趣,则活动者与其活动之事物分离,而变成无目的与割裂之活动。故兴趣与努力为目的活动之两面,而目的活动则教育之所希求者也。此论一出,此百余年来之心理与教育问题,暂告解决。然一波未平,一波又起;兴趣与训练问题方告结束,而教育科学与教育哲学之冲突又见发难。

第三时期——科学与哲学之战。教育学术上之冲突促教育学术本身之进步,而尤促心理学等之进步;盖教育问题,非俟较为基本之心理等问题解决后,不能处置,即如兴趣与训练问题可为明证也。故教育学术之发达实在心理学等发达之后;而心理学较之其他科学(如社会学)更为基本,故更先发展。此教育科学化之第一声即为裴斯托洛齐所高呼之教育心理化也。教育心理化运动,裴斯托洛齐发其端,海尔巴特继其绪,其弟子更发挥光大之;经百余年之努力,始将教育确立于心理学基础之上。由是,昔日之抽象而空洞之教育学一变而为心理化之教育学,教育之研究几同于心理之研究。甚者,谓心理学外无教育学,或谓教育学即应用心理学。此种极端之态度遂又引起教育学术上之大冲突,双方笔战,迄今已三十年,然犹方兴未艾,值得研究教育者特别注意也。

此冲突可分两方面:一为教育心理学与教育社会学之论战;一为教育科学与教育哲学之论战。前者较为单简,可引教育社会学者史密斯氏(Smith)之言概括之。其分析现今个人主义盛行之原因,而归其一于心理学之垄断。其言曰:

> 心理学之发展较社会学为早,因亦较为完善;故其注重个人性质及需要之说明亦较社会学注重团体及制度之申述为深入人心:此实为现今思想中个人主义扩张之第三原因。此种心理上之成见表现于人生各方面者均甚明显,而在教育学术上尤为特著;盖教育学术上之贡献最大者当推应用心理,而社会学则犹在理论时期,缺乏分析实验也。从事教育者亦大多受过心理学之训练,而于社会学有充分了解,至能以社会学方法研究教育问题者则殊少。此教育思想之所以集中于个性发展,而未能注意到社会福利,亦固然耳。[①]

简言之,教育社会学者所斤斤置辩者,教育不仅须心理化,亦须社会化,方能兼顾个人与社会之发展也。此点之重要,自社会科学发展后,已渐为人所认识;徒以社会学之应用于教育者尚属渺茫莫测,未得教育人士之深信不疑耳。

教育科学与教育哲学之冲突较为复杂,双方态度亦较强硬,几有不能两立之势。可惊亦可喜也!长于教育哲学之波得(Bode)宣言曰:

---

① Smith, W. R., *Principles of Educational Sociology*, p.43.

>近人侈谈教育为科学者众矣,然教育科学之基础仅建筑于社会政策与教育哲学之上,始得保持其重要之地位耳。

又曰:

>科学方法之利用实为近代教育之一大发展,但此发展受一无谓之限制,即不能深觉一领导哲学之需要是。①

此教育哲学者之所见,教育科学者则大不谓然,故教育心理学者佛里门(Freeman)反对波得曰:

>教育之中心为学习。……而对于学习之智识贡献最大者来自实验教育之实验室。

又曰:

>兹不惮烦琐,详述科学对于教育之贡献者。因今尚有人,以为教育问题可以思想解决之,而无须乎科学之实验与事实之搜求也。②

一则曰,教育科学须依赖教育哲学,方有其教育上之地位,方能助教育之发展;一则曰,教育科学对于教育已有莫大之贡献,而教育哲学殊不能解决教育上之问题。此种论战近年来弥漫于美国教育界,参加作战者亦颇踊跃,而其主将即为波得与佛里门:前者为杜威之弟子,颇足以代表哥仑比亚派;后者则诗家谷大学教育学院之心理教授,可代表诗家谷派也。双方战端既启,参加者复众,决非短时间之内所能和解,亦非寥寥数语所可概括,兹分为二问题叙述之。

(一) 方法问题。近代科学发展,实由于科学方法之发展,此培根提倡归纳法之所以称为近代科学鼻祖也。近代科学方法发展前,学问之探讨多用演绎法或主观之哲学方法;迨科学方法提倡后,则多用归纳法或客观之科学方法;此凡

---

① Bode, Boyd H., Modern Educational Theories, p.345.
② Freeman, Frank N.; The Contribution of Science to Education. School and Society, Vol. XXX, No. 761, July, 1929, p.108.

明了西洋学术发展之历史者皆能言之也。科学方法既盛行,而其正确无误与分析入微又远超乎哲学方法之上;于是,主张科学者颇有取哲学方法而代之之意。一切学术如是,教育亦然。

近年美国各种教育科学特为发达,即由于科学方法之应用其广,而哲学方法之应用于教育者则仍限于"靠椅(Armchair)"与图书室中。无怪乎研究教育者根本怀疑哲学方法之价值与可否;即如西门子(Symonds)之言曰:

> 吾觉世有一不可能之事,即"哲学探讨(Philosophical research)"是。如谓为"哲学思考(Philosophizing)"或"演绎推理(Deductive reasoning)"或"组织(Organization)"均可,但非"哲学探讨"。

其怀疑理由即哲学绝非探讨,故其言曰:

> 教育哲学所用主要之方法为推论,为由共相而趋于殊相。探讨之最单纯意义则为观察之排列。……一切探讨均包含材料之搜集与排列。……哲学所需用者为博览,但博览均于图书馆或自修室中行之,而不在实验室或测试房。……无论何种学术,一成为探讨,即脱离哲学而入于科学之领域。哲学务须限制于一领域中,在彼领域中,其所用之方法非探讨之方法。①

换言之,一切探讨均指科学之方法,哲学之方法则空想与流览耳。佛里门且更进一步,讥哲学方法无异于幻术,绝不能救济科学方法;其言曰:

> 科学亦有缺点,但科学之缺点不能以哲学救济之,正如医术之缺点不能以幻术救济之同。现心理学者方从事于纠正智慧测验之错误结果,但纠正科学之错误乃用更多之科学,而非诉之于哲学。②

---

① Symonds, Percival M.; A Course in the Technique of Educational Research. Teachers College Record Vol. XXIX, Oct.; 1927, pp.29-30.

② Freeman, Frank N.; The Contribution of Science to Education. School and Society, Vol. XXX, No.761, July, 1929, pp.109-110.

此主张科学方法而反对哲学方法者之态度,然主张科学方法与哲学方法兼用者又何如乎?波得以坚决之态度郑重宣言曰:

> 此种视教育上之问题可以专门科学方法解决之决心,其结果必为失于深觉民主运动之重要。若此,则科学方法不幸而变为反对进化之手段。故方法之改良决非洞察(Insight)之代替。①

又曰:

> 无庸赘述,凡思想正确者决不反对教育之科学的研究。此种研究不可缺少。但吾人不堪善忘,凡教育之重要目标必由完备之教育理论中产生。②

波得根据民主社会之教育思想,批评教育科学方法之绌缪,批评其妄用于课程构造、教学方法、高等教育等方面之研究,议论冗长,不能备引。至其批评心理学之处,则含有历史上之关系,不可省略。其言曰:

> 心理学一如教育,过去受空想之毒太深,今日遂趋于注重科学方法之极端。……但一种心理学果将智慧解释至于无有,则殊不能供给一民主教育制度之需要。此种心理学对于吾人之智识或能为极有价值之贡献,若视为实行之基础,则必与他种反"进化与改造"之势力结为同盟也。③

关于哲学方法之需要,波得外尚有人曰:

> 此方法虽未尝全用于教育上之探讨,然在各种研究之中实占重要之地位,诚哉此种研究为现今教育上最大需要之一,则吾人敢断言也。盖必如是,然后吸收近代科学最新贡献之真纯教育哲学始可发展。④

---

① Bode, Boyd H., Modern Educational Theories, p.78.
② Ibid., p.93.
③ Ibid., pp.190-191.
④ An Outline of Methods of Research with Suggestions for High School Principles and Teachers, p.18, Bureau of Education Bulletin, No.24, 1926. Washington, Bureau of Education.

要而言之,关于方法问题,主张科学方法者均视哲学方法在教育上为不必须,甚至视为危险;主张哲学方法者则认科学方法不足解决一切,必须哲学方法以究其极而总其成。虽然,在笔墨之争也,事实上究如何?据戈得(Good)研究之结果,当今教育上之贡献多由主观之方法得之,其结论有曰:

> 对于教育问题之解决,哲学方法之地位颇掀起当世之争执,然教育学中之重要贡献多由主观性质之方法得之。

又进而说明此事实之理由曰:

> 教育哲学现确经过其第三时期:第一时期,此实为解决教育问题之主要方法;第二时期,因实验及统计方法与客观测验方法之发达,理论黜居末座;今日之趋势则在使客观及数量之方法与教育哲学为适宜之联合。[1]

戈得之结论调人之论也,但双方是否愿受其调解;倘不愿者,其他理由何在?欲明乎此,请再述第二问题。

(二) 内容问题。教育科学与教育哲学之冲突,其重心虽在方法,然内容亦至有关系,盖方法错误固足以产生纰缪之内容,而纰缪之内容亦足以转证方法之错误。是故反对哲学方法者多以哲学之内容空洞杂凑:惟其空洞,故不能不取各科学之内容为内容;惟其如此,故不能不杂凑他科学之内容为内容。是又无怪乎西门子之讥讽,其言曰:

> 信乎,哲学承受科学之推论而加以删除。但科学之推论仅为起点,而非终点。近今哲学家常利用科学之最新收获,但用于自修室而非实验室。其目的并不在深入科学,而在综合科学之结果,以说明各种结果之相互关系,结果与未研究现象之关系,甚至科学之关系及意义。[2]

---

[1] Good, Carter V.; An Analysis of Studies in Educational Theory. Educational Administration and Supervision, Vol. XV, No.7, Oct., 1929, p.52.

[2] Symonds, Percival M.; A Course in the Technique of Educational Research, Teachers College Record Vol. XXIX, Oct.; 1927, pp.29-30.

佛里门亦曰：

> 苟有人焉，专致力于他人材料之说明，殊属危险；良以事实之充分说明，非与事实有直接之接触不可也。

岂哲学真无其特殊之内容耶？波得曰，是不然；哲学所研究者为态度、价值或进化耳。曰：

> 教育理论或教育哲学究与科学不同，此久为世所公认而不甚明晰者。其不同之处适如曩所言及，即教育理论乃研究态度或价值或进步者也。科学供给吾人以各种有组织及已成立之事实。至各种科学之用途如何则为另一问题，其答案须由教育理论供给之。教育理论之任务不在事实之发现，而在说明。①

杜威亦曾有同样之意见：

> 是以教育哲学有二种任务：一则根据现在之科学状况，以批评现有之目的，并指出明日黄花及纯然感情而不能实现之价值；一则说明各种科学之结果与将来社会事业之关系。②

教育哲学确有其特殊之内容，但反对者以其内容之不切实，遂怀疑其内容；因怀疑其内容，并怀疑其方法；因怀疑其内容与方法，竟视教育哲学为无补于教育，而欲以科学解决一切教育问题：于是，此第三时期之冲突乃终无法调解矣。

虽然，冲突与调和二者究为教育学术发展历程中之不可少，故冲突者态度虽硬，而调解者亦能坚持到底，为最后之呼吁曰：

> 一切探讨之任务在重要教育目标之发现，在达到此目标方法之发明，并在为社会而选择而运用之方法与材料所获得成绩之记载。故探讨，从一

---

① Bode, Boyd H., Modern Educational Theories, pp.340-341.
② Dewey, John, Democracy and Education, p.384.

方面说,包含哲学之研究,从他方面说,包含哲学解答之实验、选择及致用。将哲学与探讨分离为不可能——正如将实验心理与内省心理分离为不可能同。其他亦然。无说明及思考之活动,则实验或科学之活动缺乏解释。无科学方法,则哲学探讨流于空疏。无科学,则哲学为不确实、矛盾、不足信。无哲学,则科学为昏盲、无谓与琐碎。①

三、结　　论

西洋近代教育学术之论战实明示吾人以西洋教育学术之演进——由神学之研究而进于科学之研究,而此学术之演进直接即示吾人西洋教育之演进——由宗教教育而进于科学教育,间接且示吾人以西洋生活之演进——由宗教生活而进于科学生活;哲学则周旋于此演进历程之中而督促之,一方反抗神学性恶之迷信,一方抵制科学垄断之褊狭,使教育学术之发展至于无限也。

(刊见1931年《辽宁教育公报》第32期)

---

① Research and Philosophy. Educational Research Bulletin, Vol. VI, May 11, 1927, pp. 208-209. Columbus, Ohio; Bureau of Educational Research, Ohio State University.

杜威教育哲学批评之批评

导　　言

倡实验哲学与平民教育之杜威教授早为国人所熟闻矣,其思想之内容与影响亦吾人所习知,似无待作者之详为介绍。兹姑借都兰博士数语,为不甚悉其人者告。都兰之言曰:

> 杜威初引世人注目者为彼在诗家谷教育科之工作。其思想上坚决之实验倾向即于彼时表现。迄今已三十年,犹虚怀于各种教育上之新运动,而其在《明日之学校》中之兴趣永不衰馁。彼最伟大之著作似为《平民主义与教育》,于此书中,氏将其哲学之各线引至一点,集中于发展后代之事业上。凡进步之教师莫不承认其领导资格,而美国学校恐无一不受其影响。吾人且见其随处活动,从事于全世界学校之改造。既居中国二年,向教师讲演教育之改进,复向土耳其政府作一改组全国学校之报告。[①]

此简短之评语竟将杜威思想之倾向、中心与影响作一深切之介绍,而特别值得从事教育者之注意者为"氏将其哲学之各线引至一点,集中于发展后代之事业上",换言之,即将其哲学思想集结于教育,而构成其教育哲学之思想系统,且此思想系统又非仅空洞之理论,乃于实际生活有直接而普遍之影响,至"凡进步之教师莫不承认其领导资格,而美国学校恐无一不受其影响也。"

教授亦曾来我国讲学二年,其对于我国教育上之影响如何,迄无定论:有谓其教育思想促进国内教育之改进者;亦有谓其一般思想引起国内各种新运动,

---

① W. Durant, The Story of Philosophy, p.56.

不专限于教育者;抑有谓其教育主张注重实用与个性,不能切合于我国国家与民族之需要者。孰是孰非,苦无充分之客观事实可资佐证,如徒凭主观之成见以为臧否,则又益滋纷扰而已。兹闻教授以衰迈之年,犹有重来吾华讲学之兴,岂自以其思想在华未能有深切著明之影响,而欲再为冯妇,以实现其改造全世界学校之理想耶?无论如何,吾华教育界对于教授之思想应认识更为透彻,不仅认识其长处,亦应认识其短处;换言之,即应抱批评态度,以分别其得失,而定取舍;勿再生吞活剥,能食而不能化,则他山之石始可以攻玉也。此篇之作。一则以介绍其他学者对于杜威教育思想之批评,一则以一得之愚为苔莪之献,借证批评为透彻认识之要素,而透彻认识则取舍之前件也。

教育哲学之批评

一、何恩之批评。批评杜威之教育哲学者甚夥,然有系统者则不多见。近何恩重版其《教育哲学》一书,增订一章,题曰实验主义与理想主义(或唯心论),名为二种主义比较,实则对于杜威之教育哲学,作一简明而有系统之批评,即根据其唯神之理想主义,以论唯人与唯实之实验主义之非。其批评可分三部述之于次。[①]

(一) 一般教育理论之批评。何恩追溯杜威思想之发展,而表曝其变迁:谓始于理想主义,承认上帝为自我与宇宙之统一体;继之以实验主义与工具主义,视观念为达到其他目的之工具;再则为自然主义与行为主义,重人与自然之连续,并以人为反应刺激之有机体;终之以试验主义,以试验方法解决一切问题。从此思想变迁之表曝,即进而批评其一般教育理论。

1. 哲学概念之狭隘。依杜威之意,哲学为社会冲突之研究,而此冲突又特别有关于近代社会之三大势力,即平民主义、实业与科学。因此,视哲学为对于人生经验之科学的思考,将哲学限制于科学思考之内,而不能从人生经验含义上推论真本体全部之性质,以补科学之不足。

2. 教育哲学概念之狭隘。杜威认哲学为教育之理论,教育哲学为明示关于现代社会生活上之困难,养成适当心灵与道德习惯之问题,故其所论仅包与社

---

① H. H. Horne, Philosophy of Education, Ch. IX.

会问题有关之知识论及道德论,而不及本体论与宇宙论。

3. 智识概念之狭隘。杜威视智识为人类的,为创造的,视人为社会进步之负全责者,而对与超越人类经验之事则予怀疑。

4. 教育概念之狭隘。杜威以教育即生长,即充分之生活,亦即经验之改造,而不知生长究为人类有限之程途,以进入无限;教育乃依神性之意象以完成人性。

5. 教育目的之矛盾。杜威主教育历程之外,更无所谓教育目的,但平民社会未能实现之前,此平民社会之目的确不在平民化之历程中:此实一显明之矛盾也。

6. 本体中心与真理性质之偏见。杜威之哲学为唯人的,亦即以人为真本体之中心;以人类经验为重要,以地理与历史之真实为重要,而视宗教为人间之关系。于是,真理为相对的,观念为改变环境而有效果之手段,有效用者方得谓之真。

7. 价值之专凭主观。杜威视价值为由人而定,为相对的,为主观的;内在之价值与工具之价值均依吾人感情之评定。感情不可测量,故价值亦无高低等级之可分,故课程中之各学科亦不能有价值大小之别。此乃极端之主观主义与个人主义。

(二) **特殊教育问题之批评**。以上各点均就一般教育理论,批评杜威教育哲学之短;以下更就特殊教育问题,以论证其失。

1. 机械之儿童观。杜威谓儿童为一行为有机体,能对于情境中所发生之刺激加以反应。成人亦仅略高于动物。此乃一自觉而有生机之机械论。

2. 间接之教师观。杜威谓教师之地位在不与儿童发生切身之关系,在以间接制裁,使儿童对情境发生反应,而不直接对教师反应。

3. 实验之方法观。杜威所谓方法,根本在使儿童从事于能引起兴趣与代表社会之职业活动;视动作为最要,观念次之;视教室内之方法宜仿效实验室之思考法,分为五步骤;视"文化"为解决问题之张本,而知识惟于职业情境中始显其功用。

4. 职业之课程观。课程之内容为供给工作所需之知识,而工作之价值则由经验觉得之;故杜威所谓课程实限于一种职业全部意义之供给,以为由此可以养成有文化之职业者,可以联合闲暇与劳动二种教育,可以贯串资本与劳工二种阶级,而完成平民之社会。实则职业生活终不能包括文化之全部,有文化之职业者终非心灵自由于职业与闲暇中之文明人也。

5. 兴趣之训练观。杜威倡训练与努力皆由来于兴趣。所谓兴趣乃活动者与其有目的之活动一致,而努力即由此产生,努力之结果则为训练。此种训练既非强人为其所不愿为,亦非任人为其所欲为,乃使人愿为其所为。然天下事往往有人不愿为,而必须负责为之者;往往有毫无兴趣,而职责所在,不得不努力从事者;是努力不能专以兴趣为主明矣。

（三）**概括全部思想之批评**。最后何恩概括杜威教育思想之全部,指出其思想根本上之得失,而加以褒贬。

1. 根本上之缺陷。杜威之哲学素重两元之贯串,如兴趣与训练,体验者与推理者,材料与方法,游戏与工作,地理与历史,自然主义与人文主义,劳动与闲暇,智能者与实用者,物质者与社会者,个人与世界,文化与职业,知识与对象,动机与行为,责任与倾向,智慧与品性,社会者与道德者。然于最著之两元反未能认识而贯串之,此即人类所能经验之真实与其所未能或永远不能经验之真实是。故此主张一元之哲学仍不免陷于二元,陷于已知与未知,已经验与未经验,部分与全体之二元。究其原因,不外对于哲学加以限制,视哲学之性质纯为社会的,不啻一应用社会学,而不能任人类之思想自由运行于无限之宇宙间也。

2. 影响之颂扬。实验主义为理想主义之子,行为主义为唯物主义之儿;实验主义与行为主义结合,产生一种实用的、机能的、尘世的、人类的、社会的教育哲学。此种教育哲学改良教室工作,使学习成为一更有目的之历程,使儿童在学校中有一种真实之感觉,使学校变为工作室、实习室与图书馆,并鼓励教育上之实验精神。以上一切,影响所及,理想主义惟有高声颂扬而已。

总而言之,何恩认杜威之教育思想大有补于教育之实际方面,而于理论上则殊感狭隘、牵强与不圆满也。此不圆满理论之病根即在其对于哲学性质之限制,哲学性质既受限制,教育性质亦随之而受限制,于是教育即生长之说亦不能自圆矣。盖教育既为生长,生长又即充分之生活;而此生活乃受时间之限制,不能永远继续至于无穷,则所谓充分之生活者果如是乎? 换言之,苟无永远生长之观念,其能有充分之生活乎? 故圆满之生长说必承认生长为无限之历程,为有限之人生发展至于无限之境界之历程。然若如此,则已超出实验主义之范围,而入理想主义之领域。是故何恩始终认理想主义为最完善之思想,不仅可以补实验主义之不足,实可包含实验主义及其不足之处也。

二、卢斯克之批评。根据理想主义,以批评杜威者,尚有卢斯克,其所见与何恩不无出入，兹列举之。①

（一）**实验主义之将来**。实验主义为自然主义之方法与理想主义之内容之结合：一方面承认人与自然之连续，一方面又接受上帝之观念；欲借理想主义之趋势，以调节实业上之效率与物质上之成功：其结果为调和实用价值与精神价值之新理想主义之产生。

（二）**价值观之矛盾**。实验主义对于道德价值取两种态度：一则否认有绝对价值之存在，一则承认有惟一绝对价值之善；杜威实取后者。由此绝对价值之承认，人类之地位乃得提高，而人类之目的遂取科学之因果而代之。但一方面承认绝对之道德价值，一方面又主张相对之真理价值；其自相矛盾，甚为显明。

（三）**实际之偏重**。实验主义之蔽在偏重行为，而忽略思考；偏重实用，而忽略真理。视一切学习为偶然之事，而疏于技能之习练；论理组织为求知最经济之方法，亦未能顾到。况求知之结果不必为实用，而文化之活动不必有补于物质之发展；而思考往往先于行为，广于行为，超出行为之范围也。

要而言之，卢斯克亦认杜威之思想为偏蔽、矛盾、不完善，须理想主义以补救之也。

三、丙克维希之批评。工作教育为杜威教育思想中之重要部分，乃其平民主义实现之主要手段也。丙克维希依其马克斯主义曾论及之。②其反对杜威者有二点：

（一）**观念形态之保守**。杜威立于现存之社会制度上，主张以学校适合国家之需要，终属与虎谋皮，必无结果也。

（二）**工作观念之误谬**。杜威欲以工作教育为调和阶级冲突之手段，实不啻资产社会之代表，非社会主义者所谓工作学校之教育，故彼之所谓工作，不可以同日语也。

认杜威之工作教育思想可资借鉴者则有三点：

（一）**在组织上学校须与社会相合**。依杜威之意，现在学校之组织为实业发达前之产物，其不合于今日实业发达后之社会固属当然之事。故现今学校如欲适合今日之社会情形，非大加改造不可。

（二）**在内容上知识须与生活相联**。教育之目的不在一种职业之准备，而在

---

① R. R. Rusk, Philosophical Basis of Education Ch. III and IV.
② A. P. Pinkevitch, The New Education in the Soviet Republic, pp.173-177.

发展儿童对于一种职业之社会的与科学的关系之兴趣与认识。

(三) 重视生产的工作之价值。生产的工作最能以直接之经验使儿童与真实接触,以引起其活动之动机。

要言之,彼始终认杜威为资产社会之教育者,不足以语共产社会之工作教育。虽然,谈工作教育者甚多,而有比较正确之观念者,仍当以杜威首出一指也。

四、芬雷之批评。杜威教育哲学之三种基础为生物学、社会学与心理学,然有根据社会心理学起而根本驳斥之者,如芬雷所著社会学之教育哲学中即作如下之批驳。①彼谓平民主义与教育一书包含不少有价值之建设的理论,其最要者二点:(1)实业教育之说明;(2)建设思考之注重。

但杜威之所注重者亦即其思想中之危险者,因其着重之处不免错误也。如:

(1) 过重个人与社会生活之意识方面,而忽略习惯、训练与强迫之价值;其结果社会遗产之重要亦被轻视,而现代个人主义之火焰乃益燎原而不可向迩矣。

(2) 教育即生活,而非预备生活。此乃最易令人迷惘之片面真理。盖教育即生活实野蛮时代之教育,其时之生活简单,不必豫备,可由直接参加而获得生存之技能也。但在文明社会中,生活复杂,知识浩繁,非先预备不可,此正式教育之所以必需也。

(3) 视社会的(Social)与自愿的(Voluntary)为同义之名辞,亦属大错。盖社会关系有二极端,一为完全的与自愿的互助,一则为绝对的与强迫的利用,而普通之社会关系则折衷于二极端之间。如以社会关系仅为自愿的关系,而无强迫成分,则不啻从个人主义之立场以破坏社会精神也。

要之,芬雷之意以杜威偏重个人,而忽略社会,实由于了解社会心理之未能透彻也。

五、桑戴克之批评。桑戴克与杜威教育思想冲突之点亦多,然正式交绥之处则殊少。虽近与盖兹合著教育根本原理时,曾一度批评杜威之生长说②。彼谓此说之困难即在生长可取多种形式或途向,可趋于健全,亦可趋于病害。故

---

① R. L. Finney, a Sociological Philosophy of Education, pp.157-159, 470-479.
② Thorndike and Gates, Elementary Principle of Education.

最好将生长之途向明示，以生长之目的为人类需要之充分满足。

以上各家之批评皆有其主观之背景，固不必据此以论断杜威教育思想之得失；然观此，亦可知一种学说之未必尽善，然亦不必全非，端在吾人之慎思与明辨也。

批 评 之 批 评

各家所批评者虽不尽同，然大致可包括于何恩所论，故兹以何恩为经，而以他家为纬，比较观之；以见所是者未必尽是，而所非者亦未必全非也。

一、哲学性质问题。何恩谓杜威之一元哲学终不免陷于二元，而其所以如此者即在视哲学之性质纯为社会的，不啻一种应用社会学。此点至关重要：如吾人认哲学性质为社会的，则教育哲学亦必为社会的（为明示关于现代社会生活上之困难，养成适当心灵与道德习惯之问题），他如教育、智识、目的、价值等莫不为社会的，而非超越的。否则必如理想主义者所主张，哲学为整个真本体之研究，教育哲学为从教育方面作整个真本体之研究；教育亦非仅人类社会之生长，乃依神性之意象以完成人性。换言之，哲学性质问题即哲学之性质应为社会者乎？抑为宇宙者乎？

杜威主张哲学性质为社会的，其理由已于其《哲学改造一书》中详言之；即哲学起源于个人之欲望与想象，发展于社会习俗与权威之影响，形成于沿袭信仰与事实知识之冲突及调和。换言之，哲学实为感情的与社会的材料之产物，其任务亦即为社会的与道德的冲突之处理。[①]

哲学发展之历史所昭示于吾人者确如杜威所言，个人之欲望与社会之要求产生哲学；然谓哲学之思考仅限于此实际之目的，而毫无游戏消闲之意义，则殊难言：盖运思求知自有其乐，因不必另有目的；而其结果亦不必影响于实际生活也。故认哲学性质为社会的固可，纯为社会的则有未可。然则哲学性质为宇宙者乎？必研究整个真本体者方得谓之为哲学乎？曰，是亦不然。盖所谓真本体者究何所指，无从捉摸；而以此为哲学之对象，其虚玄惑人，不更甚于实用之限人乎？故哲学性质如认为社会的，则不免陷于狭隘；如认为宇宙的，则又流于空

[①] J. Dewey, Reconstruction in Philosophy, Ch. I.

泛：若以社会的实在为发端，而以宇宙的真实为趋向，或可补二者之偏而解其蔽乎？理想主义者或将曰，此理想主义素所主张者，何用词费耶？曰，是不然。理想主义虽自谓无所不包，然往往一无所包；自谓注重一切，往往忽略人生；徒唱高调，故弄虚玄，而毫无补于实际，此实验主义之所以倡哲学改造者岂无故欤？

哲学性质问题既明，则其他问题不难迎刃而解。即如教育哲学固不必限于社会的性质，专为养成习惯问题之研究；然亦无须牵强教育事实，以解释空洞之真本体。教育固不必限于生长或经验之改造，然亦无须推论过远，断其必为永生。智识固不必限于人类之经验，然对于超越人类经验之事，亦未可专凭推论，即予深信。教育目的固非全无，然亦决非一成不变者。教育价值固可由个人主观之评价而定，然亦可由社会客观之需要而分；可为相对的，亦可为绝对的；可为工具的，亦可为内在的也。

二、教育即生活说。何恩以杜威教育即生长说为不圆满，不如谓教育为永生；而芬雷则以教育仅为预备生活，不能即谓之为生活或生长：批评之各走极端每每如此。视教育为永生者，以教育为宇宙历程；视教育为生活者，以教育为社会历程；视教育为预备生活者，则以教育为社会历程之特殊部分。实则教育为生活，亦为预备生活，甚至谓为预备永生，亦无不可。盖教育之目的即在继续不断之生活，而其方法亦即在此继续不断之生活中，由前言之，教育为预备生活；由后言之，教育即生活也。

桑戴克欲将其满足需要之说与杜威之生长说结合，用意良巧，惜乎生长历程乃一无头无尾之历程，"生长只为更多之生长"，如强加以头或强续以尾，即生长说全部瓦解。况既谓之曰生长，则必趋于健全，而不至趋于病害，否则复何生长之可能：此桑戴克未免失于原文之了解；欲吹毛求疵，而弄巧反拙也。

三、工作教育论。何恩以杜威之工作教育论可以养成有文化之职业者，但不足以调和劳资二阶级而发展真正之文明人。丙克维希则谓杜威之工作教育论欲调和劳资二阶级，乃为资产阶级之利益发言，不啻资产阶级之代表，不免思想陈腐之讥。一则谓其思想偏于工作，而忽略文化；一则谓其思想偏于资产阶级，而忽视劳工：此诚所谓仁者见仁，智者见智，而调和者之不易为也。杜威"生计即生活"[①]之理想果如何恩所料，不足以调和劳资二阶级，而永无实现之可能乎？抑必如丙克维希所见，欲打破劳资阶级之矛盾，须完全推翻资产阶级乎？

---

① J. Dewey, Reconstruction in Philosophy, Ch. I, p.207.

由前之说,则此社会矛盾似无调和之可能;由后之说,则此社会矛盾惟有从一方面打破之。但人类生活确为一冲突与调和之历程,若谓一种生活矛盾无调和之可能,或谓一种社会矛盾必可永远打破,均与事实相乖;惟暂时之调和与继续之冲突乃为事实:愿杜威之调和论为暂时而非永久者。

四、儿童、教师与方法观。对于此三点之批评,何恩不免自相矛盾之处:一面反对杜威基于进化之儿童观,以环境为媒介之教师观,与教育由生活之方法观;一面又颂扬杜威之教育哲学能使儿童有真实之感觉,能改良教室工作,与能鼓励实验之精神。如认真实感觉于儿童为必需,则儿童非对于真实之情境反应不可;如认教室工作确已改良,则其原因即在利用环境,而非如旧教育之专赖教师;如认实验精神鼓励得宜,则此实验方法不应限于实验室,而宜扩充于教育全部。"教育即生活"与"由生活而教育"之意,即教育上之一切均与生活融和;儿童与教师固为生活之一部分,方法与材料亦为生活之一部分,儿童、教师、方法、材料均互相关联,无一可以忽视或疏隔也。

五、社会主义欤?抑个人主义欤?何恩指杜威之教育哲学为应用社会学,嫌其未能超越社会,而究宇宙之真本体。又谓杜威论价值,专凭主观,乃极端之个人主义。芬雷亦谓杜威忽略习惯、训练与强迫之价值,轻视社会遗产之关系,致使现代个人主义之火焰高张。然则杜威究为社会主义者欤?抑为个人主义者欤?抑二者均非欤?此问题凡曾细读杜威之书而无成见者不难答复。杜威之言曰:

> 社会乃联结(Association)历程,乃使经验、观念、感情、价值传递而成为公有之历程。对于此生动之历程,个人与组织二方面均附属之无疑。个人之所以附属之者,因个人除与他人经验交通外,永为不识不知而徒有感觉之蠢物。……组织或旧学说所称为社会与国家者亦附属之,因组织如不用于便利与增加人类之相互接触者必成为静止、固定与制度化。①

又曰:

> 团体效率与力量之最良保证即在解放与运用各个人不同之能力于创

---

① J. Dewey, Reconstruction in Philosophy, Ch. I, p.309.

发、计划、预料、奋勉与忍耐。……充分之教育亦惟在各个人依其能力,对于其所属团体之目的与政策,负责参加而形成之。①

此处所明白宣言者,无非谓社会之发展赖个人,而个人之发展又赖社会,其不欲有所偏重可知,而强斥之为社会主义者或个人主义者可乎?

结　　论

各家对于杜威教育思想之批评所予吾人之教训,可综述于下:

一、杜威实验主义之特长。杜威之实验主义有以下之优点:

(一) 实用色彩。认理论与实行、教育与生活,均须打成一片,故其教育思想颇影响于教育之实施,而教育哲学遂由空洞之理论变为实在之计划,而社会改造之途径亦在斯矣。

(二) 实验精神。宇宙与社会均非一成不变者,真理亦然;故人生之目的、方法等亦均难完全预料而固定之,惟有抱一种怀疑、坚忍与尝试之实验精神,以求个人与社会不断之经验与改造。

(三) 平民态度。社会之进展根本在全部社会不断之改造,全部社会之改造又在整个人格参加社会之活动。但整个人格参加社会活动之方法如何?曰:实施能代表社会生活之真实而有兴趣之工作教育;惟此种工作可以直接占据整个人格与发展整个人格,而间接则贡献全部社会与发展全部社会也。

二、杜威实验主义之缺陷。杜威之实验主义有缺点二:

(一) 偏重实用。理论与实行因宜互相联络,思想与人生固宜互相影响,然谓理想与实行必完全一致,思想必影响于人生,则殊有可商量之余地。社会性质之教育哲学为改造社会之良药,然谓教育哲学必纯为社会性质,则诚不免过于限制。意者杜威欲矫过去哲学虚玄之弊,而矫枉必过正,遂不免于偏。若然,则实验主义之将来,或如卢斯克所言,必调和实用价值与精神价值,而产生一种新理想主义也。

---

① J. Dewey, Reconstruction in Philosophy, Ch. I, p.211.

(二) 过重人为。杜威以人为真本体之中心,以人类经验为宇宙之表现①,视人类经验以外之事物为不可信,视人为社会之负全责者,皆足以见过重人为而忽视自然之力量。诚哉人类之生活乃一与自然肉搏之武剧,而自然又为一盲目之巨怪,无时不张其爪牙,以相吞噬。故就实际言之,人类对于自身之生活应负全责,不可委之自然;然在理论上,谓宇宙除人类所经验者外则无存在,岂非大惑不解者乎?岂非杜威以过去人类之太欠努力,至社会无多进展,而人生长处撼顿险阻之中,深为可愤,思有以激发之,遂不觉言之过重耶?

杜威之教育思想长短互见,然对于中国教育则有其特殊之价值。其优点固足以供中国教育界之借镜,即其缺点亦可为吾人之针砭:盖教育之事重在实行,而国人之病即在空论。三十年来之教育,成绩殊鲜者以此,可不憬然悟哉!

(刊见1931年《教育季刊》第1卷第3期)

---

① J. Dewey, Experience and Nature, Ch. I.

自由教育之意义

一

凡读一书，一经开卷，即不能自已，必焚膏继晷以竟之；书既竟兴犹未尽，仍反复翻阅，辗转推敲，不忍释手；则是书之能引人入胜，别有佳趣，可想而知。惟此类书籍，多偏于文学方面，科学方面则甚少，而人素认如干枯之教育科学方面则尤等于凤毛麟角，世不多见。马丁乃以其锐敏之眼光，流畅之文笔，引古证今，援今述古；从人文主义之立点，以批评当代关于社会及教育之观念，以嘲笑各互相冲突之人生及主义；而依苏格拉底（Socrates）、衣内斯默（Erosmus）、蒙泰尼（Montaigne）、安挪（Arnold）等之理想，重新揭橥自由博大之教育，以唤起世人，从群众压迫之下，经济斗争之中，以及知识、技能、宣传等片面的教育之内，举首张目，认识教育与人生之关系，把捉教育之真义。其言曰："此书之旨趣在说明教育实广于知识、技能或宣传。每时代之教育固应考虑该时代之情形，然受教育者又不仅为其时代之产物而已；盖教育者乃从舆论（Herd Opinion）中求自主、自决、阙疑与高雅之解放也。"（叙页七）又曰："此书之内容在说明教育，乃对于人生，作一精神的重新估价。其任务在改变个人之位向，使彼对于经验视为更富丽而重要，置彼于其信仰及理想系统之上。……自由教育乃使心灵从群众的奴役及卑陋的自私之中获得自由。故此，教育乃哲学之实行，乃'良好生活'之探讨，亦即生活之方法。"（叙页八）教育之真义究何在？马丁曰"教育乃从舆论中求自主、自决、阙疑与高雅之解放"，亦即心灵之自由。教育与人生何关？马丁曰"教育……乃'良好生活'之探讨，亦即生活之方法"。全书根本旨趣已尽于此，其详分述于次，并略加评骘，以见白圭美玉，不无瑕疵也。

二

全书共分十五章。首尾二章泛论美国之成年教育，批评其得失，而归结到自由教育之需要。第二、第三、第四章三章痛论教育之异于技能、宣传及知识，力陈二者混淆不分之危险。技能或动物的训练绝非教育，实用教育亦决非自由教育。认教育即动物训练之理论基于二种错误之假设：第一，心灵乃由所学习之事物构成，亦即环境之产物；第二，教育乃达到社会效率及富庶之手段。第一种假设实非一心理之主张，而为一玄学之假定，且又为一机械者之理论，可用作科学之方法；如取为本体之说明，必引出错误之结论。第二种假设认实业为人生之目的，工作为达到物质目的之手段，亦甚错误：盖教育即是一种生活，一种于本身有价值之生活；教育即是人类之发展，不是手段，而是文化之真实目的。"动物的训练与人以谋生之手段；自由教育则与生活以意义。"（页四一至四四）

教育与宣传实为二事，本极显然；而举世瞢瞢，真伪莫辨，故马丁不得不大声疾呼曰：

> 教育家与宣传者虽均为传播知识，然此外更无相同之处。其方法与目的皆相违反。宣传者注意人们思想之事物（What）；教育家则注意思想之方法（How）。宣传者有一确定之目的。彼所努力者为改变思想，贩卖知识，获得同意，证明主张，撑持一方面之理由。彼所努力者为效果。彼希冀人们皆有结论；接收其主张，闭目盲动。教育家则不然。彼所努力者为开启心智。既无待证之主张（不必矛盾者），复不固执其结论，而愿再思与实验。……宣传者无须尊重其所影响者之人格，而教育家则必须尊重其学生之人格，盖其目的即在人格之发展也。最后之问题为，人们是否愿为他人所利用。利用是宣传者之惟一目标，利用之成功即教育家之失败。（页四八）

书本知识亦有别于教育，入学校"读书"者不必皆受有真正之教育，入大学"求学"者亦不必皆获得高深之教育。盖教育非可求得（Get）者，故马丁慨然叹曰：

> 要而言之，人类之痴愚非制度所能救治。必也各自发现其智慧之路。教育非可随处求得者，乃由力学、沉思、愤发与终身从事于真理之发现及搜讨而养成者也。（页八三）

以上三章乃消极的说明自由教育，以下六章则积极的说明自由教育。第五章论怀疑在教育上之价值，谓"教育不必尽于怀疑；但怀疑终止，教育亦随之终止"（页一〇二）。况"怀疑不仅有教育上之价值：并可保存社会之健康"（页一〇五）。其言曰：

> 人谓怀疑易事，信仰方为成功。其实不然，信仰实较怀疑为易：盖依常例，吾人所孜孜于怀疑者即吾人所汲汲于信仰者；而最深信不疑者乃童稚、野蛮人与无知识者耳。人或又谓，不信仰即罪过。此又不然；盖怀疑实较信仰为高贵，以其常偏于事实而反抗自我也。尼采谓此乃超人之特性。赫胥黎亦以为最堕落之人莫如偷安于悖理的信仰之辈。以一主知者如赫胥黎，亦以怀疑非仅理知之作用而已，在某种情境之下，怀疑乃道德上之需要也。（页八八）

第六章论抉择在人生中之重要。谚云，"欲知其人，先视其友"。此语尚有未确，宜更进一步说明曰："欲知其人，先知其所欲决择之模棱（Dilema）。"盖物以类聚，人以群分，朋友以情性合；而情性相投合者即其所决择于模棱两可之间者相同也。教育解放心灵即使吾人超越一切模棱：宗教与科学之模棱，保守主义与进步主义之模棱；而以游戏三昧之精神，助人养成其生活之艺术也。

第七章论自由精神（Free Spirit）。处今日之世，而谈自由，而又以自由多为教育影响之结果，则其人之迂腐，不值从事革命工作者之一笑可知。然马丁则仍坚持其迂腐，以游戏之态度，笑人之笑之者。其言曰：

> 自由常有所为，一为语言之自由，为思想之自由，为避免干涉之自由，为反抗威权及习俗压迫之自由，为宗教信仰之自由。各种自由多为教育影响之结果，其存在于社会常与愚昧及狭隘成反比例。（页一二九）

又说明自由之意义曰：

> 前谓一人之自由，乃依其自己之判断而活动。但此非谓自由之人即可任意选择。在必需时，其自束缚与不自由者等。惟无论何事，其同意与否须根据其个人对于情境之洞察。当在某种情境之下，凡所应为者，虽非所喜，亦必为之。但何者应为，亦非随人言为转移。一人之自由，非仅以其有离他人意志而独立之判断；更以其有自知之明，自知其所作之事及所以作之之原因。（页一四五）

第八章论人生价值之深觉，大意谓人生经验与学识均有价值高低之分别；而此价值之分别与选择即教育之一大功用，亦即人类精神生活之要素：故教育乃选择的。

第九章论教育与劳动，大旨在指出，劳动之真价值为精神生活，而非物质生活；劳动之目的在智慧，而非金钱。其结论曰：

> 假使易神圣之希求为智慧之希求，作为今人活动之意义及群众之目的，则与工业以相当地位之文化宜可再得。乃现在图利之外别无目的；因此，当商业主义破坏吾人一切价值之时，工业亦狂妄为祸。人生虽如车轮之旋转不息，但生活之性质与劳动之意义已愈趋愈下。理想之努力为物质与权力之竞争所驱逐，而吾人之生命亦为生计所消磨。惟创造文化者有劳动之目的。（页一七九）

第十章论教育与道德。一言以蔽之曰："教育与道德之目的相同——如良好生活可求而得，乃得之于智慧之选择与行为。"（页一八九）

以上六章均积极说明自由教育之内含，如怀疑、抉择、自由精神、价值之深觉、劳动、道德等，然此皆为抽象及主观之论述，而非具体及客体之实证。遂于以下三章，历举过去曾倡自由教育之伟大人格，如苏格拉底、柏拉图、亚里士多德、衣内斯默、蒙泰尼、赫胥黎等，以为识证，以明自由教育非自今日始，亦非从此而止也。

第十四章总括全书，而名之曰"智识树之果"。中有最警人之言曰：

大部分人民苟能积其所牺牲于宗教、战争、商业者,从事于教育,其情形当如何,此或非吾人所得而知者。……惟多数人之从事教育者,未知教育之如何,即已舍之而去。仅少数继续尝食此智识之果者,专心致志,永矢勿渝,而又绝不以其所已获得者为满足。(页三〇六)

三

世至今日,虽不必学杞人之忧天,然亦何暇乐观!傲世之责,虽不必"舍我其谁",然确匹夫皆有。傲世之方,虽不必教育万能,然教育之力实不可漠视。教育之力何在?马丁曰,在使心灵自由。如何而能使心灵自由?曰启迪智慧。如何启迪?曰怀疑、判断、区别。且心灵之自由亦即人生之解放,盖惟智慧者能自由选择其良好之生活也。秉匹夫有责之义,求傲世之方者,细读马丁之书,亦当认识教育之力量。至已从事教育之讨究与实施者,则更近水楼台,向阳花木,早明教育之重要,而不难同情于作者之苦口婆心,不惮烦琐。而最宜多读此书者,则为"未知教育之为何,即已舍之而去"之多数从事教育者,甚至诅咒教育者。

从人文主义之立场以论教育,其长处即在高尚与博大。高尚则能超越当前情境,既不陷溺于现状之中,复可努力进取,"高山仰止,景行行止,虽不能至,企予望之",能鼓励人生自强不息者莫如此种高尚之理想也。自由已为极不易得之事,心灵自由则更高不可攀;然惟其如此,人生之努力乃无止境也。

博大则无所不包,凡新兴者皆可容纳,不至冲突:安娜偏重文学之自由教育固可,赫胥黎偏重科学之自由教育亦无不可;希腊重视理智之自由教育固是,今日重视实际之自由教育亦未为非。盖教材与教法虽时有变迁,教育目的则亘古不易。故自由教育始自希腊,重起于文艺复兴时代,至近代科学昌明,三度标榜,今日马丁之揭橥则第四次:各时期之自由教育含义虽皆不同,然其为自由教育则一也。

虽然,人文教育之长处亦即其短处,高尚与博大亦即贵族与保守;过去之自由教育固然如此,贤如马丁亦仍不免:此非马丁之过,人文主义本身之病也。关于过去者自有历史为证,非此篇所能及;关于马丁所论,则于此可得而言。

马丁根本怀疑所谓平民主义与进步,其言曰:

自由主义一词常与民众心中视为进步之平民主义相联。凡赞成进步者即为自由主义者,凡怀疑平民主义即进步者即为反对进步者,亦即保守者。但平民社会之进步必随以文化之发展与智识之增加,则自由一名词方用得其宜。(页一四三)

又曰:

吾虽为一自由主义者,然无颂扬此人生价值低降之义务;而人生价值每低降一次,平民主义即得一次胜利与进步。(页一二九)

因此,马丁视平民主义与自由教育决不相容,视教育乃贵族的,而非平民的;故其论人生价值之深觉,即全本此意。其结论中有云:

教育乃选拔人才者,乃分别人们价值者。教育所寻出之人生意义为高尚之竞争(Struggle for Excellence),其目的为人类之提高,其事业为重申群众运动所漠视之差别,亦即重新获得区别高贵与卑贱之精神。如一切平等,无高低之别,则心灵之提高为不可能。故价值区别之深觉为自由教育之一要素,亦即人类全部精神生活之要素。(页一五九)

马丁既怀疑平民主义,故于平民主义卵翼下之普及教育亦致疑,其言曰:

现教育既已普遍,求之者亦多,吾人正可自警曰,除非为价值而与命运及事实竞争,无人能获得真实之智慧。故现有一种恐惧,即大多数人不能如此,而以他事或"危险之一知半解"代替智识。此种恐惧又引起少数作者之疑问(吾以为错误之疑问),即普及教育究有何益。(页二九七)

抱此疑问者有尼采等,而马丁亦表同情,是故引证尼采之言论,而加以赞语曰:

尼采以智识为难得而危险,但最可宝贵。其关于此方面之一切著作即一种警告,谓文化之价值在此平民主义教育之中颇有失落之虞。吾认尼采

所执之点确有是处。吾虽愿其于辩论时态度稍佳,然彼犹如传教师或讲演者之放纵冲动,终不可免也。(页三〇〇)

要而言之:马丁认教育为难得而高贵,恐非众人所可希求,亦即认教育为少数人的,为贵族的。又马丁认文化之发展与智识之增加方为进步,其他则否;而此文化与智识之标准均为过去的、亘古不易的或保守的。"高"与"贵","不易"与"保守",均成为不可分离之名辞;欲"高"而不"贵",欲"不易"而能"进步",非仅事实上为不可能,即理想上亦殊感困难。然此非马丁一人之病,凡抱人文主义或自由主义者之同病也。

(刊见 1930 年《教育季刊》第 1 卷第 1 期)

奥斯本的创造教育

在教育学术猛进之今日,教育研究之范围极为浩博,而其内容又甚繁复,非专研者不能窥其涯涘,故虽身受长时期之教育者亦往往不明教育之意义何在,况敢论列其得失乎？但世亦间有其人,具明敏之眼光与创造之精神,能见人之所不见,言人之所未言;虽非专研,然较专研者尤透辟独到也。昔斯宾塞尔氏以一生物学者,竟能认识当时教育之错误,起倡教育改造之论,首创科学教育之说,影响所及,教育剧变:此其一人也。今则有奥斯本氏,虽终身从事于自然科学之研究,然未尝忘情于教育;兹就其五十年之观察与经验所得,批评当今教育之缺欠,而倡为《创造教育》之论以补之:其能比美于斯宾塞尔与否,恐非此时所可论定,然其确具明敏之眼光与创造之精神,则可同日而语也。

"创造教育"一名辞,世恐无所闻,"创造教育"之学说,则诚未尝见,故此书之出不能不谓为教育文字上之创作。但此创作究何由而榨？其内容如何？是否名实相称,值得吾人之一读？以上诸问题请依次解答之于下。

一、《创造教育》何由而作？

作者为一自然科学家,关于自然科学上之著作甚多,而其创造之精神亦由其自然科学上之训练得来;因有此创造之精神,遂发为此创造之理论,以唤起世人之创造。虽然,"创造教育"之观念则非来自科学,而起于美术与文艺之暗示,此大可注意者也。作者幼时,曾研究于美国自然历史博物馆,偶遇一画家,为述其搜求古今名家艺术之经过,谓费十五寒暑于巴黎之一切文字与讲演,而不得古人之秘诀;后乃断言,古人艺术今已遗亡,须重新发现之。由是,彼对于教育,亦有同感,以为教育艺术亦有遗亡,遂从事于教育文字上之搜求,以无结果而止;乃返求诸身,摒绝现代一切学说,而深入具体事物之底蕴,以探其究竟。此

"创造教育"之观念第一次浮呈于作者之脑海也。后又读罗斯金之《建筑上之七盏灯》,极受感动,以为心灵之训练亦可如建筑上之七盏灯,灵光普照,万古长存;以为教育亦如建筑,有一绝对之科学律,可以支配一切。此"创造教育"之观念第二次浮呈于作者之脑海也。一九○三年,作者既任教授者二十余年,然对于教育之思想犹云迷雾障,不甚明晰。时鉴于美国教育受商战胜利期中物质与实验趋势之流毒,重量而不重质,夸人数之众而不顾个人之创造,遂认"创造教育"为救时之良药,遂发现"创造教育"中之七种元素为教育之真实基础。故此书之作,其原因有三:

(一) 自然科学之训练与作者以创造之精神;

(二) 美术文艺之暗示与作者以创造之观念;

(三) 现代美国教育之趋势与作者以创造之认识。

故此书之目的即在发现有创造之天才,而鼓励其发展;如作者所云:

> 天下不幸之人可分二类:一为无创造天才者,一则有创造天才而不自知。故创造教育之目的即在发现科学、艺术、文学之才能。诸种才能必存在于各种族之精神中,而诸种族又为过去二千年创造欧洲科学、艺术与文学者。此种才能常如美丽、纤柔、灵敏之花木,易萎谢于残酷不仁之环境,然苟加意培养与鼓励,则又将花繁实茂于一外虽物质与机械而内则恋慕真、美与善之文化中。(页一五)

二、《创造教育》之内容如何?

此书为作者五十年来从事教育之结晶品,亦即其数十年之教育经验谈,故其内容并非一有系统之教育学说,乃汇集各时期之讲演稿件而贯以一中心观念。所谓中心观念者何?即创造是也。围绕此创造之中心观念者,则作者与古今伟大人物之创造生活、精神与言论耳。全书共分七章,其目如下:

序论

Ⅰ. 五十年之学生生活

Ⅱ. 学校中之创造精神

Ⅲ. 学院中之中世纪与近代精神

Ⅳ. 大学中之创造研究

Ⅴ. 博物馆为教育上之新势力

Ⅵ. 专业教育中之科学与情感

Ⅶ. 过去生活中之创造教育

各章内容，无庸详论，但究竟何谓"创造教育"，则不可不作一正确之介绍。"创造教育"，依作者之意，即自由教育，即苏格拉底、赫胥黎等所主张之自由教育，所不同者创造之注重耳。故作者下自由教育之定义曰：

> 凡称为受过博大自由之教育者，自盘古开天迄地球毁灭，其义不变；即其人以真与美为准绳，用其求知与观察、推理与发表，作生产或创造之目的，亦即以其所有，加入世界思想之宝藏也。（页一六九）

此定义中含有七概念，为构成"创造教育"之元素，即真、美、求知、观察、推理、发表与创造是也。欲明"创造教育"之意义，不可不分析此七概念。真与美二概念为"创造教育"之理想：真者是非之心与理智也，亦即理智的道德之谓；美者想象与艺术精神之谓。求知与观察二概念为智识之源泉：求知为遗传源泉，即由学习而获得过去之智识是；观察为固有源泉，即由经验而获得现在之智识是。推理者，区别、比较与判断也，即对于依真与美之准绳，用求知与观察之方法所获得之事实，加以区别、比较与判断是。发表与创造者，贡献于人类也，亦即将吾人所发现者假手于文学、科学、美术，以贡献于他人是。此七概念之中最重要者为创造，故其言曰：

> 吾意一切教育之精髓在举出创始、效率、建设、产生、创造之内发的生活，为教育之主旨；而不在将其他辅助之元素，如理智的道德，或求知，或推理，或欣赏之培养，或发表为目标。（页三〇八）

创造何以最为重要？其理由有二：

（一）**创造为进化之基**。从自然历史之探讨，发现人类智慧之进化不自有文化始，而远起于有史前之初民社会；即所谓"心之构成（Mind-in-the-Making）"实非六千年内之近事，乃七亿年或一兆年中之陈迹；故以近代青年之智力与初民之智力比较，其相差甚微也。此中原因即用与不用，亦即创造与不创造耳；创造则进化,不创造则退化。初民日与环境奋斗,无时不用其智慧,故其智力发达;近代青年则假手他人,不事生产,遂无进步。此如何证明之?即火石用具之发现是。近人发现初民取火石、骨、木,磨为各种器具,以求衣食;其用脑观察与用手经验之频繁,使其前脑异常发达,此种迹象今犹显然可睹也。至有文化之人类,虽有六千余年之历史,然以用脑过少之故,殊无进展,且恐退化。今欲救此,舍创造莫由也。

(二)创造为快乐之源。创造不仅为进化之基,亦且为快乐之源,较之任何球戏、近代娱乐、报章阅读、社会消遣等事,均为动人。此又将如何证明之?乃引哲学家柏格森之名言曰:

> 使吾人依据事实,即知快乐之所在,创造已先存,且创造愈多,快乐愈大。母视其儿而乐者,觉其儿之体质与精神均为其所创造故也。……大艺术家名作之产生与科学家之发现或发明,均有其特殊之快乐。

三、《创造教育》是否值得一读?

《创造教育》是否真能创造,值得吾人之一读?此问题可分两方面解答之。

(一)"创造教育"观念之鼓吹。"创造"之观念发生于西洋甚早,而在新希腊时代尤为显著。柏拉图之《理想国》中即揭橥一人生根本原则,谓各人应以其一生从事于其天性所最宜之工作。换言之,即依各人之天才而创造,故"创造"之观念不自今日始也。"创造教育"之观念亦然:柏拉图谓,教育之任务在发现各人天赋之特长而训练之,以为社会之用。故作者并未创造此"创造教育"之观念,仅根据此观念发为创造教育之学说,而与以自然科学上之证明及古今伟大人物之生活、精神、言论之烘托,以期于此违反自然与束缚个性之社会生活者,解放有创造之天才,使得贡其所长,促全人类之进步。昔倍根提倡归纳法,影响西洋近代科学之发展,后人尊之为近代科学之父,实则归纳法非倍根所发明,彼不过认识其重要而加以鼓吹耳。是故鼓吹之功虽不能比之于创造,然创造之事由鼓吹而道彰传广,亦几于创造矣。

(二)学说之简略。全书反复陈述者创造之意义与关系耳:自然历史所证明者此也,过去创造人物之生活所昭示者此也,作者创造生活所暗示者亦此也。

至于创造教育应有之方法、教材、组织、管理等,则或略而未言,或言而不详,读之无补于实际。换言之,即无实施创造教育之方法也。今立一教育学说,而不拟定具体方法以实现之,则不免等于空论矣。但何以如此?曰,对于教育终缺乏专门之研究耳。作者原为自然科学者,而非教育科学者;虽从自然科学及教学经验中获得创造精神之认识,然未从教育科学中了解教育之原则及方法;虽略有教育理论上之涉猎,然缺乏教育实际上之分析,故欲其不简略,不可得也。虽然,此书为此种学说之第一部著作,不能不以大刀阔斧从事之,遂不免于草创与简略,故其简略之病亦所以成其大刀阔斧之功也。

要而言之,《创造教育》虽非真能创造,然亦几希于创造;惟其几希于创造,故不免于大刀阔斧之草创简略:此阅者不可不知也。又创造精神之重要与乎创造才能发展之关系,凡有自觉觉人之志者不可不先认识之;而欲求认识,又不可不先读《创造教育》也。

(刊见1930年《教育季刊》第1卷第2期)

介绍克伯屈教授

一、克伯屈教授略传

教授姓克伯屈(Kilpatrick)，名威廉赫德(William Heard)。于一千九百七十一年十一月二十日，生于美国乔治州之白原(White Plains, Ga.)。年甫二十，即毕业于本州墨色大学(Mercer University)；再一年，获受文科硕士学位；嗣后曾两度肄业于约翰霍布金斯大学(Johns Hopkins University)；至一九一二年，于哥伦比亚大学得哲学博士。此其求学之短史，而异日成名之基胥植于此矣。

虽然渊博之学识恒起于丰富之经验，而丰富之经验确非不离学校门所能获得。顾教授受硕士学位后，即一方研究，一方办事。曾担任公立学校教员及校长职务数年之久，代理墨色大学校长二年，充数学教授七年。后入哥仑比亚大学求学，同时讲演教育。至一九一一年，升为助教授，时尚未得博士学位也。至一九一五年，复升为正教授，至一九一八年乃就哥伦比亚大学师范院教育哲学系之教授及主任职，迄今八载，与桑戴克教授(Prof. Thorndike)同为师范院不可少之柱矣。此外，教授之经验尚多，撮其要者，如曾任全国教育联合会数学委员会主席，中等教育改组委员助定"中等教育之主要原则"等，现仍服务全国教育联合会训育委员会及教育名辞审定委员会、全国教育研究会"课程问题"年刊委员会、宗教教育之国际课程联席委员会等，足证教授学识之渊博，良非偶然。

教授虽精研哲学，然不忘其正确之数学态度，故其讲哲学也，能以数学方式表演，使学生一望而知；而其研究学问也，亦务求正确明晰，凡离乎事实之观念概不纳。以此之故，以前被视为模糊影响空洞无物之教育哲学，遂变为确切明了包罗万象之学科矣。与此数学态度相辅而行者则有教授之发动(Dynamic)态度：即对于事实视为常变，对于观点(Points of View)视为与时迁移，毋固毋必，不执不拘。其教学也亦然，务求不妨害学生思想之发展，每怂恿学生与己立异，故其言曰，吾人教学之惟一职责乃使学生能自成立其发动观点也（Dynamic Point of View）。因有以上二种态度，春风广被，桃李盈门，每岁从教授学者数达二千，济济一堂，极教学未有之盛！

美国研究教育波澜最壮阔者无过于杜威教授与桑戴克教授，而二教授之所以能同时并大者，则以其研究之出发点不同：盖杜威研究教育系从哲学入手，而桑戴克则从心理入手。以入手途径之不同，其归趋遂不能无异，于是出入以生，牴牾立现。克伯屈教授有鉴于此，乃采二派相同之点而融合之，参以个人心得，自成一派，崭然屹立二派之间。虽然，教授之所以能独树一帜者，其关键仍在此，不在彼：盖教授治学，精辟独到之处颇多，如教学法较广问题（The wider problem of method）之发挥，连同学习（Concomitant Learning）之发明，设计教学之分析等，诸点另有专著阐明，兹不赘述。又教授著作等身，其重要之作品亦另有目录，可供参考。

教授之略传止于此矣，然尚不能已于言者则教授此次游华之关系是也。教授虽美国之前，曾极力征集留美中国同学之意见，务求善用其留华数月之光阴，了解中国剧变之情形。因以明教育与文化之关系，以为研究与制订课程之准备；故教授将来之思想与事业必大受游华之影响，乃意料中事也。又教授曾在纽约中华教育会欢送会席上宣言曰：中国现在剧变之中，吾当尽吾力之所能，助中国适应此剧变，助留美中国学生知所以适应此剧变；是中国将来之局势，或亦将受教授之影响也。

教育为适变之根本方法，而克伯屈教授又为美国教育界之泰斗，中国教育界苟能借其来华之机会，利用其天才与经验，求得较适当之教育方针与方法，以应此亘古未有之奇变，则教授此行始不虚矣。

二、两年来从克伯屈教授求学的感想

教学不仅是一种艺术，并且是一种极复杂、极细致的艺术。凡百艺术越细致越是不易精工，教学就是个好例。许多大学教授口里说得天花乱坠，而腹内空空如也；间有满腹经纶者，则又吃吃不能吐；至腹如宝藏，而又口若悬河，那简直是凤毛麟角。或有人焉，能指陈得失，条解分明，而又能引导学生，质疑问难，互相舌战，使数百学生聚精会神，运思骋意，至不闻下课铃声，不觉疲倦，而学生思想即以此油然而生，井然不乱，这不得不谓之神乎其技！读者至此，必有废书而起者曰，当今之世，那有此种教师，不过空口说白话罢了。那末，我敢说实在是稀有，但至少今日有一位，此人为谁，即美国哥伦比亚大学师范院教育哲学教授克伯屈先生是也。读者诸君不信，请听我说来。

教授每年学生二千，大班常年每期有四五百人，暑假期中则有七八百人，且多为研究院学生，真所谓济济多士。每班学生又分为不过十人的小团体，于课外自己讨论。上课时教授并不讲演，只问学生有何问题可供大家切磋。如无问题（除第一次上课外，很少无问题的时候），教授就提出现今教育上的重要问题，以引起学生的问题。所提出的问题都是预先组织完善，印成纲要（Syllabus），让学生在小团体中讨论过的，故教授提出时，学生已胸有成竹，应声而起。但是各人胸中所成的竹子不是一样，甲说甲的竹子高大适应，乙说乙的竹子秀丽悦目，如此一来一往，两竿竹子互打起来，打得起劲时，学生多加入，枪花稍乱，则全堂哄然。而教授在讲台上只指挥着、监督着竹子相打时要针锋相对，要有条不紊。至于谁胜谁负，则非所计及，间尝也由全班举手表决，究竟谁的竹子较好，姑给大家一粒定心丸；有时卒至无结果而散，好让大家回去再想想，或者须将竹子重新画过。若是学生胸中的竹子太模糊，或太呆板，教授就掣出自己胸中的竹子，请大家瞧瞧，模糊的使他清楚，呆板的使他活泼，总要使大家胸中的竹子既栩栩欲活，又明白如画。由是，学生思想无组织的，从此就不自觉的组织起来；学生思想已有组织的，从此其组织更为严密；学生思想组织严密而近于死板的，从此有一部分的改组，或全部推翻。由是，学生对于现今教育情形毫无疑问的，从此发生许多问题；学生本有疑问的，从此问题益明显，或竟得一部分的解决；学生有许多问题视为已解决的，或从此会翻起案来。总而言之，教授之目的在使学生的思想，化成一活动的水晶球，清莹透剔，流荡不居。试问此种教师，当今能有几人；试问此种教学的艺术，是不是神乎其技？

反观国中，则恰其得反。教师上课前的职务是编讲义，讲义编好之后，就对本宣歌，能宣得很流利，使学生听得很清楚，已经算是尽职的了。至于讲义内容丰富，且编者能别出心裁，而又善于注入，那就更是难能而可贵，谁有工夫来顾虑到学生思想有无组织，组织是否整密而又活动。长此以往，恐怕大多数青年的思想不流于紊乱闭塞，即归于粗疏死板，其结果为盲从与固执。今日留心国中青年思想的人，不能不觉得此种盲从与固执，已经流毒不少。盲从者对于某项学说，尚未了解清楚，随波逐流，随声附和，闹得乌烟瘴气，社会不宁；一旦遭受挫折,或清夜扪心,即又自己打着嘴说,你到底干些什么？固执者则于某种主义,一经信仰,即奉为金科玉律,崇为淑世的万应如意膏;闹到马仰人翻,还是此路不通。影响所及,全国骚然,是非颠倒,思想混淆,徇至行为标准以失,举止无在不错。

青年为国魂所托,而其思想与行为乃如"盲人瞎骑马,夜半临深池",此是何等危险！而负指导青年责任者又专以编讲义及注入为事,有意无意中养成青年盲从与固执的态度,此又是何等罪过！

克伯屈教授发达青年思想的利器是问题,他能以少数的问题,去引起学生无量数的问题。他对于训练思想的主张与办法是与杜威教授一致的！认明思想起源于疑难,欲发达思想,须引起潜在经验中的疑难。因此,他所编的纲要,只有问题和参考书,他在课堂上的工作只是指导着学生互相辩难,引起学生从他们经验中搜出材料来,供大众的研讨与练习,好似蜘蛛结网,春蚕吐丝,均须从他们自己身上找出材料来,方切合他们自身的用途。

此种以问题为中心的教学法,实在不是一件新奇的事,在二千三百年前,苏格拉底就用得很多。但在今日中国大学里,教员提出问题讨论时,学生以不喜念书、不喜深思,往往借辞教员以小学生相待,叱为侮辱,而安于不学不思,真是奇闻！

教育与宣传究竟是两回事,此层教授分别得极其明白。他间尝发抒个人所见,助学生解决问题;然极端谨慎,凡无充分事实作后盾,丝毫不敢武断,免导学生入于歧路;而于他人有事实作后盾的主张,则又极端尊重。因教授认定:凡教师专注某种主张,忽略他方面的事实,他的工作是宣传该种主张,不是教育;真正的教育是以真理与事实为归,以学生人格为鹄。例如中国近年有提倡党化教育者,对于本党主张,认为惟一的教材,而忽视或竟屏弃他种主张的事实;对于人选,则党同伐异,此是很明显的宣传,不得谓之为教育。

教育乃百年树人的大计,宣传或党化教育是一种图近效急功的办法,以图近效急功,而忘怀百年树人的大计,此又是何等失策！

教学与发表也不是一回事。凡有特见卓识或独到的研究,不妨单刀直入的发表,以供他人的探讨;即令发表的态度稍为武断些,也不妨事,只要事实丰富证据确切。但在教学则不能如此,纵使教学者有充分的事实,证明他的主张是千真万确,他也得将他种主张详细估价,与以公允的说明,以便学生互相比较,自下结论;他不能要挟学生,必得信仰他的主张。此层教授亦特别注意,故常向研究馆(Seminer)的学生叮咛二事：

（一）教学者视为重要的概念，他有权刺激学生去探讨，但他无权强迫学生去承受诸概念。

（二）教学者有权使学生认清一种情境中各原因的重要，至各原因重要的程度如何，则其权在学生。

此二事实可作训练青年思想者的座右铭，值得吾人细细的咀嚼。

教学是一种极细致的艺术，而训练思想的教学如教育哲学者尤其是纤巧玲珑，而此种纤巧玲珑的工作又惟克伯屈教授能而神之，此不能不令人深感。因就两年来忝列门墙所得的印象摘录一二，想为负训练青年思想责任及有志澄清青年思想者所乐闻罢。

（刊见 1926 年《新教育评论》）

第五辑　散文杂感

放暑假后到民间去

一、暑假中的危机

暑假竟而到了,竟为不感觉上课兴味的学生望到了,竟为罗掘俱穷的教育当局望到了;然而深觉求学重要的学生与深觉不可一日无教的教育者反而对此发起愁来。

现在专就高等学校学生而论,他们在此占全年三分之一的长假中(国立各校均以经济困难提前放假延后开学),究竟作些什么?他们真的在家歇暑,无所事事吗?这可武断(根据过去的暑假生活武断)的说一句,决不会如此。这根本上因为人性是动的,无论是假中天气酷热到若何程度,大家分出一部分时间来休息外,尚有一大部分时间作别的活动,并且所谓休息又多属于体质上的,精神上更无时不在动作。然则究竟作些什么?其详细情形人各不同,不胜叙述。大致可说,不为善,必为恶,而决不会不善不恶。若就中国现在社会情形而论,环境恶劣,兵戈扰攘,菑苻遍地,生命等于草芥,衣食求之不得,很少的人能够从容安静地去为善。

在求学时代高等学校的学生暑假中可作之事有二:其一,在家自修;其二,出外参加社会运动(政治运动仅社会运动的一种,不要以为此外就无事可作)。第一项活动,在此种扰攘的时局中,是不可能的。此层不必多费解释,只瞧他们在校的时候,尚不能静心念书,出校后能静心念书吗(自然不无例外)?第二项活动较合于此时代的青年的,他们可以借此发抒平日的爱国热忱或身世积愤,可是终以他种关系(如经济困难、生命危险、党派倾轧等),多数青年不敢参加,不能从容参加。故此二项善的活动能从事者殊少,结果是大多数流于为恶。

此处所谓恶事亦可分为二类:其一,无聊的活动;其二,自私的活动,再分别说来。

在中国此种恶劣的环境中，人生可以趋于极端的无聊，而血气未定的青年更不必说。此无聊的人生一方面固起于疾时愤世，他一方面（较为普泛）则由于生活问题。有才能的无事可作，衣食都谋不到，无才能的反高官厚禄，丰衣足食之外还享尽种种娱乐，所谓"黄钟毁弃，瓦釜雷鸣"，此是何等的使人失意！失意的结果是无聊！大凡一个人到无聊的时候，无事不可作，而所作的事又每每是无聊的；间尝亦有从无聊中奋发起来的，但那是例外的例外。普通总是由无聊而趋于更无聊，非到堕落或受环境的影响而变迁，不知自返。无聊活动的范围很广：小则嫖赌逍遥，大则倒行逆施，自杀杀人。在一暑假中，如无相当的事可作，能够"饱食终日，无所用心"，则亦大佳；然青年的学生（有食可饱的）饱食终日则可，无所用心则不能，于是乎无聊活动发生了。此则非为生存竞争而无聊，乃为求乐而无聊，然其同为无聊，而归于堕落则一。如有不甘于此种堕落的，就趋于第二类自私的活动。

无食可饱的青年，不能不为生存而竞争，然欲达到这个目的，在与鸡鹜争食的时代，又万不能择手段或方法。分明知道某事是于社会有百害而无一利的，然顾不得许多，饭碗问题究竟比一切问题大；至于道德或人格问题，"失节事小，饿死事大"谁能不承认，更无庸辩。其结局是个人堕落，社会亦随得受害。早年的高等教育政府津贴既丰，学生家境亦裕，故暑假中学生无生计问题；近年则两方面情形均坏，加以暑假延长，学生暑假的生计遂成了大问题，而上述之悲观论调亦遂成为不可免的事实。

人性是动的，不向善的方面动，就向恶的方面动；而中国的环境又不许人向善的方面动，并且逼迫着青年向恶的方面动；而这种环境的压迫到暑假——漫漫无定期泛泛无规律的暑假——更加急切：青年处此，实为大难，甚或陷于绝境！我们如何设法助他们打破此难关，超越此绝境？

二、暑假危机的挽救——到民间去

上面曾提及，较合于此时代青年的活动是社会运动的参加；同时又说明，因为他种关系（如经济困难、生命危险、党派倾轧等），多数青年仍不能参加。现在假设我们将此社会运动的参加变为社会状况的了解或社会生活的参加可作，而不致流于堕落了。不仅如此，社会生活的参加与了解，乃此时中国青年所不可须臾缓慢的活动，乃新教育的一要素，乃救国的一途径。

中国一班智识阶级的大毛病是抽象的构思，凭空的幻想。这样幻想若单为脑的操练(Mental Gymnastics)，也不会发生什么坏的影响，但事实上不然。勇于思者亦敢于行，他们"闭门造车，出而合辙"，就此仍无大关系；若闭门所造的车，不能合外面的辙，拿回去修改修改再出来合，也还不打紧；不，他们以为这是虎头蛇尾，不彻底，非得将外面所有的辙变更，去合他闭门所造的车不可。然中国地大路长，外面的辙不胜其变，如何是好，但他们是有主义的（闭门主义），是有精神的（造车精神），你说辙不胜变，没有的话，先将路掘毁再说，路之不存，辙将安附？或有难之者曰，道路既毁，行不得也，奈何？他们深信不疑，含讥带怒的答曰，行不得则不存，待合我们闭门所造的车的路辙筑好再行，免得一次二次的修改。然路未筑成，工业均已凋敝，农产物亦已积腐，行乞无路，坐以待毙，而闭门造车者仍在冥想合辙不已！一言以蔽之：他们的病根，就在抽象的涉思，空中楼阁的实现，不肯根据事实去考虑、去计划，而惟依照某某空洞的主义去制造事实。

此班智识阶级的病根实植种于从前的教育，讲理论而不切实际的教育，重浮文而不合科学的教育。所造出的人才对此社会情形人民生活均不十分了解，他们所寝馈的是空洞抽象的主义；一旦居于领袖地位，即将所寝馈的主义（闭门所造的车），拿出来试验。此种恶因必生此种恶果，毫不足怪，所可怪的是现在负教育责任的人不能深觉此恶果，还在进行理论浮文的教育；而学生亦不能自觉，还在不注重科学与人民实际的生活状况，而孜孜于主义的研讨。最难堪的是无科学常识与实际事实作基础，而去高唱入云的讲某种主义，长此以往，又要闹出"闭门造车"的笑话，演出"毁路合辙"的悲剧。为防止此悲剧的重演，不得不大声疾呼"大学学生在校内要注重各种科学，出校后要留意社会实际生活"，则不能参加的阻碍可以免除或减少，则多数青年有好事可做。

暑假是校外时期，是宜于注重社会实际生活的时候，故又大声疾呼："放暑假后，到民间去！"但此处所谓"到民间去"，不是去参加社会运动，或改良社会状况，那不是一个短短的暑假所能办到的，而是将来专门学校毕业后终身的工作；又因为种种困难，也不是暑假所宜于从事的。故此处所谓"到民间去"，是"放暑假后"的"到民间去"，其目的在利用此短促时期，去了解一般民众的生活，以为将来参加社会运动的张本。至于如何"到民间去"，下面再谈。

三、如何到民间去？

"放暑假后"的"到民间去"既如上述，其宗旨在了解社会生活的实况，而不在参加社会生活的改良，则一切困难多可免除，而去的方法也就简单；而根本问题反不是能去与否，而是愿去与否，在说明此点以前，先要知道如何方能了解社会生活的实况。

欲了解社会，有二途径：其一，科学的研究；其二，普通的观察。科学的研究，如社会学家的调查，应用统计学等，从数量方面寻求事实；或用事件审查法（Case Study），从性质的方面寻求事实。这些都是专门家的办法，非求学时代的青年所能做得到的。（这是当今作社会改造运动的领袖们所宜先走的一步路，然而他们未切实走过，即狂奔疾驰，作起社会改造运动来，引诱许多血气未定的青年，随着乱撞，将极宝贵的精力浪费、牺牲，是多么的可惜！）普通的观察即利用吾人固有的经验，凭赖吾人天生的心眼，去接受新的经验。这也可说是从性质方面寻求事实，不过没有事件审查那么正确罢了。但是观察力锐敏的仍获得可靠的事实，作为第一度的了解。此处吾人须记，此只是第一度的了解，仅可作更精详的研究的参考或基础；若即据此为改造社会的指南，那就不免糟糕（当今改造社会的领袖，其葫芦中所藏的药饵，多半就止于此，欲其不糟糕，不可得也）。此了解社会的途径，求学时代的青年随时可走，而暑假中尤是方便，至如何走法，兹再择要论之。

（一）**与平民共同生活**。欲了解中国社会生活实况，最要在了解一班民众的生活状况；这一班的民众就是平民（依照现在中国经济情形简直是贫民）。了解的方法最好是与平民共同生活——同起居、同操作、同游息。必如此方能深觉他们生活的苦乐及其苦乐之所在，然后方能知道他们的要求与希望。譬如智识阶级的人们，颇以为精神上的苦痛胜过体质上的苦痛，若去操作数日，弄得筋疲力竭、欲罢不能的时候，始觉天下事有不尽然者；而由此番觉悟，或不会主张劳力者工作时间太长与工作太重。反之：若他们去经验相当的劳力工作，而得到体质上的愉快时，必又觉悟劳力是人人不可少的必需品。而所谓阶级观念（或劳心者治人、劳力者治于人的观念）即可以此而减，而同情他人苦痛之心亦即可由此而生。且由此种直接经验所得的教训,比研究空洞学说所得的教训尤为深切著明,因此,将来改造社会时亦较准情近理,措施得宜。

所可虑者:国内学生从来无此习惯;有之,惟黄埔军校学生,于冲锋陷阵时与兵卒同甘苦,于行军休息时与平民为伍。倒是国外工读学生,与所在国平民接近机会甚多,然所知者又非中国民情。虽然,此习惯不难渐渐养成,如习农科的学生,可于暑假中,去乡间与农人共陇亩中的生活,借此既可得实际经验,又可了解农人的情形,诚何乐而不为?如以为体质上太苦,则尽可少操作;若以为是学生,是专门预备作官宦的,不愿躬亲犁锄,自贬身价,则大错而特错(许多农科毕业生不知道种子是如何播的,已经闹出笑话不少,然此还是小小的笑话,进一步就要闹出"闭门造车"的大笑话)。此种"士"而必"仕"的习气如不打破,甚么社会改造都谈不到;此种习气如能打破,则如日溶冰,所被皆化。譬如我们再拿黄埔军校学生来讲,他们此次在南北战事中的影响是何等的大。这样驰骋枪林弹雨中,以性命从事,固非所能望于人人,亦非所宜望于人人。至于在短时期中略受体质上的劳苦,将贵族文人心理打破,而借此可以得着许多好处,我想总不是十分的难事。

从上面读者可以见到,社会生活的参加是无生命危险等困难,不仅如此,即经济上的困难亦不大。我们知道中国平民的生活程度是很低的,如大家有此决心,愿与他们共同生活,若非穷到无米为炊或嗷嗷待哺,总还可以维持。现在青年学生成家的尚不多,故嗷嗷待哺是很少的;无米为炊或囊空如洗的学生是比较多的,然不"到民间去"恐亦无事可作,而反要为恶了。故"到民间去"与逍遥贵族阶级中,生活上只有便宜的了。因此,我说"到民间去"的根本问题不是能去与否,而是愿去与否,有志的青年愿去么?不妨立定主意,走出学校门,直向民间去尝试尝试。

(二)旁观平民生活。如不能走第一条路,可走第二条路,常去留心一班民众的生活,而特别注意可以代表他们的人物,调查这些代表的日常经济状况(如每日生活费)以及他们的心理、嗜好、习尚等。详细的记出,条分缕析,别类分门,以便研究。这里要谨慎的,是记载与观察的方法:记载要详实,不要作空文章;观察要入肌理,不要走马看花,过眼即忘,且须随时观察,不要失掉了好的机会。

此第二条路固是次要的,然若脚踏实地的做去,亦能于社会情形获得相当的了解。

最后一句话是：我们要尽量的利用此长夏,作有益的活动,作自爱爱人的活动。环境虽恶,然不是牢不可破的囚笼;社会虽坏,然不是无物不化的烘炉,只要我们自己努力,立意冲决网罗,则一切荆棘,皆可披斩!

(刊见1927年《新教育评论》第4卷第3—4期)

铁蹄踏过的家乡

我的家乡是湖南长沙，整整有十三年没有回去过。在八年抗战之中，长沙经过四次的会战，其残破的情形，时萦梦寐之中，久思还乡，一观究竟。因此，江西省政府举办暑期庐山学术讲习会，聘我出席讲学，即不加考虑地答应了。讲学结束之后，遄返故乡，在长沙城内住了五天，随即下乡扫墓访亲又五天，再返省城候船三天；总共勾留了两星期，所得印象甚深，而抗战后被敌军铁蹄踏过的家乡，真令人起不堪回首之感！

我在长沙所得印象最深刻的是两件事：一是长沙面目的改变和情景的凄凉；一是民生的凋敝和教育的危机。

久违了十三年的长沙，它的面目是完全改变了，我虽然生长在长沙城内最繁华的区域——青石街，但是此街已经没有而改为中正路了。我清晨在东站下火车，随着挑夫往幼年生长的商店去，只知转弯抹角，不辨方向，直走到一家已开张五十年的酱园店——三吉斋，始恍然大悟，目的地近在咫尺。及到达目的地，四顾附近店铺，铺面一律缩小，有的已经改行，有的已经易主，甚至已经焚毁而又重建过三四次。青石街、青石桥一带，原来都是不甚宽阔，由麻石砌成的街道，现在改修成大马路，放宽数倍。于是，从前的店铺均缩小甚多，甚至就化为乌有；即如我生长的店铺，本可住四房家室，现在则只能住一房家室了。像这样的大变动，对于我不能不有沧海桑田之感！

这是我初到长沙时的感想。待数日勾留，观察全市情形之后，则又起另一种感想。原来长沙，除掉几条大马路之外，尽是小街小巷。大马路两旁的商店，因为营业的需要，均已随毁随建，而小街巷的房屋多系住宅或机关，毁而未建。因此，断垣残壁触目皆是，成堆的瓦砾中蓖麻高耸，即有少许房屋，多为木板搭架。至城外或沿河一带，则均茅棚草舍，仅蔽风雨，其情景之凄凉，真非笔墨所能形容。从友朋谈话中，得二语以概括之曰："家家皆农场，处处长蓖麻。"

长沙的破坏，远较汉口为甚。这不仅是四次会战的结果，亦是第一次焦土政策的赐与。所以破坏如此的普遍,恢复十分的艰难,不知何年何月,始能完全复兴也。

城市的情形固然凄惨,乡下的情形亦复可怜,不过没有那样表面化罢了。因为我家离城八十里。下乡时沿途所见,极少断垣残壁,然而农家用具,无不残缺。偶尔谈及,亦莫不切齿。因敌人虽穷乡僻野,足迹亦到;一入民家,不仅搜括勒索可食之物,而且破坏焚毁可用之具——如柜不得开,则用马刀劈破;如桌椅等,则折断作燃料(因较树柴干燥好烧之故)。因此农家十室九空,而战后又添补为难,其凄惨不减于城市。我家兄弟子侄辈共计二十余口,曾逃难数次,男子则被敌拉充夫役,女子则到处流离转徙,甚至勒索财物,双膝跪地,一刀加颈,其所受痛苦至深,损失的衣物至今尚未补充。至财产上的损失,则实无法估计。所幸全家大小均得苟全生命,比之于家破人亡的农家,则仍可作破涕之笑。

我在长沙所得到的第二种印象,是民生的凋敝和教育的危机。关于民生的凋敝,在长沙市面上不大看得出来:只见到大商店中的货物堆积,而购买的人很少,这是说明人民购买力的薄弱。据说街市上仍有饿死的难民,但我没有看见。惟据《社会评论》所载,长沙有"一种新的自由职业",就是讨饭,"有一妇人,因她的三个儿子都被收容去了,她乃特地跑到救济分署,请求发还,理由是,三个儿子都被收去了,儿子虽得教养,她自己却失了生路,因为她是靠三个儿子沿街讨吃来维持的"(《社会评论》第二十二期)。又据该期《社会评论》所载:"湘省灾民除非赈不生者已逾三百五十万人外,湘南一带,全恃掘剥树皮草根维生者,如数至巨。顷据社会处调查统计所得,衡、零、祁、邵等县,灾民掘食之草根树皮,共有四十种,其中油腻树物,既无营养,又不易消化,灾民为饥饿所迫,食之致死者甚众。"湘省灾民的惨苦如此,民生又焉得而不凋敝呢?所幸本年雨水尚称调匀,长沙附近农田作物有七八成收获,余下乡时,早稻正在收割,待入城时,晚稻又插秧矣。故彼时灾荒情形已不如三四月凶猛,然去年兵灾之后,继以旱灾,如此浩劫,民生已凋敝不堪!

湖南教育素称发达,长沙省会之区,尤其学校林立,但八年来一次焦土,四次会战,黉舍荡然。加以战后失学儿童及青年,均求复学,供求不能相应,于是危机潜伏,颇为可虑!

关于长沙的教育情形,请阅下面记载,可知大略。

"旧的新的学校同一命运,设备完全者真如凤毛麟角之不可多得。去年下期,都匆匆打回了老家,重整旗鼓;迁运,修建,购买,千难万难,煞费经营,勉强凑合开学。学生唱着胜利之歌入学,首先感觉居住不安,狭隘,湫湿,残漏,冷雨会半夜里来润泽被窝,烈日会斜射在教室。其次是寝食不安。有的寝砖枕块,有的席地野餐,有的采教、寝、习合一制。很少有一人一床、一桌、一凳的。到了春夏之交,蚊蚤环攻,疠疫流行,又缺乏调养室的设备,学校就简直等于栖流所。

"最叫青年不安的,尤其为求知欲不得满足,剩余精力无处发泄。自然科学如物理、化学、生物之类照本抄歌,望图设想,全然没有东西实验。艺术科学如音乐、图画、劳作之类,空口说白话,全然没有乐器与工具。上体育课就等于上国文,全然没有运动场所及设备。工校缺乏像样的工厂,农校缺乏像样的农场。教育倒退四十年,正是清末科举与学校交替的现象!呜乎,在这场合之下,孔子复生,未见得能施其春风化雨;颜回再世,也难以不改其乐。"(熊梦飞著《学潮透视》一文刊《社会评论》第二十五期)

我去拜访一位老同学陈虔僧先生,他是协均中学的校长。协均中学还是我出国前十几位朋友所创办的,到现在将近三十年的历史了。战前此校规模已经大具,战事发生,陈校长率领学生,四处播迁,战后归来,一切荡然无存。现正从瓦砾堆中建校舍一幢,作为复兴起点;其工作的艰难,前途的困苦,真不可以想象。无怪陈校长言谈之间,不免心灰意懒!

此外听说,长沙复学的青年,成千累万的住在旅馆里,等候投考学校。尽管长沙的中学有二十余所之多,各校收费也非常低廉(公立中学收俸米五斗——合洋一万二千元,另洋五千余元,私立中学收学米一石五斗,学杂费四五千元),不能入校的青年还是很多。或由于失学太久,书本荒疏,投考不上;或是由于中途辍学,年龄过大,程度不够;或由于家境贫寒,经济困难,无钱入学。故本学期不能上学的青年,不知将作何归宿?如无适当的归宿,又不知将遭受如何痛苦?或发生何种问题?

由上所述,可知湖南——长沙的教育有两种危机:一是全部教育向后倒退的危机;一是青年失学的危机。但是长沙朝野多在大声疾呼的并不是教育的危机,而是政治的和经济的危机。他们对于教育的危机,似乎稍为忽略,那就有加以提醒的必要。

被敌人铁蹄踏过后的家乡。其情景的悲惨,此文实在未能尽其万一。

(刊见 1947 年《光杂志》第 19 期)

附录

爱心献教育　桃李遍神州
——教育理论家陈科美传

陈科美(1898—1998)又名锡庆,湖南长沙人。中国民主促进会会员。民进上海市委第六、七、八、九届委员,徐汇区第六届政协委员。他幼年曾学"汉学"八年,青少年时期接受新教育。1920年赴美国留学,曾师从美国著名教育家杜威(John. Dewey)攻读教育哲学博士学位。1926年回国,先后在北大、大夏、复旦、暨大、华东师大、上海师大等高校,讲授教育哲学等课程。他的代表著有《新教育学纲要》《美育应作为全面发展教育的组成部分》以及《上海近代教育史》。其中,尤以他的美育论述为亮点。

陈科美勇于创新、勇于探索,其不折不挠的求真精神深得学界同仁尊敬。先生暮年,老当益壮,仍潜心研究美育,旨在使人的培养能沿着德、智、体、美、劳的道路和谐发展。陈科美的一生,是爱国爱生结合、教书育人双馨的一生,值得后人学习、传承、弘扬。

教育生涯路漫漫　学术成就结硕果

陈科美,1898年8月28日生于湖南长沙。其时,正值维新变法之年,新文化运动方兴未艾。陈家清贫,其母劳苦终日,目不识丁。其父贫农出身,也未入塾读书。因此父母殷切企盼后辈读书上进。1903年春,刚满4岁的陈科美就被送到长沙乡下读"汉学"(其父不信"洋学")。他的发蒙老师姓邹,第一件事就是用《诗经》上的一句话"则笃其庆,载锡之光"为他取了学名。于是陈锡庆就成他用了10年之久的大名。

1903年春至1912年夏,他共念了八年"汉学"。这八载的旧教育为其奠定了深厚的汉学基础。《三字经》是他的启蒙读物,接着念《百家姓》《千字文》《千家诗》之类可以吟哦易记的读物。后来念《五字鉴》、《幼学琼林》、"四书五经"等属于历史、天文、地理、修生、治道等高级典籍。八年寒窗苦读,培养他阅读和写作的能力,养成他终生手不离卷酷爱读书的优良习惯和"学而不厌"的学习精神。

1913年,15岁的陈科美报读长沙一所著名的私立修业高等小学。该校以"爱国尚武,公勇敬朴"为校训,爱国思想蔚然成风。由于他的学业成绩每每名列前茅,深受校长黄海润和历史教员徐特立的器重和特别关照,两年半的教育,培养了他的科学精神、爱国情怀以及体育运动的习惯和对艺术的兴趣,为其以后的德、智、体、美全面发展打下初步基础。

1915年秋,他考入私立雅礼大学预科,改名科美。因当时他认为古今中外的学术从根本上说不外乎科学与美术,合而为哲学,故以此作为终身研究的对象。雅礼大学英语要求很高,逼着他苦读英语,为他今后"两洋横渡,百史纵观"奠定了语言基础。在雅礼的五年间,国内辛亥革命失败,军阀混战;国外则第一次世界大战爆发,西方列强无暇东顾,日帝乘机崛起,侵华野心嚣张。他说:"国难的严重和国势的危急,激发了青年们的爱国热忱,掀起了我们的救亡运动;特别在五四前后,我们参加的爱国救亡运动扩大而为新文化运动,其波澜壮阔,至今回忆起来,犹在胸中荡漾。此时,同学们都把读书与救国紧密地联系在一起:有的考虑,要以实业救国;有的想经营实业,以经济救国;我课外阅读一本教育名著——卢梭的《爱弥儿》,认为教育是救国的根本之图。于是,我立志学教育,作为救国之计,并在暑假中,与几位同班的要好同学,创办暑期儿童补习学校,后改为工读学校,扩充为协均中学。"①

1920年夏,陈科美远涉重洋去美国留学。20世纪初期,国内国外发生了一系列重大事件:先是1911年的辛亥革命,继而是1914年第一次世界大战爆发,再是1917年俄国发生十月革命;接着是1919年中国爆发了以科学和民主为思想核心,以反帝反封建为政治目的的五四运动。就是在1919年美国实用主义教育家杜威应北京大学、南京高等师范学校、江苏省教育学会、浙江省教育学会等单位的邀请,于4月30日起访华,在长达两年零三个月的时间里,杜威在中

---

① 《世纪学人自述》(陈科美自述),北京十月文艺出版社2000年版,第266页。

国 13 个省市作了 200 多次教育演讲,宣传实用主义教育思想,对中国教育界影响极大。陈科美就是在这特定的历史背景下去美留学学教育的。

陈科美在美留学六年。前三年,他在伊利诺斯州立大学学教育,为拓宽知识面,还选修了天文学、细菌学、社会学、文学名著选读等课程。他说:"这三年过得很艰苦:一方面要和美国学生一样学习,另一方面还要寻找零星的工作,以维持日常生活。这三年的大学教育,为我以后对教育和教育哲学的钻研奠定了一个广泛的学术基础,也帮助我建立起一种客观的和科学的研究态度。"①后三年,他是在研究院度过的。第一年,他进入私立芝加哥大学教育学院主修教育学,同时,由该校校长赫钦斯(R. M. Hutchins)安排,他每天在图书馆工作 2 小时以弥补学费之不足。在获得教育硕士学位后,他深感研究教育不能局限于客观事实和调查实验,需把教育实践和科研成果提升到教育理论的高度,才能高屋建瓴,高瞻远瞩。于是,他决心研究教育哲学。经院长吉特(C. H. Judd)指引,他去纽约哥伦比亚大学师范学院教育哲学系,在杜威教授和克伯屈(W. H. Kilpatrick)主任的直接指导下,钻研了两年教育哲学。除修学本系课程外,还选修教育社会学系、教育心理学系、哲学系等若干课程,参观访问了纽约市帕克赫斯特实验学校以及美国东南各州的进步学校。与此同时,他阅读了大量参考书籍,构思自己的教育思想体系,努力准备自己的博士学位论文"教育哲学大纲"。但终因不胜负担高昂学费,博士学位论文未能全部完成。"然而,我并未因此而感到很懊恼,因为我归国后的治学和著作,依然是这种研究和在这个大纲的基础上完成和发展的。"②

1926 年夏,陈科美与四位同学结伴归国,横渡大西洋,穿越欧亚大陆,直抵北京,应时任北京大学教育系主任的老同学高仁山邀请,他曾有意留在北大任教。但因时正值北伐战争,京畿秩序不稳,大学不能复课,聘书迟迟不到,只得离京去上海谋职,任教于私立大夏大学。其间,他为《新教育评论》写了《介绍克伯屈教授》一文,传播设计教学法思想。1927 年春再到北大任职,他一方面担任教育哲学等课程教学,一方面协助高仁山办理艺文中学,实验道尔顿制。与此同时,他还积极参与《新教育评价》周刊的编辑和高仁山组织的一些政治活动。

---

① 《世纪学人自述》(陈科美自述),北京十月文艺出版社 2000 年版,第 266 页。
② 同上书,第 268 页。

1927年3月10日,倡导设计教学的美国教育家克伯屈应中华教育改进社邀请来我国讲演。克伯屈先在上海与光华大学教育主任朱经农、商业大学主任程其保等讨论中小学教育问题。5月,克伯屈离沪去京。其后,他在北京教育部、清华大学、燕京大学、北大二院、北师大、女子大学、法政大学、香山慈幼院等校发表演讲。讲演的题目有文化变迁与教育、道德教育、养成学生之自动能力、中国目前之教育问题、现代教育方法批评与中国女子教育问题等。当时,陈科美以克伯屈的翻译身份,陪同观光游览,广泛接触北京教育界的同行,联系中国教育实际,开阔了学术视野。

因为北京局势再度混乱,大学停课。陈科美于1927年8月返回上海。自1927年夏至1949年的23年间,陈科美均在上海从事教育工作。历任暨南大学师范专科主任、教育学院代院长、真如实验学校主任、复旦大学上海补习部教育系主任等职。在这段时期里,陈科美所教的课程甚多,凡上海有教育系的高校他都去上课,诸如教育学、教学哲学、教育原理、教育社会学、现代教育思潮、中国教育史、西洋教育史、哲学概论与逻辑学等都是他的讲授课目。

陈科美在民国时期的著作有《新教育学纲要》《新教育学》《教育社会学》《教育社会学讲话》,并撰写了数十篇文章,诸如《英国教育家心目之美国教育》《适应论》《教育新诠》《中国民族与教育》《中国教育改造与中华民族性》《救亡教育的根本方针》《现代教育思想与中国教育改造》《适应的民族教育》《教育学为哲学乎亦为科学乎》《西洋近代教育学术上之论战》等。他的教育著作与教育论文对中国20世纪教育学科的建设起到了一定的奠基作用。

抗日战争,特别是上海沦为"孤岛"时期,陈科美除著书立说和从事教学活动之外,还与当时的进步学生社团联合创办义学。据当时复旦大学教育系褚应洪(陈科美的学生)等回忆:"抗战不久,上海即沦为孤岛。上海复旦教育系三四年级学生,觉得毕业在即,谁也不愿混迹汪伪政权,而又找不到工作;同时又看到哀鸿遍野,到处是失学的青少年,同学们却想为抢救他们出一份力。于是,在陈科美老师的赞助下,由贾成华、胡国恩、沈素贞、刘榕初等同学于1941年借培明女中两间教室,办起了培明义务夜校,学生的学杂费一概免收;当时的学生,除失学青年外,还有小学程度的成年人。"[①]但是,培明义务夜校成立不到一年,日本偷袭珍珠港,发动了太平洋战争。日军开进租界,晚上有宵禁,人心惶惶,

---

① 褚应洪:《复旦爱弥儿联谊会的产生及其活动》,1985年8月28日。

培明夜校被迫停办。"复旦大学也暂停授课一学期,教育系同学为保持相互联系,自动组织了'读书会',轮流在同学家中聚会,经常探讨教学业务和座谈时势,到1943年初,同学们租借到武定路稽山中学部分校舍又创办了'越旦实验小学',由陈科美教授任校长,汤利邦同学任主任。"①

陈科美一直支持复旦大学"爱弥儿联谊会"这一学生进步组织。这个学生进步组织最初是由学生义务办学发端的,为的是便于在日伪时期公开活动,不以"曙光""洪流"为名,而以卢梭教育思想的代表作《爱弥儿》为名,意为反对封建教育,尊重自然、尊重人性。其活动形式是读书、办学、义演、座谈时势等。1947年,因"爱弥儿联谊会"会员"豪情满怀,向往光明",中共地下组织及时以"爱弥儿联谊会"为据点,广泛教育同学,组织同学,使"爱弥儿联谊会"出现了新的转折,从演戏、办义学为主,演变为在地下党领导下参加政治斗争的学生组织。上海解放初期,"爱弥儿联谊会"还办了《爱弥儿》丛刊之一《人民的教育》。②

1985年由原"爱弥儿联谊会"的骨干成员倪江松、褚应洪撰写《复旦爱弥儿联谊会的产生及其活动》一文。成文后,请长期支持该会活动的陈科美先生撰写前言。他在"前言"中说:"捧读《爱弥儿联谊会的产生及其活动》,回忆起四十多年前的往事,再联想到最近一年,联谊会成员的情谊,我可以写一篇千言万语的长文;但文不在长,而在乎真,联谊会的产生及其活动就在其成员的真情意,就在其成员所表现的热爱祖国和热爱教育的精神和实践。为此,我怀着愉快和激动的心情,略抒所感。"③

从1949年7月到1956年7月,陈科美先后在复旦大学教育系、华东师范大学教育系任教。1956年7月陈科美调到新建立的上海第一师范学院任教育学教研室主任,后在上海师院、上海师大教育系任教。在社会主义新社会、人民政治热情空前高涨的全新环境中,他的思想有了很大的转变。他在自述中说:这段时期"教的工作减少了,学的机会增加了,尤其对马列主义的学习,形式多样,学习集中。如华东革命大学政治研究院的学习和毕业,土改和思想改造运动的参加和实践,以及教育改革工作,参观和访问,都给我以深刻的教育……对我来说,要在新中国,为实现社会主义革命和建设,为忠诚于党的教育事业而

---

① 褚应洪:《复旦爱弥儿联谊会的产生及其活动》,1985年8月28日。
② 《人民的教育》(爱弥儿丛刊之一),复旦大学爱弥儿联谊会,1949年6月15日。
③ 褚应洪:《复旦爱弥儿联谊会的产生及其活动》的"前言",1985年8月28日。

奋斗"①。

当然,新中国的建立,对旧知识分子来说,是一个全新的环境,根本的转变,需要一个适应和改造的过程,陈科美也不例外。正如他自己所说:"因学习苏联,教育系只设教育学,而且大家都要学和教凯洛夫《教育学》。这样,过去的课程庞杂转变到统一,可说是一百八十度的大转弯,令人无法适应,教学不免被动。"但他依然豪情满怀,不仅积极参加教学工作,还参加中国化教育学的编写,参加《中国大百科全书》(教育)分册的编写,主编《上海近百年教育史》,还合译《学会生存》以及其他大量外文教育书刊和资料的翻译。

1961年,在党的"双百"方针指引下,美学界展开了学术大讨论。陈科美和教育学、心理学教研室的教师积极投入到美育的大讨论。他先后在《文汇报》上发表了两篇颇具学术造诣、很有社会影响的美育文章,即《美育应作为全面发展教育的组成部分》和《美育的任务和实施原则》。美学问题与美育问题的讨论,均属学术之争。而且,在中外教育史上,历来重视美育,如古代希腊的和谐教育思想里早就提出美感教育。中国古代的"六艺"——"礼""乐""射""御""书""数",其中"乐"就是美育。中国近代教育家蔡元培也十分重视美育。但在十年"文化大革命"期间,陈科美却因上述美育文章以及他有杜威、克伯屈等洋导师的背景,被打成"资产阶级反动学术权威",挂牌、批斗。但他依旧乐观,饭照吃,觉照睡,诗照写。1967年8月28日是他的70岁生日,他即兴赋诗《七绝》五首。第一首是:"人称七十古来稀,七十如今未足奇。是否稀奇吾勿问,茶香睡美饭如饴。"第五首是:"迟迟悟道愿长违,今日方知昨日非。换骨脱胎休恨晚,夜来明月发清辉。"

1981年,陈科美在中断了20年教学工作之后,又重操旧业,为教育心理学班开设教育哲学课,和同学们研讨杜威教育哲学思想。

1982年5月,他出席全国教育史讨论会。这次年会主题是讨论中外古今著名教育家的教育思想,如中国的孔子、徐特立、陶行知等和外国的教育家杜威、赫尔巴特等。他撰写的《杜威教育哲学的重新探讨》,引起了与会同仁的重视,并公推他在大会发言,改变了一段时期将杜威完全否定的状况。会后,他的论文被刊登在1982年第2期《上海师范学院学报》上。

1986年,88岁高龄的陈科美,依然老当益壮,领衔出任硕士研究生马林的

---

① 《世纪学人自述》(陈科美自述),北京十月文艺出版社2000年版,第270—271页。

指导老师,对美育进行专题研究,并于1995年12月师生联合出版《美育研究论集》。在该书序言里,陈科美说:"这是一本纪念师生友谊的文集。马林在上海读书的三年里,我们师生之间结下了深厚的友谊。这本文集是对我们师生友谊的最好的纪念。"[1]是年陈科美,已97岁高龄矣。

1990年,陈科美92岁,他念念不忘中国社会主义教育哲学的研究和编著,亲身撰写《中国社会主义教育哲学导论》提纲,其一级标题是:一、教育与经济和政治的关系;二、自觉地连续适应的教育哲学;三、自觉地连续适应的教育哲学与中国社会主义的发展。在该纲要的结束语中有这样一段话:"我们提供的教育哲学,能否与中国社会主义的发展有机地结合起来,最后取决于实践的检验。此种检验的规模可大可小,小则区县,大则省市,至于全国。……笔者虽九二之年,凡有志于中国社会主义发展的同志,请来携手协作,完成此一崇高的历史任务。"[2]这是他对未竟事业的深深遗憾,也是对后继者的热切企盼。

1997年8月28日,上海师范大学为陈科美先生庆祝百岁寿辰。在会上,大家对其学术、人品皆作了很高的评价。直至今日,他家厅堂上仍悬挂着"任教六十年,桃李满天下"的匾额,而在他生前每逢节假日亦常有暨大、复旦、师大的学生同事前去探望或拜年。

1997年年底,陈科美应邀出席港澳教育园地园丁联谊晚会,作为教育界的代表人物受到热烈欢迎,并被赠予香港回归纪念鼎。不数日,即感风寒,医治无效,于1998年1月2日溘然与世长辞,享年百岁,堪称人瑞。

《新教育学纲要》 20世纪的教育名著

1932年陈科美撰写的《新教育学纲要》,经过64个春秋,于2006年入选《二十世纪中国教育名著丛编》,这是该丛编编者瞿葆奎、郑金洲、程亮给予本书应有的历史地位。正如他们在《二十世纪中国教育名著丛编》"中国教育学科的百年求索(代序)"中所说:"20世纪是中国教育学科艰难创生,曲折发展的世纪。伴随着中与西的文化激荡,传统与现代思想交融,中国教育学科逐渐从译介走

---

[1] 陈科美、马林:《美育研究论集》,暨南大学出版社1995年版。
[2] 陈科美:《中国社会主义教育哲学导论》,1990年手稿。

向编著,从移植走向创生,从草创走向发展。教育学者们'以执著的精神、笃实的态度、质朴的思维,成就了中国教育学科发展史的世纪篇章'。"[1]为使教育学科贴近中国教育实践,并裨益于中国教育实践,自然成为许多中国教育学者百年的学术追求。这是中国教育学科发展的内在驱动。也就是说,中国自身的教育实践,要求教育学科从"进口货"逐渐成为"中国化",逐渐走出"照抄照搬"的阶段,开始对我国的教育科学做"改造""删削""添加""参合""改易"和"融化"的工作。而陈科美和他同时代的中国近代教育学科奠基者们所作的就是竭力使教育学科中国化的工作,是一项功不可没的工作。

《新教育学纲要》有十章。分别阐述教育的意义、基础、目的、材料、方法、组织、环境与效果,以及中国新教育概说和教育研究。

"教育意义":该书对教育的意义作了中西合璧的解析。陈科美将厚实的汉学功底和渊博的西方教育史知识相结合,指出中国"教育"的字义系指"示人模范,使之效法,并养育之"。西方"教育"系指从天生的能力基础出发加以诱导。因此,他认为"中国教育"着重被动,西方"教育"着重自动。他认为近现代教育主要分为"学校教育说"和"教育即生活说",前者脱离社会生活,后者又过于宽泛。鉴于两种说法的缺陷,他另立一说,认为"教育乃意识之连续适应(Education as Conscious Readjustment)"。

"教育基础":陈科美认为,教育有生物与生理基础,才有"连续适应"的可能;有心理与社会基础,才有"意识的连续适应"。生物与生理基础系指所有生物都具有的五种性能:(1)创造力;(2)保存力;(3)多样性;(4)合一性;(5)灵觉性。心理与社会基础是指本能、心能、兴趣和习惯。

"教育目的":教育目的依人类意识作用而产生,可分特殊目的和普遍目的。特殊目取决于特殊阶段适应其环境与人生之需求。普遍目的是视全体人类适应生活之共同需求。理想而普遍的教育目的在于全体人类生活的适应。因此,教育根本目的,在于人生的继续与发展。

"教育材料":教育材料是为实现教育目的而选取的材料(即教材)。教材"预备说"者认为教育要预备生活。"教材生活说者"以改造与改进儿童现在的生活为目的。他认为此二说各有片面性,教材的选择首先要明白教材有两个特性,即"能适应"和"能刺激"。

---

[1] 瞿葆奎、郑金洲主编:《二十世纪中国教育名著丛编》,福建教育出版社2006年版。

"教育方法"：教育方法简称"教学法"，有狭义、广义之分。狭义的教学法着重机械训练，广义的教育方法指培养全部人格。但前者机械，后者空泛，使人无从着手。所以他认为，合适的教学法应该从全部着眼，各部入手。进而他指出，"发展人生能力最有意义之方法"，应把"活动原则"（给予学生充分活动的机会）和"指导原则"（给予儿童适宜的指导，唤起能力向前发展）结合起来。

"教育组织"：教育组织是专为教育所设的一种社会组织。家庭、社区等固然是社会组织，因其负有教育之责，也可以看作教育组织（广义的教育组织）。随着社会的发展生活的复杂，必然产生特殊、严密的专门的教育组织——学校，以及教育行政机关。

"教育环境"：陈科美在书中所说的教育环境，并非泛指一般环境，仅特指学校环境。学校环境最能代表教育环境，其内容包括物质的与社会的两方面。学校的物质环境包括校舍与设备，学校的社会环境包括教师和学生。正因为有了这样的学校、社会环境，才能培养学生的团体生活观念、知识、情感、态度和习惯。

"教育效果"：教育效果是教育历程的最后部分，它判断全部历程的成败。教育效果有两个特征：一是永久性，即"教育影响生活，经久不减，百世可稽"；二是循环性，即"教育影响所及，辗转传达，至于无穷"。教育效果可从"教育全部效果"和"学校教育效果"两方面来考察。

"中国教育概况"：本章除介绍当年三民主义教育的目的、方法和组织外，着重探讨20世纪早期中国教育的成效：小学生数量有较大发展，教学法与课程也得到改良；中学生数量有增加，而学生品质颇成问题，还存在教学法守旧、课程不切实际与德育不良等；至于大学教育，学生人数虽增加甚速，但品质却每况愈下，学风颓废，程度降低。

"教育研究"：教育研究直接促成教育实施的完善，间接服务社会生活的需要，是生活与教育的枢纽。教育研究在历史上经历了三个阶段：(1)主观推理研究——自苏格拉底至赫尔巴特的时期；(2)客观的科学研究——自莱因(Rein)至实验教育派的时期；(3)科学的、哲学的研究——现代教育研究，走向科学与哲学的融合。教育研究可分为纯理与实际两部分，每部分又可分纵、横、深三方面。

综观全书，《新教育学纲要》有两个特点。一是力求本土化，不仅设"中国新教育概况"专章，而且对"教育"概念的解释也采用中西合璧的方法。二是着力创新。作为杜威的学生，他在肯定杜威教育观的合理性的同时，也指出了他的不足，并非机械照搬。他说："杜威之'教育即生活'说确能指出教育之真谛，故其影响于今日之教育者甚大。惟吾人进一步研究，仍发现其缺点，不能不另立一个更圆满之说以代之。"杜威学说之缺点有二：（一）解释生长之内容尚嫌简单；（二）教育之范围过于广泛。比较圆满之新解释可名之曰"意识之连续适应说"①。

在世纪学人陈科美自述中，他说："关于创发，我在美国构成的教育思想体系，在归国后继续研究，于1929年发表了《教育新诠》，1932年出版《新教育学纲要》，1946年出版了《新教育学》，提出'教育乃一意识的连续适应之历程'。这一学术观点，是我长期研究和体验出来的教育看法，也是我今后要继续钻研和发展的教育思想。"②

坚持真理说真话　美育思想闪光辉

20世纪50年代后期，在党的"双百"方针指引下，以朱光潜、李泽厚为首的美学界，展开了以美的本质为核心内容的大讨论。时任上海师院院长助理兼教心室（教育学、心理学教研室）主任的宋兰舟，为使美学的讨论联系实际引向深入，发动和组织教心室教师联系党的教育方针，讨论美育问题。当时参加讨论的有华东师范大学教师与《文汇报》教育理论部的一些编辑和记者。陈科美不仅参与了讨论，还于1961—1962年间，在《文汇报》上发表了《美育应作为全面发展教育的组成部分》以及《美育的任务和实施原则》。十年"文化大革命"期间，他的美育思想遭到批判，但他对美育的研究并没有中断。"文化大革命"结束后，他连续发表了《中国社会主义美育的探讨》《论美育的基本原理》《论美育心理的要素及其运用范围》《论美育和德育的关系》以及《论美国中小学艺术教育的现在和未来》等文章，阐述他关于美育的研究心得与成果。

综观他20世纪60年代到90年代的7篇美育文章，其美育思想大致有以下几个方面：

---

① 陈科美：《新教育学纲要》，福建教育出版社2006年版，第4页。
② 《世纪学人自述》（陈科美自述），北京十月文艺出版社2000年版，第271—272页。

1. 关于美育应作为全面发展教育组成部分的思想

在《美育应作为全面发展教育的组成部分》一文中，陈科美说："关于美育，问题也不少，而中心问题是美育在全面发展教育中的地位问题。"①"从最近几次的美育座谈中，对于美育的重要性大家都一致同意，认为美育是人的全面发展的一个不可缺少的因素。但对于把美育作为全面发展的一个组成部分，意见分歧得很。"②他认为，在对人的培养和教育方面"美育有其特定的作用和特殊的任务。它的作用、任务可以在其他三育中发挥和完成一部分，但不可能充分地发挥和全部地完成，除非把美育确定为全面发展教育的组成部分之一，这个主张是我所赞同的"③。为进一步论证美育作为全面发展教育组成部分的必要性，他还对美育的性质作了深入剖析。他认为："美是一种价值，它产生于人类的社会实践。"④但不同于其他的价值（如真与善的价值）。其所以不同，在于美的对象，即美是鉴赏的对象，而不是认识的对象（真）或道德的对象（善）。总之，我们不仅要遵循事物发展的一般规律去改造世界，而且要按美的法则去改造世界。美这种价值之所以不同于其他价值，还在于美存在于形象性之中，人们通过形象，才能感受和表现出来。"如果这种形象塑造得非常典型而逼真，能使人情感激动，啼笑俱来！"⑤他又说，美这种价值之所以不同于其他的价值更在于感情化。美之所以这样激动人，就因为充满人的情感，震荡着人的心弦，使人的整个精神状态都带动起来而一起反应。因此，不应当把美育单纯地看作进行政治思想或三育的手段，也不应当把美育笼统地包括在三育之中，而应当把美育作为全面发展教育的一个组成部分，才能充分发挥它的特定作用。

与此同时，他还从我国社会发展的需要来说明美育应作为全面发展的组成部分。他说："广泛的艺术教育早已开始，它一直是革命事业的一个组成部分。"⑥可以断言，这种需要今后决不会缩小而只会加强，要加强就必须确定美育的地位。他认为，我们必须注意对年青一代进行美育的需要，通过广泛的美育和集中的艺术教育，激发他们的积极性和创造性，培养出一批普及艺术工作者和艺术专门家。但这些任务的完成并非轻而易举，必须确定美育的地位，充分发挥美育的作用。总之，我们从美育的性质和我国社会发展的需要来看，美育不仅是重要的，也是必要的。我们现在应当把它确定为全面发展的组成部分之一。

---

①②③④⑤⑥　陈科美：《美育应作为全面发展教育的组成部分》，《文汇报》1961年5月30日。

2. 关于美育任务完整性的思想

陈科美在确定了美育在全面发展教育中的地位之后,紧接着就论证美育教育任务的完整性和多样性。

他说:"关于美育的任务,我认为,应包括以下三个方面:(一)美育的基本任务是培养学生充分感受自然美、社会美、生活美和艺术美的能力;(二)美育的中心任务是培养正确的鉴赏美的能力;(三)美育的巩固提高的任务是发展学生主动表达美的才能。"[1]他指出,美育的三项任务,也就是美育应努力完成的三个目标。而这三方面的任务是密切联系的,它们体现了美育的总方向。

3. 关于美育教育原则相互联系的思想

陈科美认为,为了有效地完成美育的目标和任务,必然要探讨美育教育实施过程的原则。他在1962年《美育的任务和实施原则》一文中,提出了美育实施的五大原则,即:"(1)思想性与艺术性的紧密联系;(2)情感体验与逻辑思维的正确结合;(3)艺术的内容和表现方法的统一掌握;(4)在全面发展的前提下因材施教;(5)在循序渐进的过程中经常持久。"陈科美特别强调指出:"以上五个原则都是有联系的,不能孤立地运用。第一个和第二个原则是方向性的,全部美育的实施所应遵循的,否则联系不紧结合不当,就会把美育变成德育和'情育',或使美育跟德育和智育对立起来。第三个原则是组织性的,是组织艺术教育的教学工作所应遵循的,否则组织不当,尽管全部工作方向对头,仍收不到令人满意的教育效果。第四和第五个原则是比较特殊的,是艺术教育的实施应当特别注意到的,否则艺术才能的发展在中小学的美育中,将失去培养的坚实基础。"[2]

美育实施原则是美育教育过程规律性的反映。陈科美关于美育实施原则相互关联的思想对中小学美育的教育实践具有指导意义。

4. 关于我国美育必须重视社会主义性和民族性的思想

陈科美认为,中国现在要求建设两个高度文明,实行三个面向,迫切需要一种具有中国特色的社会主义美育,这是因为人类长期摸索出来的美育是颇为光辉的创造,但还不是社会主义性质的。"社会主义的美育是在社会主义制度建立之后开始在实践中出现的。因为,共产党一向把审美教育看成是对群众进行

---

[1] 陈科美:《美育应作为全面发展教育的组成部分》,《文汇报》1961年5月30日。
[2] 陈科美:《美育的任务和实施原则》,《文汇报》1962年9月2日。

共产主义教育工作的一个不可少的有机部分。"①

他在论述我国美育社会主义性的同时,又指出美育的民族性。他说:"在每一个民族的发展中,形成了一定的风俗、习惯、生活方式、心理状态等,这些特征在艺术作品上打上了自己的烙印,这对一个民族的美育理想和实践也不例外。"②那么中国美育的民族性表现在什么地方呢,他认为:"中国美育有两大特点:一是理论与实际的紧密结合;二是政治与美育的有机统一。"③他认为,这正如《乐记》所说:"乐者天地之和也,礼者天地之序也,和故百物皆化,序故群物皆别……礼节民心,乐和民声,政以行之,刑以防止,礼乐刑政,四达而不悖,则王道备矣。"他从中国历史上美育与政治的统一,进而论述今天中国之美育,顺理成章把美育与四个现代化和两个文明的建设密切地结合在一起,使其成为有中国特色的社会主义事业的有机组成。

5. 关于美育与德育关系最为密切的思想

陈科美认为,德、智、体、美是相互关系,你中有我,我中有你的。而其中,尤以美育与德育的关系,最为密切。首先,他以美与善的关系论证德育与美育的关系:"人是按照美的规律来塑造物体,美是人的本质力量的对象。"④进而以中外教育史的史实加以论证,诸如,古希腊斯巴特"为了把奴隶主阶级子弟培养成为坚强的战士,要教化儿童学唱各种赞美歌和军歌"⑤;柏拉图认为音乐有潜移默化、美化心灵的作用,而主张"儿童从小要学习音乐"⑥。他还认为,资产阶级文艺复兴时期的教育家,如维多利诺、蒙旦、拉伯雷等,为了使人们从封建制度下解放出来,无一例外,都把美育与德育结合起来。最后,他还联系中国古代教育传统来说明美育与德育的紧密联系。正如孔子所说:"兴于诗,立于礼,成于乐。"⑦荀子进一步主张"化性起伪,礼乐相济"⑧。

6. 关于重视美育心理研究的思想

陈科美认为,我们研究美育和实施美育,又不能不重视美育心理,因为美育

---

①②③　陈科美:《中国社会主义美育的探讨》,《上海师范大学学报(哲学社会科学版)》1985年第2期。

④　陈科美:《论美育的基本原理》,载陈科美、马林:《美育研究论集》,暨南大学出版社1995年版,第79页。

⑤　同上书,第32页。

⑥　同上书,第33页。

⑦⑧　同上书,第37页。

与智育、德育、体育一样，都要建立在心理学研究的基础之上。如果不研究心理学，你就不会懂得，人们为什么爱好优美、厌弃丑恶？他从三个方面逐个剖析美育心理：一是审美感知。"这是对客观事物的具体反映，这种反映是内感官直接感知事物所有的独特的个别特征和整体面貌。"①二是审美感情。"审美意识中的强烈感情，是评价态度中的重要因素。如果审美意识中缺乏感情，它就成为不可思议的了。"②三是审美意识。"审美意识可以说是审美认识的总称。审美感受是审美意识的一种形式。它是一种复杂的心理状态，它通过一系列的状态（快乐、兴奋、感动或愤怒、痛苦、悲哀等）具体地表现出来，使审美感受获得特殊的色彩。而审美意识、审美感受、审美趣味、审美判断、审美理想，由低级走向高级。"③总之，他认为，美育心理的研究，有助于将美育的教学过程建立在心理规律的基础之上，以提高美育教学的效果。

7. 关于美育跨国比较研究的思想

陈科美在《外国中小学教育》杂志 1982 年第 4 期上，刊登了《试论美国中小学艺术教育的现状和未来》一文。在文章中，他说："本文让美国一个专门小组所观察和调查的报告材料说话，对美国中小学艺术教育作一连贯的扼要介绍，然后摘译三篇有关的报告，请读者自己去了解、判断、参考或借鉴。"④他指出，了解美国中小学艺术教育的目的，使我们可以从一个国家艺术教育的发展的情况，"直接看到它的审美教育的发展情况，也可以间接看到它对审美教育的认识程度"⑤。教育上跨国比较研究是他一贯的思想和研究方法。他的国学功底、外文基础和留美学习经历，为其美育或整个教育研究上的跨国比较研究思想奠定了坚实的基础。

总之，美育思想是陈科美教育思想中熠熠生辉的亮点。他一生研究美育，也一生与美相伴。91 岁生日那天，他赋诗一首："每岁生辰喜赋诗，良辰自觉动幽思。成功往事常加勉，未卜前程每自知。诸葛一生唯谨慎，东征西讨任驱驰。人生增寿须增福，德智体美亦随之。"

---

① 陈科美：《论美育的心理的要素及其运用范围》，载陈科美、马林：《美育研究论集》，暨南大学出版社 1995 年版，第 63 页。
② 同上书，第 64 页。
③ 同上书，第 64—65 页。
④⑤ 陈科美：《试论美国中小学艺术教育的现状和未来》（编译），载陈科美、马林：《美育教育论集》，暨南大学出版社 1995 年版。

《上海近代教育史》 耄耋之年的学术力作

20世纪70年代后期,上海师大教科所以陈科美教授为首,部分教育学教师参加,组建了《上海近代教育史》研究组,着手搜集资料并进行分步研究。在此基础上,于1988年邀请华东师大教育史专家进行联合研究,前后长达20年之久。2003年由陈科美主编(金林祥任副主编)的《上海近代教育史》(1843—1949)出版,这是我国第一部研究上海近代教育史的学术力作。其编辑的指导思想是:"一、坚持辩证唯物主义和历史唯物主义;二、坚持实事求是的科学精神;三、坚持古为今用的史学观点;四、坚持近代上海的地方特点。"全书共十章:第一章:开埠前的上海教育;第二章:太平天国运动时期的上海教育;第三章:维新运动时期的上海教育;第四章:清末"新政"时期的上海教育;第五章:辛亥革命时期的上海教育;第六章:五四运动和大革命时期的上海教育;第七章:土地革命战争时期的上海教育;第八章:抗日战争和解放战争时期上海教育;第九章:上海的租界教育;第十章:上海的教会教育。

本书的编写以历史阶段为"经",以教育家为"纬",对近代中国教育有特殊贡献的著名教育家,诸如徐光启、盛宣怀、马相伯、蔡元培、黄炎培、杨贤江、陶行知、陈鹤琴等,更是浓墨重彩,重点推介。

在这部55万多字的《上海近代教育史》的绪论部分,作者揭示了上海近代教育史在中国近代教育史中的地位,以及研究上海近代教育史的价值:"如果说中国近代教育史是一部学习西方教育,使中国教育走出中世纪,逐步实现近代化,在中国建立和发展近代新教育的历史的话,那么,上海近代教育史可以说是这部恢弘历史的一个窗口和缩影。"[1]"1843年(道光二十三年)11月,上海被迫开埠。自此以后,上海教育开始了意义深远的近代转型,上海近代教育由此肇端。"[2]上海才出现中国近代教育史上的诸多第一,诸如:南洋公学设师范院、外院(相当于小学)、中院(相当于中学)和上院(相当于大学),这是中国师范教育之先河,也是中国近代学制的雏形;"经正女学则是中国人自办的第一所女子学

---

[1] 陈科美主编:《上海近代教育史》(1843—1949),上海教育出版社2003年版,第1页。
[2] 同上书,第1—2页。

堂"①。"在整个清末期间,商务印书馆编辑和出版的新式教科书,无论在门类、数量还是价值上,都居于领先与权威地位,有力地促进了中国近代教科书的发展。"②

该书指出,从1843年11月开埠,到1949年5月上海解放,这100余年的发展历程清楚地告诉我们,"上海的近代教育具有以下主要的特性:其一,创新性,上海近代教育敢于突破传统的陈规旧习,勇于求新、创新、敢为天下先。……其二,开放性,上海近代教育的创新性得益于它的开放性。上海近代教育既向国内开放,更向世界开放,成为输入西方教育的'窗口'[例如,法国卢梭尊重自然,尊重儿童的教育思想;德国赫巴特的五段教学法;美国杜威的实用主义教育思想和帕克赫斯特的道尔顿制(实验室计划)与克伯屈的设计教育等],这使近代上海成了中西教育交汇的前沿和融合基地。其三,兼容性,不同国家,不同区域的教育,诸如,平民教育、实用主义教育、职业教育、马克思主义教育等各种不同的教育流派和教育理论,设计教育论、道尔顿制、分团教学论等多种教育方法,都能在上海落地生根,并能较为从容地相互比较,交流,融合。因此,上海近代教育不是一花独放,而是繁花似锦,精彩纷呈。其四,实用性,上海近代教育重视为社会进步服务,为政治、经济、文化发展服务,强调与民生实用相联系。因此,在我国,实用主义教育思想率先在上海提出,职业教育以上海为基地,都不是偶然的。这是上海近代教育实用性的突出表现。其五,灵活性,上海近代教育的灵活性表现在办学的各个方面,如在办学的主体上,既有公办,团体办,也有私人办,而且以私人办为主。在办学形式上,既有普通教育,也有职业教育,特殊教育等;既有正规学校,也有大量补习学校、函授学校,甚至还有工学团等。在入学对象上既有青少年学生,也有失业青年、在职人员。在学习时间上,既有日校,也有夜校,晨校、午校和星期日学校。如此等等,不一而足。办学灵活多样,适应了各种不同的需要。上海近代教育的上述特性,是上海近代城市特点的重要反映。它们是历史积淀的宝贵财富,是上海教育发展的重要资源"③。

该书认为,上海近代教育不仅为近代上海的城市发展提供了智力保障,而且在中国近代教育的发展中具有举足轻重的作用。在中国教育走出中世纪,实

---

①② 陈科美主编:《上海近代教育史》(1843—1949),上海教育出版社2003年版,第1—2页。
③ 同上书,第7—8页。

现历史性的近代转型过程中,上海近代教育实际上担当了一领跑者的角色。其是西方教育输入中国的一个重要集散地。"她是中国近代新式教科书的出版中心,设在上海的商务印书馆和中华书局,在很长一段时间内,一直执中国教科书出版之牛耳。"[①]"她是中国近代许多著名教育家从事教育活动的重要基地,蔡元培、黄炎培、陶行知、匡互生、陈鹤琴、杨贤江、俞庆棠等长期在上海开展教育实践活动、进行教育理论研究,有力地推动了上海和全国教育的发展。"

总之,陈科美主编的《上海近代教育史》是一本研究上海近代教育发展史的学术力作。它必将引起人们对上海教育史的重视和研究,为今天上海教育事业的发展发挥承前启后的作用。

治学问孜孜不倦　讲人品报国爱生

陈科美终其百年,为后辈交了两份答卷,一份做人,一份治学。

1. 立志报国

陈科美秉承明代哲学家王守仁"志不立,天下无可成之事,虽百工技艺,未有不本于立志者"的思想,十分重视立志。陈科美在他的自述中说:"无论求学与治学,首先在于立志,以确定努力的方向;然后朝此方向前进,才能集中精力,冲破险阻,百折不挠地越过崎岖的山路,攀登巍峨的高峰。这在我二十四年的学历中反映得很清楚:如私塾中的寒窗苦读,大学预科时的拼命追求,美国留学时经济困难的坚决克服,都是在要求上进和教育报国的鼓舞之下,坚持不懈,才能前进的。这种志向在我归国五十五年的经历中表现更明确:如外国教育理论必须与中国教育实际相结合,教育学术观点应该有补国家民族的改造、生存和发展。"[②]"有了这种志向,我在学习、工作以及社会和政治活动方面,把我的主动性、积极性和主人翁的态度都发挥出来了。"[③]在他耄耋之年,依旧壮心不已,学而不厌,诲人不倦。为中国社会主义教育哲学的建设,他大声呼吁:"此事所关甚大,所涉甚广,恐非个人之力所能完成;因此我企盼有此想法的同志,组织起来,为建立此种社会主义教育哲学体系而努力奋斗!本人现虽年过八十,身体

[①] 陈科美主编:《上海近代教育史》(1843—1949),上海教育出版社2003年版,第7—8页。
[②][③] 《世纪学人自述》(陈科美自述),北京十月文艺出版社2000年版,第273页。

尚称顽健,精力亦颇旺盛,愿学春蚕,尽吐余丝,为中国繁荣富强增添一丝一缕。"①"四人帮"粉碎后的1977年8月28日,陈科美曾写《八十初度》一诗:"否极泰来庆八旬,亲朋视我百年春。抓纲治国承遗志,拼命挥毫学铁人。但愿顽躯仍益壮,何愁活力不常新。中华超赶花旗日,纽约重游有老生。"

2. 刻苦用功

陈科美认为:"立志是努力的方向,但不是努力本身,故不能希望立了志和定了向,就会努力前进,还必须刻苦用功。"②所以,"要开动脑筋,以争取有利的条件;激发兴趣,以集中注意力;发挥毅力,以冲破大小难关。所有这些前进道路上必要的努力,可概称为刻苦用功或发奋好学。"③

3. 用功得法

用功可分为死用功和活用功。

陈科美认为:"活用功就是用功得法,例如,我在私塾里的前五年,一味死背,就是死用功。但这不等于不要记忆和背诵,我们要吸收间接的书本知识,须多读、多识、多记,日积月累,融会贯通,始能有成。"④他说:"我从1918年(二十岁生日)开始写日记,写到1966年,共四十八年","但逃不过十年内乱","为死里逃生终于付之一炬"。他认为:"治学方法甚多,除记忆之外还有我国历史发展起来的宝贵方法,如博学、审问、慎思、明辨、笃行,值得我们好好学习。又如西洋学者近代创造起来的科学方法,如观察、实验、调查、勘探、实习等。这是我国迄未很好发展的优良方法,特别值得我们年轻一代的刻苦掌握和深入精通,以促进科学技术的现代化。"⑤

4. 强调"三心"

陈科美认为,治学除立志、用功而外,尚须专心、虚心、责任心。"专心",即"治学必须专一其心",决不能"一心以为有鸿鹄将至",而应"虚一而静","一心就是心灵的完整"(杜威)。"虚心",即"治学必须虚心,而不要自满",要"虚怀若谷","心灵的开放就意味着心灵的接受"(杜威)。"责任心","从事任何工作,都应有责任心,治学当然不能例外","要求打破砂锅问到底"。

5. 学以致用

在陈科美看来,学的目的是为用,指导实践,造就人才。他说:"关于致用,

---

① 《世纪学人自述》(陈科美自述),北京十月文艺出版2000年版,第272页。
②③④ 同上书,第273页。
⑤ 同上书,第274页。

在解放前,深感国难的严重,多次将我的学术观点应用到中国民族教育改造和救亡教育上去,发表了《中国教育改造与中华民族性》《救亡教育的根本方针》等。解放后,更针对社会主义中国发展的需要,发表了有关教学过程和美育的文章。"①

6. 力求"创发"

陈科美的学以致用是与"创发"联在一起的。他说:"在著述方面,无论是为了提高教学质量,或为丰富学术文化,我常思有所创发,想到学以致用。"②他在治学中,体悟到"创发"之重要。"创发"一词是他提出的,指的是治学必须重视发现、发展、创造,不能墨守成规。他一生治学,十分重视创发。例如,他认为"教育即生活说"过于宽泛,"学校教育说"过于褊狭,鉴于两种说法的缺陷,有必要另立一说,提出"教育乃意识之连续适应"(Education as Conscious Readjustment)。再如,对毛泽东1957年提出的德智体三方面的全面发展教育方针,他依据中外教育史、教育现状以及教育哲学思想进行独立思考,提出美育应作为全面发展教育组成部分的见解。这是一种十分可贵、十分值得倡导的科学的实事求是的做人和治学品德。注重"创发",是陈科美先生留给我们的宝贵精神财富。

世纪学人陈科美的一生,是教育为国、教育为民的一生。正如他96岁生日那天所写的七绝所言:"生平信念育英才,创造最大乐悠哉。百年树人家国本,满天桃李园丁栽。"

斯人已去,其做人和治学的精神永存!

(郁中秀 撰文)

附一:陈科美生平简历年表

1898年8月28日	生于湖南长沙。
1903年春—1912年夏	在家乡念"汉学"。
1913年春—1915年春	私立修业高等小学读书。

---

① 《世纪学人自述》(陈科美自述),北京十月文艺出版社2000年版,第272页。
② 同上书,第271页。

1915年秋—1920年夏	私立雅礼大学预科。
	（暑假里办工读学校，后扩充为协均中学）。
1920年夏—1923年夏	美国伊利诺斯州立大学教育系(本科毕业)。
1923年秋—1924年夏	美国芝加哥大学教育学院(硕士毕业)。
1924年夏—1926年夏	美国哥伦比亚大学师范学院(读博士学位)。
1926年夏—1927年7月	北京大学教育系教授。
1927年8月—1928年7月	暨南大学教育系教授。
1928年8月—1940年7月	兼复旦大学教育系讲师。
1932年3月—1932年7月	兼暨南大学教育学院代理院长。
1936年8月—1940年7月	兼暨南大学实验学校主任。
1940年8月—1945年7月	复旦大学补习部教育系教授。
1941年2月—1945年7月	兼复旦大学教育系主任、私立越旦中学校长。
1945年8月—1949年7月	复旦大学与暨南大学教育系教授。
1949年8月—1950年7月	复旦大学教育系教授。
1950年8月—1951年2月	华东人民革命大学政治研究院学习。
1951年3月—1951年8月	复旦大学教育系教授。
1951年9月—1956年7月	华东师范大学教育系教授。
1956年8月—1958年7月	上海第一师范学院教育学教研室主任。
1958年8月—1987年2月	上海师范学院、上海师范大学教授。
1987年2月	退休。
1998年1月2日	病逝于上海。

附二：陈科美主要论著目录

《英美教育家心目中之美英教育》，《新教育评论》1927年。
《西洋近代教育学术上之论战》，暨南大学《教育季刊》创刊号1928年。
《适应论》，复旦大学《教育学报》创刊号1929年。
《教育新诠》，杭州《民众教育季刊》1930年第2卷第2号。
《新教育学纲要》，上海开明书店1932年版。
《新教育学》，上海龙门联合书局1946年版。

《教育社会学讲话》,上海世界书局1948年版。

《中国民族与教育》,《江苏教育》民族教育专号。

《中国教育改造与中华民族性》,《中华教育界》中国教育改造专号。

《救亡教育的根本方针》,复旦大学《教育学期刊》创刊号。

《现代教育思潮与中国教育改造》,《大上海教育》现代教育思潮专号。

《适应的民族教育》,《中华教育界》第3卷第32期。

《从教学过程与认识过程的统一关系分析教学中理论联系实际问题》,《文汇报》1959年4月25日。

《从教学过程的规律性来看教学工作中的跃进问题》,《文汇报》1959年11月11日。

《美育应作为全面发展教育的组成部分》,《文汇报》1961年5月30日。

《美育的任务和实施原则》,《文汇报》1962年9月2日。

《全面发展教育需要包括美育》,《上海师范学院学报》1979年第1期。

《重视美育的根本方法——确定美育在全面发展教育中应有的地位》,《社联通讯》1980年增刊第7期。

《回顾与展望》,《美育》丛刊增刊1981年第1期。

《审美教育之我见》,《美育》丛刊1981年第2期。

《美育研究论集》(陈科美、马林),暨南大学出版社1995年版。

《上海近代教育史》(1843—1949)(主编陈科美、副主编金林祥),上海教育出版社2003年版。

(刊见上海师范大学老教授协会编《师道永恒——上海师范大学名师列传》,上海人民出版社2009年版)

图书在版编目(CIP)数据

陈科美教育文存 / 陈科美著；陈伯海选编 . —— 上海：上海社会科学院出版社，2022
 ISBN 978-7-5520-3741-8

Ⅰ. ①陈… Ⅱ. ①陈… ②陈… Ⅲ. ①教育—文集 Ⅳ. ①G4-53

中国版本图书馆 CIP 数据核字(2021)第 237237 号

陈科美教育文存

著　　者：陈科美
选　　编：陈伯海
出 品 人：佘　凌
责任编辑：陈如江
封面设计：周清华
出版发行：上海社会科学院出版社
　　　　　 上海顺昌路 622 号　邮编 200025
　　　　　 电话总机 021-63315947　销售热线 021-53063735
　　　　　 http://www.sassp.cn　E-mail：sassp@sassp.cn
照　　排：南京理工出版信息技术有限公司
印　　刷：上海信老印刷厂
开　　本：710 毫米×1010 毫米　1/16
印　　张：16
插　　页：2
字　　数：262 千
版　　次：2022 年 1 月第 1 版　2022 年 1 月第 1 次印刷

ISBN 978-7-5520-3741-8/G·1138　　　　　　　定价：88.00 元

版权所有　翻印必究